AF523536

Elisabeth Rose

Kinder denken einfach anders!

Elisabeth Rose

Kinder denken einfach anders!

20 wegweisende Erkenntnisse der psychologischen Forschung, die das Familienleben leichter machen

Kösel

Sollte diese Publikation Links auf Webseiten Dritter enthalten, so übernehmen wir für deren Inhalte keine Haftung, da wir uns diese nicht zu eigen machen, sondern lediglich auf deren Stand zum Zeitpunkt der Erstveröffentlichung verweisen.

Penguin Random House Verlagsgruppe FSC® N001967

Copyright © 2022 Kösel-Verlag, München, in der Penguin Random House Verlagsgruppe GmbH, Neumarkter Str. 28, 81673 München
Redaktion: Ralf Lay
Umschlag: zero-media.net, München
Umschlagmotiv: Julia Forsman / Stocksy United
Illustrationen: *Karottenexperiment* auf S. 51 gemäß Aguiar, A., Baillargeon, R. (1999): »2.5-Month-Old Infants' Reasoning about When Objects Should and Should Not Be Occluded.« Cognitive Psychology, 39, 116–157 und gestaltet von © PRHVG unter Verwendung des Bildmaterials von Madele/stock.adobe.com; *Visuelle Klippe* auf S. 76 gemäß Gibson, E. J., und Walk, R. D. (1960): The »visual cliff«. Scientific American, 202, 64–71 und gestaltet von © PRHVG unter Verwendung des Bildmaterials von miniwide/Shutterstock.com
Druck und Bindung: GGP Media GmbH, Pößneck
Printed in Germany
ISBN 978-3-466-31171-2
www.koesel.de

Inhalt

Einleitung

Nachdem mein Bruder einen Scherz gemacht hat, sagt er zu meinem damals fünfjährigen Neffen: »Ich wollte dich nur auf den Arm nehmen!« Mein Neffe streckt daraufhin seine Arme aus in der Erwartung, hochgenommen zu werden.

Mein vierjähriger Sohn schläft ausnahmsweise länger als gewöhnlich, weshalb ich mit folgenden Worten an sein Bett komme: »Heute hast du aber lange geschlafen. Bis sieben Uhr!« Er antwortet vollkommen ernst: »Dann bin ich jetzt ein Siebenschläfer!«

»Es regnet, weil die Wolken weinen.«

»Sind der Osterhase und das Christkind Freunde?«

Ich bin mir sicher, alle Eltern können diese Beispiele um eine ganz persönliche, ebenso unterhaltsame Anekdote ihrer Kinder ergänzen. Denn wer kennt sie nicht, diese Momente, in denen uns unsere Kinder zum Schmunzeln bringen? Momente, in denen sie uns vor Augen führen, dass sie grundlegend anders denken als wir!

Während meines Psychologiestudiums habe ich unzählige Theorien und Studien darüber gehört, wie Kinder die Welt begreifen.

Mittlerweile bin ich diejenige, die Studierenden die wichtigsten Erkenntnisse der Entwicklungspsychologie vermittelt. Seit ich selbst Mama bin, fasziniert es mich dennoch immer wieder aufs Neue, wie grundlegend anders Kinder denken. Begebenheiten, über die sich Erwachsene »keinen Kopf mehr machen«, nehmen unsere Kleinen wörtlich. Sie hinterfragen vieles oder nehmen Dinge schlichtweg vollkommen anders wahr. Sie denken lange Zeit nicht logisch, sondern magisch – in Bildern und Gefühlen statt in Worten. Bedeutende Wissenschaftler wie Jean Piaget kamen durch ihre Beobachtungen zu der Schlussfolgerung: »Kinder denken nicht wie kleine Erwachsene, sie denken anders!« – ein Zitat, das die Inspiration für den Titel dieses Buches lieferte.

Es gibt aber auch Momente, in denen ich nicht staune, weil meine Söhne eine so grundlegend andere Sicht auf die Welt haben, sondern weil ich viele meiner Eigenheiten in meinen Kindern wiedererkenne. Neben Piagets Sichtweise zieht sich deshalb auch Albert Banduras Theorie wie ein roter Faden durch dieses Buch. Seine wegweisenden Studien machten ihn zu einem der berühmtesten Psychologieprofessoren und zu meinem persönlichen Lieblingswissenschaftler, denn er zeigte eindrücklich: »Kinder lernen nicht durch das, was wir sagen, sondern durch das, was wir tun!« Es sind nicht die gut gemeinten Belehrungen, die unsere Kinder prägen. Vielmehr sind es die Gewohnheiten, die wir ihnen vorleben. Als Eltern sind wir unseren Kindern Vorbilder – in der Art, wie wir Konflikte lösen, mit Ängsten umgehen und Beziehungen zu unseren Mitmenschen gestalten.

In meiner Arbeit als Psychotherapeutin für Kinder und Jugendliche habe ich gelernt, dass Eltern häufig auf der Suche nach Erklärungen sind, es aber die wohl komplexeste Frage überhaupt ist, warum ein Mensch zu dem wird, wie er ist. Es ist unfassbar schwer zu erklären, warum sich das eine Kind zu einem widerstandsfähigen, glücklichen und sozial kompetenten Erwachsenen entwickelt, während ein anderes mit vielen Selbstzweifeln hadert oder ausgesprochen ängstlich auf neue Situationen reagiert. Auf der Suche nach Antworten untersuchen Wissenschaftler seit Jahrzehnten unzählige Einflussfaktoren und deren Wechselspiel und sind dennoch bis heute zu keiner allgemeingültigen Antwort gekommen – denn diese gibt es einfach nicht.

Dennoch, so habe ich bemerkt, ist es zumindest ein wichtiger Punkt unter zahlreichen anderen, dass vielen Eltern das Wissen über das kindliche Denken und somit über deren Bedürfnisse fehlt und sie sich oft nicht der Bedeutung ihrer Vorbildfunktion bewusst sind. Häufig ist es meine Aufgabe, Eltern die Perspektive ihrer Kinder zu »übersetzen«. Ich erkläre ihnen die wichtigsten Grundbedürfnisse von Kindern und verdeutliche, dass Kinder nicht mit böser Absicht, sondern aus Mangel an anderen Strategien »ausrasten« oder dass Eifersucht häufig ein Ausdruck ist, dazugehören zu wollen, und die Suche nach Zuwendung spiegelt. Außerdem verdeutliche ich Eltern, dass sie selbst das wichtigste Vorbild für ihre Kinder sind. Wenn sie Konflikte durch Schreien lösen oder Situationen aus Angst vermeiden, warum sollten es ihre Kinder anders tun? In vielen Fällen ist Wissen der Schlüssel, der Eltern Sicherheit im Umgang mit ihren Kindern gibt und das Familienleben leichter macht. Durch das Wissen darüber, wie Kinder denken und fühlen und was sie brauchen, kann Eltern eine verständnisvollere Beziehung zu ihnen gelingen, welche die Kleinen in ihrer Entwicklung stärkt.

Seit ich selbst Kinder habe, begann ich nicht nur, mich auf einer ganz neuen Ebene mit den Bedürfnissen von Kindern auseinanderzusetzen, vielmehr erkannte ich auch, dass viele Eltern möglichst alles richtig, am liebsten sogar »perfekt« machen wollen, durch die vielen verschiedenen Ratschläge aber gleichzeitig zunehmend verunsichert sind. Tipps und Tricks werden heutzutage in den meisten Elternratgebern nicht lediglich genannt, sondern oft durch wissenschaftliche Befunde untermauert. Dank Erkenntnissen aus Pädagogik, Psychologie und den Neurowissenschaften wird erklärt, weshalb kleine Kinder noch nicht gern teilen oder warum sie ab einem gewissen Alter wütend werden, etwa wenn sie sich nicht allein anziehen dürfen – eigentlich eine positive Entwicklung.

Gleichzeitig scheint mit jeder neuen Information der Druck zu wachsen, eine perfekte Mutter oder ein perfekter Vater sein zu müssen. Wissenschaftliche Studien helfen Eltern nicht immer, sie können auch beunruhigen. Das liegt nicht selten daran, dass manchmal voreilige und pauschale Rückschlüsse aus den Forschungsergebnissen gezogen werden.

Die Durchführung psychologischer Versuche ist jedoch eine sehr komplexe Angelegenheit. Gerade wenn es um die Entwicklung von Babys und Kindern geht, braucht es sehr ausgeklügelte Ideen, um einer Forschungsfrage nachzugehen, und viel Fachwissen, um die Ergebnisse richtig zu interpretieren. Daher das Wichtigste vorneweg: Keine, wirklich keine Studie kann irgendetwas »beweisen«! Studien lassen meistens nur den Rückschluss zu, dass Kinder *im Durchschnitt* diese oder jene Fähigkeit in einem gewissen Alter erwerben. Doch jedes Kind ist einzigartig und geht seinen Weg zu seiner Zeit! Immer häufiger dachte ich daher, ein für Eltern verständlich geschriebenes Fachbuch müsste her!

Hier ist es – ein Buch, das Wissen vermitteln, den Blick auf unsere Kinder verändern und dadurch das Familienleben leichter machen soll. Mit diesem Buch möchte ich Eltern eine Möglichkeit bieten, ihre Kinder besser kennen- und verstehen zu lernen. Die Erkenntnisse zwanzig faszinierender Forschungsarbeiten renommierter Entwicklungspsychologen liefern Einblicke in die wichtigsten Entwicklungsaufgaben unserer Kinder – von der Sprachentwicklung über die Entwicklung von Mitgefühl bis hin zur Impulskontrolle – und leisten einen großen Beitrag, um das Verständnis dafür zu schärfen, wie Kinder denken, fühlen und handeln, und vor allem, was sie für eine gesunde Entwicklung brauchen.

Kinder können sich noch nicht in die Lebenswelt ihrer Eltern versetzen. Wir Eltern aber können uns dank der entwicklungspsychologischen Forschung in die Lage unserer Kinder einfühlen und sie dadurch kompetent und gelassen in ihrer Entwicklung begleiten.

Wie dieses Buch aufgebaut ist

Jedes der zwanzig Kapitel folgt im Prinzip dem gleichen Aufbau. Nach einer Kurzzusammenfassung über den Inhalt des Kapitels folgt eine detaillierte, aber dennoch für Laien verständliche Beschreibung eines prominenten Experiments beziehungsweise einer ausgewählten Studie der Entwicklungspsychologie im Abschnitt **»Das Forschungsteam nahm«**. Das heißt, in jedem Kapitel bildet die jeweilige Studie die Grundlage, um einen kindlichen Entwicklungsbereich genauer zu beleuchten und daraus alltagspraktische Impulse und Inspirationen für das Leben mit Kindern abzuleiten. In diesem ersten Teil eines jeden Kapitels (der Beschreibung der Studie) werden Fragen thematisiert wie diese: »Wie gingen Wissenschaftler vor, etwa um die Sprachentwicklung von Babys zu erforschen, die noch nicht sprechen können?« Oder: »Wie lässt sich überhaupt herausfinden, dass sich kleine Kinder noch nicht in die Lage anderer versetzen können (die Entwicklung der Fähigkeit zur Perspektivenübernahme)?« Aber auch: »Warum sollten manchmal weder die Eltern noch die Kinder wissen, welchen Zweck eine Studie beabsichtigt?« Und: »Vor welche Herausforderungen werden Forscherinnen gestellt, wenn sie Kinder über einen längeren Zeitraum begleiten?«

Im Internet finden sich zu einigen Studien Videos über den genauen Versuchsablauf. Diese können durch Scannen eines QR-Codes, der dem Kapitel beigefügt ist, angesehen werden. Die entsprechenden Links sind zudem im Literaturverzeichnis aufgeführt.

»Worum geht's?«: Nach der Beschreibung eines jeden Experiments wird erklärt, welcher Aspekt der kindlichen Entwicklung mithilfe der jeweiligen Studie erforscht wurde, und es folgt spannendes Hintergrundwissen zu den verschiedenen Entwicklungsbereichen wie Impulskontrolle, Einfühlungsvermögen, der Fähigkeit zur Perspektivenübernahme, der Motivation oder der Entwicklung des Selbstkonzepts von Kindern.

»Was heißt das jetzt für Eltern?«: Im letzten Abschnitt teile ich nicht nur meine Erfahrungen als Psychologin und Therapeutin für Kinder und Jugendliche, sondern vor allem die als Mama – und zwar als eine absolute *good enough mother*. Ich bin eine Mutter, die nicht *alles* »richtig« macht, auch wenn sie vieles »theoretisch« besser weiß. Eine ganz normale Mutter, die ihre Kinder mal kurz vor dem Fernseher parkt, ab und an mit Süßigkeiten lockt und schon das ein oder andere Mal die Fassung verlor und lauter wurde, als sie wollte. Ich bin eine Mutter, die ihren Kindern kein perfektes Vorbild ist, dafür aber ein authentisches, das Fehler macht und diese zumindest meistens als Chance betrachtet, um daraus zu lernen. Ich bin eine Mutter, die gelernt hat, sich selbst und die Bedürfnisse ihrer Kinder zu verstehen und ernst zu nehmen – und genau das möchte ich Ihnen mit auf den Weg geben.

Anhand vieler Alltagsbeispiele zeige ich, wie wissenschaftliche Studien dazu beitragen, ein besseres Verständnis für die Welt unserer Kinder zu bekommen. Mithilfe psychologischer Forschung erkläre ich, weshalb Kinder in einem bestimmten Alter Angst bekommen, wenn ihre Eltern den Raum verlassen, oder warum Wutanfälle auf dem Weg zur Selbstständigkeit dazugehören. Außerdem ist es mir wichtig aufzuzeigen, welche Folgerungen sich anhand der dargestellten Experimente *nicht* ableiten lassen. Wissenschaftliche Studien verfolgen nicht das Ziel, Eltern zu verunsichern, sondern sollten eher zu Gelassenheit verhelfen, wenn ein Kind nicht »dem Durchschnitt« entspricht. In erster Linie soll dieses Buch daher Denkanstöße geben und zeigen, was uns wissenschaftliche Studien vor dem Hintergrund des heutigen Zeitgeistes für die Erziehung unserer Kinder vermitteln können – ganz ohne erhobenen Zeigefinger und »So-wird's-gemacht«-Unterton. An der ein oder anderen Stelle gibt es trotzdem ein paar konkrete Tipps und Lifehacks, etwa bezüglich Konfliktlösestrategien oder wohldosierten Lobs. Deshalb habe ich am Ende jedes Kapitels meine persönliche Kernbotschaft der jeweiligen Studie als *Take-Home Message* zusammengefasst.

Achtung! Wer nun denkt: »Prima, dann mache ich den Versuch doch direkt mit meinem Kind nach, oder?«, dem sei gesagt: Darum geht es nicht! Dieses Buch soll definitiv keine Anleitung für die Durchführung von »Kinderexperimenten« sein. Es ist wenig hilfreich, anhand der vorgestellten Studien zu prüfen, was das eigene Kind schon kann, um vielleicht entsetzt festzustellen, was es noch nicht kann. Vor allem aber ist davon abzuraten, die Fähigkeiten verschiedener Kinder miteinander zu vergleichen und zu bewerten. Eltern sind keine Wissenschaftler, die ein Versuchslabor besitzen und jegliche Störvariable kontrollieren können. Studien, die nicht nach den Standards wissenschaftlicher Praxis durchgeführt wurden, sind nicht viel wert – auch das lehrt dieses Buch.

Sollte die Lektüre dennoch Ihren Forschergeist geweckt haben, dann bieten sich dafür zwei kleine Versuche an. Sowohl der Rouge-Test (Kapitel 9) als auch das Smarties-Experiment (Kapitel 11) bergen keinerlei »Risiken«. Sie beginnen mit »Für das Experiment nehme man«, denn sie sind leicht nachzumachen und zeigen, dass Kinder wirklich anders denken als Erwachsene! Einjährige erkennen sich weder selbst im Spiegel, noch können Dreijährige die Perspektive anderer einnehmen.

Meine Haltung: Erziehung oder Beziehung? Natürlich beides!

Als wir Eltern von heute selbst Kinder waren, wurde eine wichtige Trendwende in der Erziehung eingeläutet. Der *autoritative* Erziehungsstil war ein klarer Fortschritt gegenüber der *autoritären* Erziehung. Beiden ist gemeinsam, dass sie durch klare Regeln und Grenzen gekennzeichnet sind – doch *wie* diese umgesetzt werden, ist entscheidend! Der autoritäre Erziehungsstil wird durch ein hohes Maß an elterlicher Kontrolle und Bestrafungslernen umgesetzt. Bei der autoritativen Erziehung hingegen erklären Eltern und Pädagogen den Kindern nachvollziehbar und in liebevoller Beziehung den Sinn einer Regel und vermitteln ihnen dadurch ein Gefühl von Halt, Sicherheit und Verlässlichkeit. Zahlreiche Publikationen belegen, dass der autoritative Erziehungsstil im Gegensatz zur autoritären Erziehung dazu beiträgt, dass Kinder zu selbstständigen und sozial kompetenten Erwachsenen heranwachsen.

Dennoch gerät die autoritative Erziehung zunehmend in die Kritik. In immer mehr Ratgebern liest man stattdessen inzwischen vom *bedürfnis-* oder *bindungsorientierten Beziehungsstil*. Bedürfnisorientierung wird beispielsweise folgendermaßen dargestellt: Diese Form der Elternschaft (das Wort »Erziehung« wird gern vermieden) entspreche einem freien Spiel, bei dem alle Familienmitglieder so lange auf Augenhöhe miteinander kommunizieren, bis ein Kompromiss gefunden wird. Primäres Ziel ist es, die Bedürfnisse aller Beteiligten zu beachten – zweifelsfrei ein guter Grundgedanke! Der autoritative Erziehungsstil wird im Vergleich dazu teilweise fast abwertend als angeleitetes, regelbasiertes Spiel beschrieben. Die Eltern sind Trainer, die auf die Einhaltung der Regeln und Fairness achten und dadurch eine höhere Position innehaben.

Was hier nach einem klaren Widerspruch zwischen autoritativer Erziehung und bindungsorientierter Elternschaft klingt, lässt sich in meinen Augen nicht strikt trennen. Können wir uns nicht von beiden Stilen eine Scheibe abschneiden und daraus das weltbeste Sandwich machen? Ich bin der Meinung, das funktioniert! Ich gehe sogar einen Schritt weiter und behaupte: Das machen viele von uns längst!

Bindungsorientierte Elternschaft ist ein wunderbarer Weg, um sich mit den Grundbedürfnissen von Babys und Kindern auseinanderzusetzen. Wissenschaftliche Studien können dazu beitragen, den Weg für eine gelungenen Eltern-Kind-Bindung zu ebnen, indem sie das Verständnis für die Bedürfnisse, das Denken und Fühlen kleiner Kinder verbessern und dadurch helfen, die Signale von Babys und Kindern zu entschlüsseln und feinfühlig auf sie zu reagieren. Außerdem heben gute Ratgeber der bindungsorientierten Elternschaft auch hervor, dass Eltern bei aller Orientierung an den kindlichen Bedürfnissen ihre eigenen Wünsche und Ziele nie aus den Augen verlieren sollten. Eltern, die auf ihre eigenen Bedürfnisse achten und diese kommunizieren, sind wichtige Vorbilder für ihren Nachwuchs.

Wenn Kinder dem Säuglings- und Kleinkindalter entwachsen, braucht es meiner Meinung nach aber auch ein gutes Maß an autoritativer Erziehung. Dieser Erziehungsstil schließt den Fokus auf Bindung keineswegs aus, sondern erweitert ihn eher. Autoritative Erziehung ist ebenfalls durch eine positive und wertschätzende Beziehung zwischen Eltern und ihren Kindern gekennzeichnet, in der die Bedürfnisse aller Beteiligten erkannt und benannt werden.

Kinder haben nicht nur ein enormes Grund*bedürfnis* nach Liebe und Geborgenheit, sondern auch nach Sicherheit und Verlässlichkeit sowie der Möglichkeit, sich im haltgebenden Rahmen ausprobieren zu dürfen. Genau diese Grundbedürfnisse werden durch liebevolle Grenzen, faire Regeln, wohldosiertes Lob und wiederkehrende Routinen erfüllt, die Kindern ein Gefühl von Sicherheit und Verlässlichkeit vermitteln. Es ist fraglich, ob kleine Kinder wirklich im selben Team spielen wollen wie ihre Eltern. Jesper Juul, einer der renommiertesten Familientherapeuten und Autor zahlreicher Elternratgeber, spricht sich dafür aus, den Kindern ein erfahrener »Leitwolf« zu sein, denn liebvolle Führung ist auch auf Augenhöhe möglich. Dr. Eliane Retz spricht im bedürfnisorientierten Kontext ebenfalls bewusst von *Erziehung*, um die »leitende Funktion« der Eltern hervorzuheben.

Dieser Haltung möchte ich mich anschließen. Bindungsorientierung und autoritative Erziehung sind auch in meinen Augen nicht zweierlei Paar Stiefel, sondern der Schlüssel für eine gute und beständige Beziehung zwischen Eltern und ihren Kindern:

Erst kommt die Bindung.
Es folgt die Erziehung.
Dann bleibt die Beziehung.

Wie wäre es daher, eine neue Trendwende einzuleiten? Etwa *Bindung + Erziehung = Beziehung*. Oder ist das sogar überflüssig, da wir ohnehin die ganze Zeit von zwei Seiten derselben Medaille sprechen?

Erica Reischer, US-amerikanische Psychologin und Bestsellerautorin, fasste autoritative Erziehung als »Balance zwischen den Wünschen der Kinder und fairen Grenzen« zusammen. Nora Imlau, ebenfalls Bestsellerautorin und Vertreterin der bedürfnisorientierten Bewegung, definierte diese Form der Elternschaft als »Balance & Boundaries – eine gesunde Balance elterlicher und kindlicher Bedürfnisse und klare Grenzen«.

Dann sind wir uns doch einig.

Erziehung in einer Welt der Vielfalt

Viele der bahnbrechenden Experimente der Entwicklungspsychologie stammen aus dem letzten Jahrtausend. Teilweise war es sogar die Generation unserer Eltern, welche die Kinder der Studien gewesen sein könnten. Aufgrund des damaligen Rollenbildes wurden in den Studien fast ausschließlich Mütter befragt und die Interaktion zwischen Müttern und ihren Kindern beobachtet, weshalb ich beim Ablauf der Originalstudie fast immer von Kindern und ihren Müttern sprechen *muss.* Dennoch richtet sich dieses Buch genauso an Väter, die im Leben ihrer Kinder eine ebenso wichtige Rolle einnehmen. Ich sehe es als eine riesengroße Chance für die Generation unserer Kinder, dass wir uns von den klassischen Rollenklischees befreien und Väter heute in der Erziehung eine gleichwertige Rolle einnehmen. Mir war es daher wichtig, einen *Eltern-* und keinen *Mütter*ratgeber zu schreiben.

Obwohl ich als Mutter in einer »modernen« Familie lebe, in der sich beide Elternteile gleichberechtigt um die Kinder kümmern, kann ich nur meine persönlichen Erfahrungen einer »klassischen« Vater-Mutter-zwei-Kinder-Familie teilen. Jedoch ist es mir eine Herzensangelegenheit, mit diesem Buch alle denkbar möglichen Familienformen anzusprechen. Eltern sind nach meinem Verständnis all jene wichtigen Bezugspersonen, die Verantwortung und Fürsorge für ein Kind übernehmen – ob in einer Pflege-, Patchwork- oder Regenbogenfamilie. Um allen Familienformen gerecht zu werden, schreibe ich an einigen Stellen bewusst von Bezugspersonen oder Elternteil anstelle von Müttern oder Vätern.

1. Das Baby hört mit!

Experiment zum vorgeburtlichen Spracherwerb

Die Studienteilnehmer dieses Experiments waren ungeborene Babys, denen die werdende Mutter zweimal täglich immer wieder die gleiche Geschichte vorlas. Wenige Wochen nach der Geburt wurden die Neugeborenen und ihre Mütter in ein Forschungslabor eingeladen. Die Wissenschaftler dieser Studie zeigten mittels eines einfallsreichen Versuchsaufbaus, dass die Babys nach der Geburt genau diese aus dem Mutterleib vertraute Geschichte wiedererkannten. Das Ergebnis liefert wichtige Hinweise über den Spracherwerb und die frühen Merkfähigkeiten im Säuglingsalter. Es zeigt aber auch, mit welchen Tricks sich Babys beruhigen lassen.

Das Forschungsteam nahm hochschwangere Frauen und ein Buch. In unserem ersten beeindruckenden Experiment sollten die werdenden Mütter Passagen eines Kinderbuches laut vorlesen. Warum? Weil Babys bereits im Mutterleib mithören und diese Geschichte nach der Geburt wiedererkennen. Diese verblüffende Tatsache erforschten Anthony DeCasper und Melanie Spence bereits im Jahr 1986. Dafür wurden Babys beobachtet, deren Mütter in den letzten sechs Wochen der Schwangerschaft zweimal täglich laut aus einem Kinderbuchklassiker vorgelesen hatten.

Nun wird es allerdings etwas anspruchsvoller, denn: Wie um

alles in der Welt soll ein Neugeborenes mitteilen, dass es die Geschichte »wiedererkennt«? Außer schlafen, schreien und trinken können Babys doch noch nicht viel, oder? Weit gefehlt! Das werden uns diese sowie weitere Studien aus diesem Buch eindrücklich beweisen. Was Babys allemal können, und darüber sind wir uns jetzt schon einig: am Schnuller nuckeln. Denn sie haben ein angeborenes Saugbedürfnis. Und genau dies machten sich DeCasper, Spence und weitere kluge Köpfe unter den Entwicklungspsychologen zunutze. Was nun folgt, ist ein cleverer Versuchsaufbau, dem wir so einige Erkenntnisse der Säuglingsforschung zu verdanken haben. Psychologinnen nennen dies »das Habituations-Dishabituations-Paradigma«. Es beschreibt, wie schnell sich Babys an einen bestimmten Reiz gewöhnen.

Das Habituations-Dishabituations-Paradigma

Dieses Paradigma der Psychologie wurde entwickelt, um Fähigkeiten im Säuglingsalter zu erforschen. Hierbei werden Säuglingen Reize so lange gezeigt, bis eine Reizgewöhnung eintritt, die *Habituation*. Sobald ein anderer Reiz präsentiert wird, kommt es für diesen neuen Reiz zu einer erneuten Steigerung der Aufmerksamkeit, sprich der *Dishabituation*. In diesem Experiment spielt eine Unterform des Habituations-Dishabituations-Paradigmas eine Rolle, und zwar die *High-amplitude-sucking-Methode*. Zur Erforschung akustischer Reize (in unserem Beispiel die von der Mutter vorgelesene Geschichte) nutzen Säuglingsforscher das Saugverhalten als Indikator dafür, ob ein Baby Interesse an dem Reiz hat, der ihm präsentiert wird. Je größer das Interesse an einem Reiz ist, desto länger und stärker saugen Babys am Schnuller (desto länger ist also auch die Zeitspanne, bis es habituiert und seine Saugstärke abnimmt).

Mithilfe dieser Methode zeigten DeCasper und Spence, dass die Mehrzahl der Säuglinge bei einer ihnen bekannten Geschichte stark am Schnuller nuckelte, sodass sie sie möglichst lange zu hören bekam. Die vertraute Geschichte schien ihr besonderes Interesse zu wecken. Babys, deren Mütter in der Schwangerschaft keine Geschichte vorgelesen hatten – dies nennen Psychologinnen »die *Kontrollbedingung*« –, saugten deutlich kürzer und fanden die für sie unbekannten Geschichten wenig interessant. Daraus schlussfolgerten die beiden Forscher, dass Säuglinge eine Geschichte, die sie im Mutterleib mehrmals gehört haben, wiedererkennen können.

Worum geht's?

Dieses Experiment gehört nicht zu denen, die wir als werdende Eltern mal eben schnell nachmachen können – doch darum geht es in diesem Buch auch nicht. Für die Replikation würde man eine ganze Menge Equipment, wenn nicht sogar ein kleines Versuchslabor benötigen (Minikopfhörer, Schnuller, welche die Saugfrequenz messen, eine Umgebung ohne viele Störfaktoren und so weiter). Doch auch ohne es selbst durchgeführt zu haben, lehrt dieses Experiment einiges: Neugeborene lernen schon vor der Geburt und sind von Natur aus bestens auf den Spracherwerb vorbereitet.

Die Kontrollbedingung

Zu den Standards guter wissenschaftlicher Praxis gehört es, neben der Versuchsbedingung auch eine Kontrollbedingung zu etablieren. Nur durch den Vergleich zwischen Kontroll- und Versuchsbedingung lassen sich Rückschlüsse darauf ziehen, ob es auch wirklich einen Unterschied im beobachteten Verhalten gibt. In unserem Fall zeigte sich ein Unterschied im Saugverhalten zwischen den Babys, welche die Geschichte aus dem Mutterleib kannten, und denen, welche die gleiche Geschichte zum ersten Mal hörten.

Säuglinge lernen bereits im Mutterleib. Neugeborene können schon sehr viel – und das haben sie unter anderem ihren Erfahrungen im Mutterleib zu verdanken. Babys lernen vor der Geburt, was man »pränatales Lernen« nennt. Dank ihres Hörsinnes, der um die 28. Schwangerschaftswoche ausgereift ist, nehmen sie Geräusche aus ihrer Umwelt wahr. Man kann sich das so vorstellen, als würden wir in der Badewanne liegen und mit dem Kopf unter Wasser einem Gespräch folgen wollen, während der Nachbar von nebenan rhythmisch hämmert (was dem Herzschlag entspricht) und die Rohre lautstark gluckern (vergleichbar den Magen- und Darmgeräuschen).

Ab etwa der 32. Schwangerschaftswoche ist das Gehirn weit genug ausgereift für Lern- und Gedächtnisleistungen des Ungeborenen. Experimente belegen, dass Föten bereits vor der Geburt zu Lern- und Gedächtnisleistungen fähig sind und etwa um die 32. Schwangerschaftswoche bei einer Vielzahl von Reizen habituieren. So wurde auch erforscht, dass Neugeborene schon verschiedene sprachliche Laute unterscheiden können. Sie sind folglich sehr sensibel für den Klang des gesprochenen Wortes – eine enorm wichtige Voraussetzung für den Spracherwerb.

Säuglinge sind kleine Sprachgenies. Babys sind kleine Talente, wenn es darum geht, so etwas Komplexes wie die menschliche Sprache zu lernen. Jeder, der eine Fremdsprache halbwegs gut beherrscht, weiß, was man alles lernen und leisten muss, bevor man sie auch nur ansatzweise sprechen kann. Und dies gelingt unseren Kindern anscheinend ganz nebenbei. Weil sie die besten Voraussetzungen dafür bereits im Mutterleib haben und es ihnen möglich ist, sich schon vor der Geburt mit den Merkmalen ihrer Muttersprache auseinanderzusetzen. Sie können fremde von vertrauten Wörtern, Sprachen oder Stimmen unterscheiden und sich an verschiedene Geschichten (klanglich, nicht inhaltlich) erinnern.

Das bedeutet auch, dass bereits Neugeborene über eine beeindruckende Gedächtnisleistung verfügen. Doch dazu an späterer Stelle mehr.

Was heißt das jetzt für Eltern?

Die Quintessenz dieses Experiments ist, dass Säuglinge die besten Voraussetzungen mitbringen, um ihre Muttersprache zu lernen. Bereits vor der Geburt nehmen Babys die Stimme und Sprache ihrer Mama wahr und werden mit ihr vertraut – und mit der ihres Papas, ihrer Oma oder ihrer Geschwister. Das alles passiert ohne unser aktives Zutun. Ziel dieser Studie war es, grundlegende Erkenntnisse über pränatale Voraussetzungen des Spracherwerbs zu erlangen, nicht aber, ob und wie man den Spracherwerb am besten schon vor der Geburt aktiv fördert.

Ungeborene lernen im Mutterleib – ganz ohne »Frühförderung«. Die Studienergebnisse zeigen *nicht*, dass Kinder in ihrer Sprachentwicklung profitieren, wenn ihnen bereits vor der Geburt vorgelesen wird. Dieses Kapitel ist daher kein Plädoyer dafür, das pränatale Lernen bewusst einzusetzen. Es gibt keine eindeutigen wissenschaftlichen Belege dazu, ob Kinder sprachlich fitter werden, wenn die Mutter in der Schwangerschaft laut vorliest. Ebenso wenig ist belegt, ob es die Musikalität oder gar die Intelligenz eines Kindes fördert, wenn wir in der Schwangerschaft besonders häufig klassische Musik hören oder das Baby einer Fremdsprache aussetzen. Der Fötus »verschläft« ohnehin einen Großteil seiner Zeit im Mutterleib und soll dies auch in Ruhe tun dürfen. Experten raten daher sogar davon ab, das pränatale Lernen bewusst zur Leistungssteigerung einzusetzen.

Wer sich also unwohl fühlt, seinem Ungeborenen vorzulesen oder als werdender Vater aktiv mit einem »dicken Bauch« zu sprechen, kann sich beruhigt zurücklehnen. DeCasper und Spence zeigten, dass Babys bestens auf den Spracherwerb vorbereitet sind. Sie reagieren auch ohne aktives Zutun sensibel auf den sprachlichen Input ihrer Umgebung. Wir können das Vorlesen gut und gern auf die Zeit nach der Geburt vertagen.

Der beste Weg, um Neugeborene zu beruhigen, ist die Stimme ihrer Eltern. Dennoch zeigt uns dieses Forschungsergebnis einen Weg, wie Eltern ihr Neugeborenes beruhigen können: Babys lieben die Stimme ihrer Eltern! Sie ist ihnen bereits aus dem Mutterleib vertraut. Weitere Studien verdeutlichen etwa, dass Säuglinge nicht nur den Klang einer ihnen bekannten Geschichte gegenüber einer ihnen unbekannten Geschichte bevorzugen, sondern vor allem die Stimme der Mutter gegenüber der einer Fremden. Das gilt selbst, wenn die Fremde das Gleiche und in einem ähnlichen Tonfall sagt.

Und: Auch an die Stimme des anderen Elternteils erinnert sich das Neugeborene aus seiner Zeit im Mutterleib, ganz egal, ob dieser schon bewusst mit dem Ungeborenen gesprochen oder sich »nur« mit dem schwangeren Elternteil unterhalten hat.

Obwohl Neugeborene noch nicht antworten können, beruhigen sie sich häufig, wenn die wichtigsten Bezugspersonen mit ihnen sprechen. Ganz egal, worüber. Hauptsache, die Stimme klingt vertraut und ruhig. Übrigens: Wer auf säuselnde Art mit seinem Baby spricht, macht intuitiv alles richtig (»Schhh … schhh … alles guuut«). Nicht ohne Grund hat die Psychologie hierfür ein Fachwort parat: Die sogenannte *Ammensprache* oder *baby talk* lieben alle Säuglinge. Im ersten Lebensjahr dürfen die Bezugspersonen daher gern besonders langsam, in hoher Stimmlage, mit ausgedehnten Pausen und deutlicher Betonung sprechen. Diese Ammensprache sollte im zweiten Lebensjahr allerdings etwas reduziert und durch das Sprechen mit vielen Wortbenennungen und Fragen ersetzt werden. Aber auch diese *stützende Sprache* nutzen die meisten Eltern intuitiv richtig.

Und nicht nur Worte, sondern auch Melodien können beruhigend auf Babys wirken. Das Vorsingen kann gleich mehrere positive Effekte haben. Mithilfe von vertrauten Liedern lassen sich viele Babys schnell beruhigen, und sie lieben es als Einschlafritual. Unmusikalischen Eltern sei an dieser Stelle gesagt, dass sie sich keine Sorgen machen müssen, falls sie nicht den richtigen Ton treffen. Das ist Babys völlig egal, denn es geht ihnen in erster Linie um die vertraute Stimme der Eltern, die beim Singen automatisch ruhiger und gleichmäßiger wird.

Übrigens, zu singen oder ruhig zu sprechen hat noch einen zusätzlichen positiven Effekt – und zwar für die (werdende) Mutter. Beides setzt Glückshormone frei und lässt Stresshormone sinken. Und das spürt der Bauchbewohner oder das weinende Baby allemal!

Take-Home Message

Obwohl Kinder bereits vor der Geburt über die besten Voraussetzungen zum Sprechenlernen verfügen und sehr sensibel auf das menschliche Wort reagieren, lebt der Spracherwerb von Interaktion! Nur zwischenmenschliche Kommunikation geht auf die Bedürfnisse des Kindes ein, etwa durch die Anpassung der Tonlage (Ammensprache) oder das aktive Zeigen auf und Benennen von Gegenständen (stützende Sprache). Hörspiele oder der Fernseher können dies nicht ersetzen. Auch wenn Babys noch nicht antworten können, sollten wir unbedingt mit ihnen sprechen – von Geburt an! Schön ist es etwa, wenn Eltern alle Schritte benennen, die sie gerade tun (»Oh, du hast eine volle Windel. Na, dann gehen wir jetzt mal zum Wickeltisch ... So, ich ziehe dir jetzt die Hose und die Windel aus und mache dich sauber ... Jetzt bist du wieder frisch und bekommst eine neue Windel ...«). Babys verstehen zwar noch nicht den Inhalt des Gesagten, doch eine vertraute Stimme ruft ein positives Gefühl bei ihnen hervor und vermittelt ihnen Sicherheit und Geborgenheit. Verständlich also, dass sich Babys besonders gut beruhigen lassen, wenn wir sanft mit ihnen sprechen oder ihnen etwas vorsingen.

2. Wie du mir, so ich dir

Experiment über die Fähigkeit, andere nachzuahmen

Dieser Versuch zeigt, dass bereits wenige Wochen alte Babys mit ihren Eltern interagieren und kommunizieren, und zwar indem sie deren Mimik nachahmen. Diese Fähigkeit zur Imitation ist eine enorm wichtige Lernfähigkeit, die Babys von Geburt an besitzen. Nicht nur Säuglinge, sondern Kinder jeden Alters lernen durch das, was ihre wichtigsten Bezugspersonen tun – sogar mehr als durch das, was sie sagen. Anders ausgedrückt: Wir sind Rollenmodelle für unsere Kinder und sollten uns unserer Vorbildfunktion stets bewusst sein!

Das Forschungsteam nahm neugeborene Babys im Alter von 12 bis 21 Tagen, die gerade satt, wach und zufrieden waren (eine echte Herausforderung!), sowie eine Person, die diesen Säuglingen die Zunge herausstreckte, einen Kussmund machte oder die Lippen zum O formte. Und schon befinden wir uns mitten in einem bahnbrechenden Experiment, mit dem es Andrew Meltzoff und Keith Moore 1977 bis in eine der renommiertesten Fachzeitschriften, *Science*, schafften. Denn die beiden zeigten: Babys sind schon kurz nach der Geburt dazu in der Lage, andere nachzuahmen!

Andere Forscher konnten diesen Befund hingegen nicht bestätigen, weshalb die Studie bis heute auch immer wieder kritisiert wird. Aber der Reihe nach, denn man muss den beiden Forschern in jedem Falle zugutehalten, dass sie ihr Experiment nach den Standards wissenschaftlicher Praxis durchführten, etwa indem sie eine *Doppelblindstudie* konzipierten – bis heute ist das keine Selbstverständlichkeit.

Ebenfalls positiv hervorzuheben ist, dass die Forscher die zeitlichen Abfolgen vorab festlegten und bei jedem Baby genau gleich durchführten: Erst zeigte der Versuchsleiter ein passives Gesicht, dann die verschiedenen Gesichtsausdrücke für genau 15 Sekunden in zufälliger Reihenfolge, und zwar möglichst nah vor dem Gesicht der Babys, da diese noch nicht besonders scharf sehen können. Danach hatten die Babys genau 20 Sekunden Zeit, um zu reagieren. Die Reaktion wurde auf Video aufgenommen und gleich von mehreren Versuchsleitern unabhängig voneinander ausgewertet. Nach diesem aufwendigen Procedere stand für die Forscher fest, dass Babys bereits wenige Wochen nach der Geburt den Gesichtsausdruck des Erwachsenen nachahmen. Die Wissenschaftler wollen das Experiment sogar an einem 24 Stunden alten Neugeborenen erfolgreich durchgeführt haben. Eine erstaunliche Leistung, oder nicht?

Worum geht's?

Vor diesem Experiment waren Entwicklungspsychologen der Annahme, dass sich die Fähigkeit zur *Imitation* erst gegen Ende des ersten Lebensjahres entwickelt. Der Fähigkeit, andere nachzuahmen, also das Verhalten anderer zu »kopieren«, wird dabei eine bedeutende Rolle für die kindliche Entwicklung beigemessen. Kinder lernen durch Nachahmung, wie man mit Messer und Gabel isst, Zähne putzt, sich die Schuhe anzieht – und eben auch, wie man die Lippen zum O, A, oder I formt. Wobei der Spracherwerb

Die Doppelblindstudie

Neben dem Einbezug einer Kontrollbedingung ist die Durchführung von Doppelblindstudien ein weiterer wichtiger Standard guter wissenschaftlicher Praxis. Das heißt, weder der Versuchsleiter noch die Studienteilnehmer kennen die Forschungshypothese. In unserem Beispiel sollte die Person, die beobachtet, ob das Kind die Zunge herausstreckt oder einen Kussmund macht, nicht wissen, ob die andere Person dem Baby gerade die Zunge herausstreckte oder die Lippen zum Kussmund spitzte. Das funktioniert, indem die Mimik der Babys auf Video aufgenommen wird. *Doppel*blind, weil auch der Versuchsteilnehmer nicht wissen sollte, was das Ziel der Studie war.

In der Tat begingen insbesondere in der Vergangenheit viele Forscher den Fehler, die Versuchspersonen vorab über die Hypothese des Experimentes zu informieren. Und siehe da, die Probanden verhielten sich häufiger so, wie von den Forscherinnen erwartet. In Studien, in denen Babys die Hauptrolle spielen, dürfte das aber doch kein allzu großes Problem sein, oder? Weit gefehlt! Babys können die Forschungsfrage zwar kaum nachvollziehen, wohl aber deren Eltern! Im konkreten Fall hatten Meltzoff und Moore die Vermutung, dass die vorab informierten Eltern vor der Durchführung des Experimentes mit ihren Babys das Nachahmen »trainiert« hatten, um für ihr überaus intelligentes Baby gelobt zu werden. Aus diesem Grund wiederholten Meltzoff und Moore ihre Studie mit Eltern, die nicht wussten, worum es in der Studie gehen sollte.

ein viel komplexerer Prozess als das bloße Imitieren von Lauten ist. Meltzoff und Moore legten nun nahe, dass Neugeborene aller Kulturkreise bereits mit dieser wichtigen Grundfertigkeit auf die Welt kommen.

Ein spannendes Experiment – doch es hagelte Kritik. Trotz dieser gut durchdachten Studie mussten sich Meltzoff und Moore mit einigen Kritikern auseinandersetzen. Der erste Einwand war, dass Säuglinge auf Reizveränderungen, zum Beispiel das Aufleuchten von grellem Licht oder das Ertönen von Musik, generell mit einer mimischen Reaktion reagieren und allgemein eine sehr lebhafte Mundbewegung haben. Alles nur Zufall? Eher nicht. Zumindest zeigten Meltzoff und Moores statistische Analysen *signifikante Ergebnisse.*

Statistische Signifikanz

Mittels statistischer Tests versuchen empirisch arbeitende Wissenschaftler herauszufinden, ob Beobachtungen wie das Herausstrecken der Zunge zufällig auftreten oder sich die Unterschiede von einem vorher festgelegten Zufallsniveau zeigen. Übersetzt für unser Experiment, heißt das: Es wurde errechnet, ob die Babys signifikant häufiger die Zunge herausstreckten, als eine andere Mundbewegung zu machen, wenn sie vorher eine Person gesehen hatten, die ebenfalls die Zunge herausstreckte.

Ein zweiter Kritikpunkt war, dass es sich bei der Imitation einfach um einen *Reflex* der Säuglinge handelt. Per Definition ist das eine unwillkürliche, automatische Reaktion auf einen Reiz. Säuglinge sind mit einer Vielzahl an Reflexen ausgestattet, die im Laufe des ersten Lebensjahres wieder verschwinden, beispielsweise der Greif-, Saug- oder Schreitreflex. Warum nicht auch ein »Imitationsreflex«? Meltzoff und Kollegen selbst gestanden ein, dass das Imitationsverhalten bei circa drei Monate alten Säuglingen abnimmt, so wie manch anderer Reflex auch. Allerdings müssen Reflexe definitionsgemäß immer ausgelöst werden, die Imitation zeigt sich hingegen nicht bei allen Babys und zu jeder Zeit. Dies spricht gegen diese Erklärung.

Drittens konnten Kritikerinnen wie Janine Oostenbroek und Virginia Slaughter bei einem ähnlichen Experiment mit Neugeborenen keine deutliche Fähigkeit zur Nachahmung feststellen. Sie führten 2016 eine Studie mit deutlich mehr Babys als in der Originalstudie durch, nämlich insgesamt mit 109 Versuchsteilnehmern. Hier wurden den Neugeborenen nicht nur drei verschiedene Gesichtsausdrücke präsentiert, sondern viele, mitunter differenziertere Mundbewegungen wie »Mmmh«, »Eeeh«, »Oooh«. Bei diesem Versuch ahmten die Babys das Gesehene nicht nach. Wohl aber zeigten die Säuglinge eine Mimik wie Zunge herausstrecken oder O-Münder, wenn sie eine andere Person sahen, aber unabhängig davon, was diejenige tat. Sie imitierten folglich nicht wirklich, versuchten aber durch ihren jeweiligen Gesichtsausdruck, Kontakt zum Gegenüber aufzubauen. Und: Die Person gegenüber reagierte wiederum mit ähnlichen Gesichtsausdrücken. Meltzoff und Moore machten die Unterschiede im Versuchsaufbau für die abweichenden Ergebnisse verantwortlich. Ein »Mmmh«- oder »Eeeh«-Mund sei für sie noch zu komplex.

Babys ahmen Gesichtsausdrücke nach, Kleinkinder bereits Handlungen. Meltzoff und Moore ließen sich von der Kritik nicht aus der Ruhe bringen und untersuchten während ihrer weiteren Forscherkarriere nicht nur bei Neugeborenen die Fähigkeit zur

Imitation, sondern beobachteten die Fähigkeit zur Nachahmung über die gesamten ersten Lebensjahre hinweg. Weitere bahnbrechende Ergebnisse folgten: Im Alter von etwa einem halben Jahr scheinen Babys in der Lage zu sein, immer mehr Verhalten anderer nachzumachen. Mit neun bis zwölf Monaten imitieren Babys bereits kurze Handlungssequenzen. Sie ahmen beispielsweise einen Erwachsenen nach, der einen Kasten mit seiner Stirn berührt, um so den Kasten zu öffnen. Hatte der Erwachsene dabei die Hände voll – im konkreten Versuch, weil er hustete und sich einen Schal umband –, so imitierten Babys und Kleinkinder die Handlung nicht, sondern drückten den Kasten mit der Hand. Schon Einjährige können demnach die Handlungs*absicht* erkennen. Sie ahmen nicht nur die *Abfolge* der Handlungen nach, sondern erkennen das Ziel hinter dem Verhalten anderer. Zudem imitieren Einjährige noch bis zu 24 Stunden später, selbst wenn sie die Handlung nicht gleich nachmachen konnten. Man spricht hier von *aufgeschobener Nachahmung*. Das heißt, Kleinkinder rufen Situationen korrekt aus dem Gedächtnis ab, um sie im passenden Moment zu wiederholen.

Spiegelneurone – der Grund, weshalb Imitation so einfach gelingt. In den Neunzigerjahren und damit lange nachdem Meltzoff und Moore ihre ersten Forschungsergebnisse publizierten, gelang Rizzolatti und Kollegen ein Durchbruch in der neuropsychologischen Forschung: die Entdeckung der *Spiegelneurone*. Die Forschung über Spiegelneurone bestätigt insofern Meltzoff und Moores Ergebnisse und liefert eine Erklärung für die Imitationsfähigkeit von Säuglingen. In unserem Gehirn sind die Bereiche für eigene Handlungen und die Handlungen anderer recht eng miteinander verknüpft. Für unsere grauen Zellen ist es nur ein kleiner Schritt von »Du streckst mir die Zunge raus« zu »Ich strecke dir die Zunge raus«. Dieser Befund erklärt, weshalb schon Säuglinge so gut darin sind, Gesichtsausdrücke zu imitieren.

Die Spiegelneurone

Spiegelneurone sind spezialisierte Nervenzellen, die aktiv werden, wenn wir dabei *zusehen*, wie jemand etwas tut. Forscher wie Giacomo Rizzolatti zeigten mittels bildgebender Verfahren (fMRT) und elektrophysiologischer Messungen (EEG), dass dieselben Gehirnareale aktiv sind, egal, ob wir bei Handlungen nur zusehen oder diese selbst ausführen. Beispielsweise feuern dieselben Nervenzellen im Motokortex beim Ausführen und Beobachten von motorischen Bewegungen. Es macht für bestimmte Bereiche im Gehirn also keinen allzu großen Unterschied, ob wir jemandem zuwinken oder ob uns zugewinkt wird. Übrigens feuern die Spiegelneurone nur beim Beobachten menschlicher Handlungen, nicht aber wenn sich ein Ball bewegt, weil er an einer Schnur hängt oder ein mechanischer Greifarm etwas aufhebt.

Spiegelneurone sind nicht nur für den Erwerb neuer motorischer Fähigkeiten zentral, sondern scheinen auch die neuronale Basis für Mitgefühl zu sein. So reagieren unsere eigenen Schmerzzentren, wenn wir sehen, dass jemand anders leidet – eine zentrale Grundlage für das Empfinden von Mitgefühl!

Was heißt das jetzt für Eltern?

Wie so oft in der Psychologie löste das Experiment von Meltzoff und Moore nicht nur Zuspruch, sondern eine rege wissenschaftliche Debatte aus. Und das ist auch gut so! Denn kaum etwas in der Psychologie gilt wirklich als *erwiesen*.

Aber was können wir aus der Studie von Meltzoff und Moore für den Alltag mit Babys und Kleinkindern folgern? Säuglinge ahmen das Verhalten anderer nach. Sie sind von Geburt an soziale Wesen – das hat die Natur ziemlich schlau eingerichtet. Kinder kopieren das Verhalten Erwachsener und anderer Kinder.

Kinder lernen aus dem, was wir tun! Vielleicht imitieren Babys nicht immer zuverlässig, insbesondere nicht in den ersten Lebenswochen. Das liegt allerdings auch am noch unterentwickelten Sehsinn und den eingeschränkten motorischen Fähigkeiten. Mit zunehmender Wahrscheinlichkeit schauen sich Kleinkinder aber in den ersten Lebensjahren eine Reihe von Verhaltensweisen ab. Ihre Spiegelneurone feuern permanent!

Wenn kleine Kinder die Gesichtsausdrücke ihrer Bezugspersonen imitieren, kommt ihnen das für den Spracherwerb zugute und ist die Basis früher Kontaktaufnahme. Sobald Babys dann motorisch dazu in der Lage sind, ahmen sie liebend gern alltägliche Handlungsabläufe nach. Die Spielzeugindustrie bedankt sich, denn das Geschäft mit Kinderstaubsaugern, Spielküchen und Kinderwerkzeug brummt, obwohl Kinder dank ihrer Fantasie und Kreativität eigentlich auch einen herkömmlichen Stift als Akkuschrauber oder einen langen Stock als Staubsauger nutzen würden.

Nachahmung – die Grundlage wundervoller Interaktionen. Kinder freuen sich oft noch mehr, wenn sie den echten Staubsauger halten dürfen, mit Papa oder Mama einen Stuhl oder das Fahrrad reparieren oder mit Töpfen hantieren und beim Salatschnippeln helfen. Denn in diesen Situationen sind die Eltern dabei, und aus der Nachahmung entsteht eine wundervolle gemeinsame Aktion. Dabei lautet die Devise: dem Kind etwas zutrauen! Oder frei nach Maria Montessori: dem Kind helfen, es selbst zu tun! Schon Kindergartenkinder können unter Aufsicht mit einem stumpfen Messer oder Sparschäler eine Gurke zerkleinern und werden danach stolz sein, weil sie es geschafft haben, es ihren »Vorbildern« gleichzutun. Natürlich brauchen wir Eltern eine ordentliche Portion Geduld, wenn das Kind gefühlt eine halbe Ewigkeit benötigt, um beim Tischdecken zu helfen. Aber der kindliche Entdeckergeist wird angeregt und Erfahrungen wie diese fördern das *Selbstwirksamkeitsempfinden* der Kinder.

Nachahmung – die Grundlage von Rollenspielen. Im Anschluss an ein Miteinander wie beim gemeinsamen Zubereiten des Abendessens wird die erlernte Handlungssequenz als aufgeschobene Nachahmung wieder und wieder aus dem Gedächtnis abgerufen. Eng damit verbunden sind sogenannte *Als-ob-Spiele* (auch *pretend plays* oder »Rollenspiele« genannt). Während dieses Spiels ahmen Kinder häufig das nach, was sie beobachtet haben. Sei es das spielerische Leeren der Müllcontainer in den Wagen der Müllabfuhr oder das Wickeln und Trösten einer Babypuppe.

Nachahmungen und Rollenspiele sind sehr wichtig für die Entwicklung. Kinder lernen dabei motorisch, kognitiv und sozial. Ein echter Aha-Moment für Eltern, die sich auch im Wortlaut ihrer Kinder wiedererkennen.

Was, wenn ein Neugeborenes nicht imitiert? Funktionieren dann seine Spiegelneurone schlechter? Das ist mit Sicherheit kein Grund zur Besorgnis! Sehr wahrscheinlich wurde dieses kleine Experiment von den Eltern nicht nach allen Standards guter wis-

Selbstwirksamkeit

Der Begriff der »Selbstwirksamkeit« geht auf den Psychologen Albert Bandura zurück und wird in diesem Buch eine wichtige Rolle spielen – denn das Gefühl von Selbstwirksamkeit zu erleben ist eine wesentliche Grundlage für eine gesunde psychische Entwicklung. Bandura definierte Selbstwirksamkeit im Rahmen seiner sozial-kognitiven Lerntheorie als »die Erwartung, auch schwierige Situationen und Herausforderungen aus eigener Kraft meistern zu können«. Im Grunde geht es folglich um das Vertrauen in die eigenen Fähigkeiten und das Gefühl, mit dem eigenen Verhalten etwas zu bewirken. Wird dem Kind von klein auf etwas zugetraut, darf es sich im geschützten Umfeld der Familie ausprobieren, Fehler machen und bei kleinen Aufgaben mithelfen, wirkt sich dies positiv auf das Grundvertrauen in die eigenen Fähigkeiten aus.

senschaftlicher Praxis »nachgemacht«, sondern vermutlich eher beiläufig wiederholt. Denn wer hat schon ein kleines Labor zu Hause und macht sich die Mühe, die Mimik des Babys aufzunehmen, um diese von einem unabhängigen Dritten auswerten zu lassen? Zum anderen kommen hier die Ergebnisse von Oostenbroek und ihrem Forschungsteam ins Spiel, die zeigten, dass Säuglinge nun mal nicht sehr zuverlässig imitieren, vielleicht auch erst nachgeschoben. Darüber hinaus zeigten Oostenbroek und Kollegen, dass nicht zwangsläufig Säuglinge ihre Bezugspersonen imitieren, wohl aber umgekehrt die Bezugspersonen ihre Säuglinge –

und zwar im Schnitt alle zwei Minuten! Wir Eltern sind es, die durch unsere Mimik und Gestik die Brücke zum Baby bauen und ihr Verhalten spiegeln. Auch hierbei erfährt das Baby ein erstes Gefühl von Selbstwirksamkeit und erkennt, dass sein Verhalten eine Reaktion auslöst.

Sollten wir uns nun das nächste Mal dabei ertappen, wie wir beim Breifüttern den Mund öffnen, können wir uns ein kleines Lächeln vielleicht nicht verkneifen – und wer weiß, vielleicht lächelt das Baby ja zurück!

Take-Home Message

Die Studie von Meltzoff und Moore sowie die Studie von Oostenbroek und die Erkenntnisse über die Spiegelneurone zeigen: Babys sind dafür gemacht, mit anderen zu interagieren. Die Fähigkeit, andere zu imitieren, ist dabei nichts, was Eltern aktiv fördern müssen. Es reicht, präsent zu sein und bewusst mit dem Baby in Kontakt zu treten. Darüber hinaus hat die Studie noch eine zweite Botschaft: Die Modellfunktion von wichtigen Bezugspersonen ist zentral dafür, wie sich Kinder entwickeln. Kinder lernen, indem sie das Verhalten anderer nachmachen! In den nachfolgenden Kapiteln wird deutlich, dass elterliches Verhalten dazu beiträgt, wie sozial sich Kinder anderen gegenüber verhalten, wie sie Konflikte lösen und lernen, ihre Impulse und Gefühle zu regulieren.

3. Babys lernen aus positiven Konsequenzen

Das Mobile-Experiment

Bei diesem Experiment wurde das Bein eines Babys mithilfe einer Schnur mit einem Mobile verbunden. Dadurch konnte ein Säugling das Mobile selbst zum Wackeln bringen. Diese lustige Beschäftigung zeigte der Forschungsgruppe, dass bereits wenige Wochen alte Babys Zusammenhänge zwischen dem eigenen Verhalten und einer Konsequenz herstellen können. Das Baby erlebt dadurch Selbstwirksamkeit. Doch nicht nur das. Dieses Experiment belegt auch die Gedächtnisleistung kleiner Babys. Denn sie erinnern sich noch Tage oder sogar Wochen später an dieses kleine Schauspiel.

Das Forschungsteam nahm ein Mobile und drei, sechs, neun Monate alte und einjährige Babys. An die Fußfesseln der Babys befestigten sie eine Schnur, die sie mit einem Mobile verbanden.

Begann das Baby nun mit dem Bein zu strampeln, bewegte sich das Mobile. Je intensiver es strampelte, desto stärker wackelte das Mobile – in den meisten Fällen zur großen Freude des kleinen Kindes. Nach ein paar Tagen oder Wochen wurden die Babys wieder in dasselbe Bettchen mit demselben Mobile über dem Kopf gelegt. Begannen sie sofort wieder heftig die Beinchen zu bewegen, dann galt das als ein Zeichen dafür, dass die Babys sich »erinnerten«!

Worum geht's?

Carolyn Rovée-Collier und ihr Forschungsteam nutzten diesen Versuchsaufbau in den Neunzigerjahren, um Erkenntnisse über das Gedächtnis bei Säuglingen zu gewinnen. Der Versuch zeigt aber auch, wie operante Konditionierung funktioniert.

Die Anfänge der Gedächtnisentwicklung. Rovée-Collier und Kollegen zeigten mit ihrem Mobile-Experiment, wie sich die sogenannte *Gedächtnisspanne* verbessert: Drei Monate alte Babys erinnern sich im Schnitt noch nach bis zu acht Tagen an das Mobile. Das heißt, sie beginnen beim erneuten Anblick des Mobiles wieder in freudiger Erwartung zu strampeln. Mit sechs Monaten verlängert sich ihre Gedächtnisspanne auf circa zwei Wochen. Mit neun Monaten können sie sich im Durchschnitt noch nach sechs Wochen und im Alter von einem Jahr sage und schreibe zwölf Wochen daran erinnern, dass sie das Mobile durch ihr eigenes Strampeln in Bewegung zu setzen vermögen.

Dabei ist es allerdings wichtig, dass die Umgebung *genau gleich bleibt*. Denn sie dient als wichtiger *Hinweisreiz*. Sobald das Mobile verändert wird oder Bettlaken beziehungsweise Nestchen des Babybetts ausgetauscht werden, fällt es den Säuglingen deutlich schwerer, sich zu erinnern. Das geht uns Erwachsenen übrigens nicht anders. Ein berühmtes Experiment untersuchte diesen sogenannten *Kontextwechsel* auf besonders anschauliche, da amüsante Art und Weise: Taucher sollten sich unter Wasser eine Reihe von Wörtern merken. Sie konnten sich später an deutlich mehr dieser Wörter erinnern, wenn sie wieder unter Wasser waren, als wenn man sie diese an Land abfragte.

Zudem fällt es uns leichter, uns an Dinge durch *Wiedererkennen* zu erinnern als durch *freien Abruf*. Das heißt konkret, wenn uns Vokabeln, die wir zuvor gelernt haben, wieder gezeigt werden und wir nur angeben müssen, ob wir diese bereits kennen oder ob uns diese neu sind, zeigen wir deutlich bessere Gedächtnisleistungen, als wenn wir dieselben zuvor gelernten Vokabeln aufschreiben oder frei benennen müssen. Und das erklärt auch die gute Merkfähigkeit der Säuglinge: Sie erhielten einige Hinweisreize (das gleiche Bett, das gleiche Mobile), die sie lediglich wiedererkennen mussten, um sich zu erinnern. Nichtsdestoweniger zeigen die Babys damit eine beachtliche Leistung, vor allem, wenn man die Tage und Wochen, die sie sich erinnern können, zu ihrem noch recht kurzen Leben in Relation setzt.

Bewusstes Erinnern oder Konditionierung? Unklar bleibt jedoch, ob es sich bei diesem Versuchsaufbau wirklich um die Messung einer »bewussten« Form des Gedächtnisses handelt. Vielmehr scheint der zugrunde liegende Mechanismus die *operante Konditionierung* zu sein.

Die operante Konditionierung

Der Begriff geht auf Lerntheoretiker wie Burrhus F. Skinner zurück und ist auch bekannt als »implizites Lernen durch Belohnung oder Bestrafung«. Bei der operanten Konditionierung geht es darum, dass ein ursprünglich spontan gezeigtes Verhalten (im konkreten Fall das Bewegen der Beine) zu einer Konsequenz führt. Ist die Konsequenz positiv (ein lustiges Mobile wackelt hin und her), wird das Verhalten positiv verstärkt und daher häufiger ausgeführt. Ist die Konsequenz negativ (würde man das Baby beispielsweise mit kaltem Wasser bespritzen), wird das Verhalten seltener gezeigt. Babys sind von Geburt an dazu in der Lage, diese Assoziation zwischen dem eigenen Verhalten und der Konsequenz herzustellen. Daher stellt die operante Konditionierung einen wichtigen unbewussten Lernmechanismus dar. Ob wir es wollen oder nicht, Lernen aus positiven oder negativen Konsequenzen *(Belohnungs- und Bestrafungslernen)* findet tagtäglich in der Interaktion mit unseren Kindern statt – ein genauer Blick darauf lohnt sich! (Siehe auch »Klassische versus operante Konditionierung« in Kapitel 8.)

Was heißt das jetzt für Eltern?

Rovée-Collier und Kollegen zeigten, dass Babys bereits über erstaunliche Gedächtnisleistungen verfügen – ob bewusst oder unbewusst, sei vorerst zweitrangig. Dies steht nur vordergründig im Widerspruch zu einer weitverbreiteten falschen Meinung, Babys würden sich ja eh an nichts erinnern. Diese falsche Annahme rührt vermutlich daher, dass man sich selbst nicht mehr seiner ersten drei Lebensjahre entsinnen kann. Früher erklärten Theoretiker diese sogenannte *infantile Amnesie* dahin gehend, dass das kindliche Gehirn einfach noch nicht entwickelt genug sei, um sich langfristig etwas zu merken. Eine fatale Fehlannahme! Mittlerweile wissen wir glücklicherweise, dass uns vor allem auch Erfahrungen der ersten Lebensjahre prägen. Selbst wenn wir uns nicht mehr bewusst erinnern, vergessen wir sie nicht, sie bleiben unbewusst abgespeichert und prägen uns ein Leben lang.

Infantile Amnesie

Hier geht es darum, dass sich das autobiografische Gedächtnis erst relativ spät entwickelt, man sich also an Begebenheiten aus den ersten Lebensjahren nicht bewusst erinnern kann. Ereignisse, die besonders emotional waren, merkt man sich dabei meistens als Erstes. Etwa das großartige Fahrrad zum dritten Geburtstag, aber auch den ersten schmerzhaften Sturz damit. Allerdings spielt uns unser Gedächtnis hier manchmal einen Streich: Als Erwachsene können wir im Nachhinein zuweilen nicht mehr sicher unterscheiden, ob wir uns tatsächlich noch an das Ereignis selbst erinnern oder eher an die Erzählungen darüber aus der Kindheit.

Bisher konnte nicht abschließend geklärt werden, weshalb wir Erinnerungslücken an die frühe Kindheit haben. Eine Erklärung ist, dass Kinder erst mit anderthalb bis zwei Jahren ein Selbstkonzept ausbilden (siehe Rouge-Test, Kapitel 9) und eine Vorstellung von sich selbst zu haben die Grundlage ist, um Erinnerungen in Bezug auf die eigene Person abzuspeichern. Eine weitere Begründung lautet, dass wir Ereignisse erst bewusst abspeichern können, wenn wir sprachlich dazu in der Lage sind. Da Babys Gedächtnisinhalte nicht »in Worte fassen«, können Erlebnisse gewissermaßen nicht bewusst in unser bewusstes Gedächtnis »zurückgeholt« werden.

Säuglinge können sehr viel mehr als lange angenommen. Rovée-Collier und Kollegen haben wir nun zu verdanken, dass Säuglinge mittlerweile als weitaus kompetenter angesehen werden. Sie können sich sehr wohl für ein paar Wochen an Dinge und Abläufe erinnern, und die zugrunde liegenden unbewussten Gedächtnisprozesse unterscheiden sich nicht großartig von denen Erwachsener.

Weiterhin zeigte das Mobile-Experiment eindrücklich, dass die operante Konditionierung eine der ersten zentralen Grundlagen des Lernens ist. Schon Babys lernen, Zusammenhänge zwischen ihrem eigenen Verhalten und einer Konsequenz festzustellen. Das Forschungsteam erkannte auch, dass Babys, die das Mobile selbst zum Wackeln bringen, dieses deutlich interessierter betrachten als ein Mobile, das eine andere Person anstupst und somit in Bewegung setzt. Es ist also genau die Tatsache, dass auf das *eigene* Verhalten eine Reaktion folgt, die das Selbstwirksamkeitsempfinden fördert.

Selbstwirksamkeit: ein wichtiger Motor für die Freude am Lernen. Babys, die Gelegenheiten haben zu erkennen, dass auf ihr Verhalten eine Reaktion folgt, erleben Selbstwirksamkeit. Dies trifft nicht nur auf das bewegte Mobile zu, sondern gilt auch, wenn Babys versuchen, soziale Kontakte einzugehen. Während der zwischenmenschlichen Interaktion merken Babys (im besten Fall): Wenn ich lächle, dann lächelt mein Gegenüber zurück. Wenn ich »Papapa« mache, dann strahlt mein Vater übers ganze Gesicht oder wiederholt das Gesagte freudig: »Ja, genau. ›Pa-Pa.‹ Du hast ›Papa‹ gesagt!« Ganz egal, was, aber es erfolgt irgendeine Art von positiver Reaktion, weshalb genau dieses Verhalten in Zukunft häufiger ausgeführt wird.

Diese Wenn-dann-Verknüpfungen (operante Konditionierung) finden tagtäglich unzählige Male statt – was auf großes Interesse der Babys stößt. Sie merken: Wenn ich die Rassel schüttle, dann ertönt ein Geräusch. Wenn ich den Löffel fallen lasse, dann fällt er auf den Boden. Oder wie in DeCaspers und Spences Experiment (siehe Kapitel 1): Wenn ich am Schnuller nuckle, dann höre ich die mir aus dem Mutterleib bekannte Geschichte. Wen wundert es daher, dass es Babys so viel Spaß bereitet, immer und immer wieder auszuprobieren, welche Reaktion das eigene Verhalten auslöst? Wenn die Bezugsperson auf das ohnehin schon spannende Löffelwerf-Spiel auch noch »Nein! Nein!« schimpft, wird's nur umso interessanter. Wir sollten in einer solchen Situation also abwägen: Ist das Verhalten meines Kindes gefährlich? Stört es mich wirklich? Dann sollte auf das klare »Nein!« eine verlässliche Konsequenz folgen. Wir könnten etwa den Löffel wegnehmen und unser Kind freundlich, aber bestimmt ansehen oder dem Kleinen eine andere, ungefährliche Alternative anbieten. Ist das Verhalten nicht schlimm? Dann lassen wir das Kind doch einfach seinem Entdeckergeist nachgehen und die natürliche Konsequenz erleben.

Ist es sinnvoll, operante Konditionierung zu vermeiden? Kinder lernen aus positiven und negativen Konsequenzen, dies lässt sich nicht bestreiten. Dennoch plädieren viele Elternratgeber mittlerweile dafür, Belohnungs- und Bestrafungslernen per se abzuschaffen. Doch ist das überhaupt möglich? Ich behaupte: Niemand ist ganz frei davon, das eigene Kind manchmal unbewusst doch zu »belohnen«. Obwohl Belohnungs- und Bestrafungslernen abgewertet wird, ist dies keine per se »schlechte Erziehungsmethode«. Daher ist es in meinen Augen hilfreicher, sich mit diesen unbewussten Lernmechanismen zu beschäftigen und sie in der tagtäglichen Interaktion mit den eigenen Kindern zu erkennen, als sie grundsätzlich zu verfluchen. Ein genauer Blick auf das Lernen aus positiven (Belohnung) und negativen Konsequenzen (Bestrafung im Sinne der Lerntheorien) lohnt sich, um sich diesen unbewussten Lernmechanismus bewusster zu machen.

Denn, wer hätte es gedacht, noch heute fußt eine ganze Ausrichtung der Psychotherapie – die Verhaltenstherapie – in den Annahmen der Lerntheoretiker. Wenn Eltern mit ihren Kindern einen Verhaltenstherapeuten aufsuchen, wird versucht herauszufinden, weshalb Kinder dieses oder jenes Verhalten zeigen. Nicht selten lautet eine Antwort: »Weil Eltern (negatives) Verhalten ungewollt verstärken!«[1]

Eltern »belohnen« negatives Verhalten oft unbewusst. Drei Klassiker: Die Vierjährige hat unkontrollierte Wutanfälle, wenn sie nicht bekommt, was sie möchte. Das abendliche Zubettgehen des Sechsjährigen ist ein mehrstündiges Drama. Der Drittklässler weigert sich, seine Hausaufgaben zu machen. Solche Situationen bringen zweierlei Gefahren mit sich: Eltern werden autoritär (obwohl sie eigentlich autoritativ erziehen wollen), schimpfen mit dem Kind und schicken es wütend ins Bett oder zwingen es an den Schreibtisch, drohen vielleicht mit Medienverbot. Oder Eltern, die eher bedürfnisorientiert sein wollen, handeln antiautoritär und befriedigen das (vermeintliche!) Bedürfnis des Kindes, lassen es halt doch noch eine Weile wach bleiben oder kaufen den Schokoriegel, damit schnell wieder Ruhe herrscht.

Besonders fatal ist sogar, wenn Eltern manchmal explodieren und lauthals schimpfen (autoritär) und mal einfach nachgeben (antiautoritär). Der Terminus der Lerntheoretiker hierfür lautet

1 Diese Maßnahmen sind deutlich vereinfacht auf die Rolle der Eltern heruntergebrochen. Im Rahmen einer Therapie wird zudem eine umfassende Diagnostik durchgeführt, die beispielsweise prüft, ob das Kind kognitiv überfordert ist (und deshalb keine Hausaufgaben machen kann) und welche Schutz- und Risikofaktoren zu Verhaltensauffälligkeiten führen (zum Beispiel Verlusterfahrung, Scheidung, Wohnortwechsel, unsichere Bindung, wechselnde Bezugspersonen oder psychische Erkrankung der Eltern). Denn die Entwicklung psychischer Erkrankungen ist immer ein komplexes Wechselspiel aus unzähligen Einflussfaktoren.

»intermittierende Verstärkung«. In solchen Fällen kann das Kind überhaupt nicht sicher ableiten, welche Konsequenz aus seinem Verhalten folgt. Doch Kinder brennen darauf, eine klare Vorstellung über die Folgen des eigenen Verhaltens zu entwickeln. Sie wollen Selbstwirksamkeit erleben. Deshalb werden sie nur umso vehementer Grenzen austesten, um herauszufinden, welche denn nun die häufigste Reaktion ist. Das A und O ist daher, in möglichst vorhersehbarer Weise zu reagieren oder zumindest gut zu erklären, weshalb gerade heute eine Ausnahme gemacht wird. (»Du weißt, normalerweise erlaube ich keine Schokoriegel an der Kasse. Aber heute habe ich selbst so einen Hunger, und es dauert noch, bis wir zu Hause sind. Lass uns einen teilen.«)

Auch bei einheitlicher autoritärer oder antiautoritärer Reaktion ist die Krux, dass Eltern damit häufig das eigentlich unerwünschte Verhalten ihrer Kinder verstärken. Selbst wenn sie dies nicht beabsichtigen! Im Falle der antiautoritären Haltung merkt das Kind (wenn auch eher unbewusst), dass ein Wutanfall zum Ziel führt (»Wenn ich im Supermarkt lange genug quengle, bekomme ich den Schokoriegel ja doch!«, »Je länger ich durch die Wohnung sause und mich gegen das Zubettgehen wehre, desto länger darf ich wach bleiben!«). Paradoxerweise bewirkt auch autoritäres Schimpfen das Gegenteil von dem, was die Eltern eigentlich wollen – dies erkannten nicht nur Vertreterinnen der bedürfnisorientierten Elternschaft, sondern wussten auch schon die Lerntheoretiker. Das Verhalten wird nicht seltener, sondern umso öfter gezeigt. Der Lernmechanismus dahinter ist ganz einfach: Aufmerksamkeit ist die subtilste Art der »Belohnung«! Wenn Eltern mit ihrem Kind schimpfen, sind sie vollkommen präsent bei ihm – und genau danach hat sich das Kind gesehnt. Klar, dass es seine »Strategie« beibehält, denn lieber ist ihm negative Aufmerksamkeit als gar keine. Wie können sich Eltern stattdessen verhalten?

Ignorieren statt schimpfen? Verhaltenstherapeuten und autoritative Erziehungsratgeber argumentieren hier klassischerweise so: Verringern eines ungewünschten Verhaltens erfolgt durch *Ignorieren*. Ein Satz, bei dem sich vermutlich Vertreterinnen der bedürfnisorientierten Elternschaft die Nackenhaare aufstellen. Zugegeben, es klingt drastisch. Natürlich sollten Eltern nie, wirklich niemals ihr Kind ohne Vorwarnung oder über einen längeren Zeitraum ignorieren. Dies könnte sich wie Liebesentzug anfühlen, und das ist die schlimmste aller Erziehungsmethoden! Hinter dem »wohldosierten Ignorieren« steckt hingegen ein Ansatz, der – richtig angewendet – bedürfnisorientiert ist. Denn es geht hier nicht um plötzliches Ignorieren, das Kindern den Eindruck vermittelt, ihren Eltern wäre alles egal. Vielmehr geht es um ein kurzes und knappes »Nein«. Ein Nein aus Liebe, wie Jesper Juul es nannte. Nach einer kurzen und klaren Ansage, die manchmal auch mehrmals ausgesprochen werden muss, folgt kein Schimpfen, kein Nachgeben, sondern nichts mehr (Ignorieren). Und das macht das Verhalten für das Kind auf Dauer uninteressant.

Es geht um ein Nein, das Kindern vermittelt: Ich sehe dich, und du bist mir wichtig. Du kannst mir vertrauen. Ich weiß, was gut für dich ist. »Nein. Jetzt geht's ins Bett, damit du morgen fit bist und ich etwas Zeit für mich habe« (mein Bedürfnis nach Ruhe, dein Bedürfnis nach Schlaf). »Nein. Es gibt jetzt keinen Schokoriegel« (auch wenn es der Wunsch des Kindes ist, dessen eigentliches Bedürfnis ist es nicht).

Loben statt ignorieren? Wer dieses »Ignorieren« dennoch vermeiden will, probiert einfach ein anderes Prinzip der Lerntheorien: die *positive Verstärkung*. Die Bezugspersonen haben es in der Hand, ob sie eher den Weg der positiven oder negativen Konsequenz gehen. Es liegt vielen Eltern näher zu schimpfen, wenn etwas nicht klappt, als zu loben, wenn etwas funktioniert (dies sehen wir leider viel zu häufig als selbstverständlich an). Warum aber »belohnen« wir unser Kind nicht einfach mal dafür, wenn es sich zügig bettfertig oder selbstständig die Hausaufgaben gemacht hat? (»Es freut mich, dass du dich so flott umgezogen hast. Jetzt haben wir noch richtig viel Zeit zu kuscheln. Welches Buch soll ich dir vorlesen?«) Auch wenn wir uns ruhig und geduldig unserem Kind widmen, etwa indem wir ihm zeigen, wie es sich am besten die Zähne putzt oder sich den Schlafanzug anzieht, ist das bereits eine Art positive Verstärkung und zugleich ein sehr bedürfnisorientierter Weg. Denn wir schenken ihm liebevolle und wohlwollende Aufmerksamkeit und gemeinsame Zeit.

Wir könnten unserem Nachwuchs auch vor Augen führen, dass die zügige Bearbeitung der Hausaufgaben mehr Freizeit am Nachmittag mit sich bringt. Und wenn er sich trotzdem komplett gegen die Hausaufgaben sträubt? Dann gibt es oft genug natürliche Konsequenzen. Viele Eltern tendieren dazu, ihr Kind vor genau solchen natürlichen Konsequenzen zu schützen und es lieber zehnmal an die Hausaufgaben zu erinnern. Ja, ohne Hausaufgaben oder Pausenbrot dazustehen könnte unangenehm in der Schule werden – nicht zuletzt deshalb ist dies einer der effektivsten Lernmechanismen! Außerdem nehmen Eltern ihren Kindern die Chance auf Selbstwirksamkeit, wenn sie ihnen alles abnehmen.

Oder doch lieber Kompromisse suchen? Selbstverständlich können in den oben genannten Situationen auch kreative Lösungen oder Kompromisse gesucht werden, wie dies in vielen bedürfnisorientierten Ratgebern häufig vorgeschlagen wird. Es ist immer wichtig, die Gefühle und Bedürfnisse hinter einem (negativen) Verhalten zu ergründen! Wir können unser Kind beispielsweise nach den Hintergründen fragen, weshalb es noch nicht ins Bett möchte oder gerade keine Hausaufgaben macht, und besprechen, was es sich zum Einschlafen oder für die Erledigung schulischer Angelegenheiten wünscht. Das funktioniert mit Vor- und Grundschulkindern meistens gut.

Doch kennen Kleinkinder ihre wirklichen *Bedürfnisse*, oder handeln sie eher nach dem *Lustprinzip*? Aus der Sicht von Jesper Juul ist dieses Leben auf Augenhöhe insbesondere für ältere Kinder ab dem Schulalter von Vorteil, zum Beispiel bei der geschilderten Hausaufgabensituation. Eltern jüngerer Kinder sollten in manchen Situationen, etwa beim Zubettgehen, aber auch »eine liebevolle Führung« übernehmen. Langwieriges Suchen nach Kompromissen kann kleine Kinder noch überfordern.

Take-Home Message

1. *Kinder sollten, wann immer möglich, aus natürlichen Konsequenzen lernen.* Es ist nicht der Job der Eltern, die Brotbox in die Schule hinterherzutragen oder mit Kindern fernab der ersten Klasse *immer alle* Hausaufgaben akribisch durchzuackern! Ein Kind sollte am eigenen Leib erfahren, dass es sich lohnt, Selbstständigkeit zu lernen. Bezugspersonen, die ihren Kindern immer alles abnehmen, sind bei all den »To-dos« im Hinterkopf nicht nur irgendwann selbst gestresst. Dieses »Überengagement« reduziert auch das Selbstwirksamkeitsempfinden der Kinder und verringert die Chance, an den kleinen Problemen und Unannehmlichkeiten des Lebens zu wachsen.
2. *Positive Konsequenzen (Lob) sind negativen Konsequenzen (Strafe) immer vorzuziehen.* Auch wenn viele Eltern am liebsten gänzlich darauf verzichten würden: Komplett ohne Belohnung und Bestrafung (im Sinne der

Lerntheoretiker) ist unser Alltag nicht denkbar. Dieser Blick lässt sich verändern, indem sich Bezugspersonen bewusst machen, wann sie das Verhalten ihrer Kinder positiv oder negativ verstärken, denn das geschieht schon allein durch Aufmerksamkeit und Worte. (»Es freut mich, wie gut du dich schon allein umgezogen hast. Jetzt haben wir noch Zeit zum Vorlesen!« Oder: »Jetzt reicht's mir aber. Ab ins Bett – und zwar ohne Gutenachtgeschichte!«)

3. *Störendes Verhalten lässt sich durch vorangekündigtes (!) Ignorieren reduzieren.* Allerdings sollte Ignorieren niemals ohne Vorwarnung erfolgen – ansonsten wäre es Desinteresse oder gar Liebesentzug. (Und das reduziert unerwünschte Verhaltensweisen nicht.) Ignorieren beginnt mit einem kurzen und knappen »Nein«, das Regeln unterstreicht und Kindern zeigt, dass sie den Eltern wichtig sind und sie sich auf deren Einschätzung verlassen können.
4. *Ausnahmen bestätigen die Regel.* Verlässliche Regeln sind enorm wichtig. Sie geben Kindern Halt und Sicherheit – solange sie nicht starr sind, sondern erklärt werden und hinterfragt werden dürfen. Dann lernen Kinder, dass man Kompromisse aushandeln kann und Eltern eben auch nur Menschen sind, die mal einen besseren und mal einen schlechteren Tag haben.

4. Aus den Augen, aus dem Sinn?

Das Experiment zur Objektpermanenz

Dieses Experiment folgt einem recht komplizierten Versuchsaufbau. Genau deshalb lässt sich nicht eindeutig schlussfolgern, wann exakt Babys die sogenannte Objektpermanenz erlangen. Objektpermanenz oder Personenpermanenz ist die kognitive Fähigkeit zu wissen, dass Objekte und Personen weiterexistieren, auch wenn sie nicht mehr zu sehen sind. Was Eltern aus diesem Experiment allemal mitnehmen können: Babys begreifen in den ersten Lebensmonaten die Welt grundlegend anders als Erwachsene. Sie sind sich nicht sicher, ob ihre Bezugspersonen noch existieren, sobald sie den Raum verlassen! Wen wundert's da, dass Babys ein enormes Bedürfnis nach Nähe haben und in den seltensten Fällen allein im eigenen Zimmer durchschlafen?

Das Forschungsteam nahm etwa fünf Monate alte Säuglinge. Ein Stück Pappe, in das man am oberen Ende ein viereckiges Loch schnitt, und ein weiteres Stück Pappe ohne Loch. Sowie eine große und eine kleine (gebastelte) Karotte. Genau genommen benötigten die Forscher zwei große Karotten. Denn es sollte ein »physikalisch unmögliches« Ereignis stattfinden. Gleich mehr dazu.

Zuvor rufen wir uns noch einmal das Habituations-Dishabituations-Paradigma ins Gedächtnis. Eine Unterform dieser Methode der Säuglingsforschung ist die *Erwartungs-Verletzungs-Methode*. Wie auch beim Habituations-Dishabituations-Paradigma wird die Blickdauer des Babys dabei als Indikator für Babys Interesse an verschiedenen Sachverhalten genutzt. Die Grundannahme dieser Methode fußt darin, dass Babys ein Ereignis länger mustern (langsamer habituieren), wenn es ihre »Erwartung verletzt« (daher der Name), weil es für sie unbekannt oder ungewöhnlich ist.

Konkret sah der Versuchsaufbau folgendermaßen aus: Babys wurden in eine Babywippe gesetzt. Vor den Babys wurde zuerst das »normale« Stück Pappe aufgestellt. Die große und die kleine Karotte verschwanden immer wieder hinter der Pappe und tauchten auf der anderen Seite auf. So lange, bis die Babys kein Interesse mehr an diesem einfachen Schauspiel zeigten und wegschauten (habituierten). Nun wurde die Pappe mit dem kleinen Fenster aufgestellt. Dieses Fenster war genau an der Stelle, an der die große Karotte beim Passieren der Pappe hätte durchschauen müssen, die kleine Karotte jedoch nicht. Zuerst wurde die kleine Karotte gezeigt, verschwand hinter der Pappe und kam am anderen Ende wieder zum Vorschein. Das war für die Babys in etwa so interessant wie der erste Teil des Experimentes. Nach kurzer Zeit würden sie das Interesse verlieren.

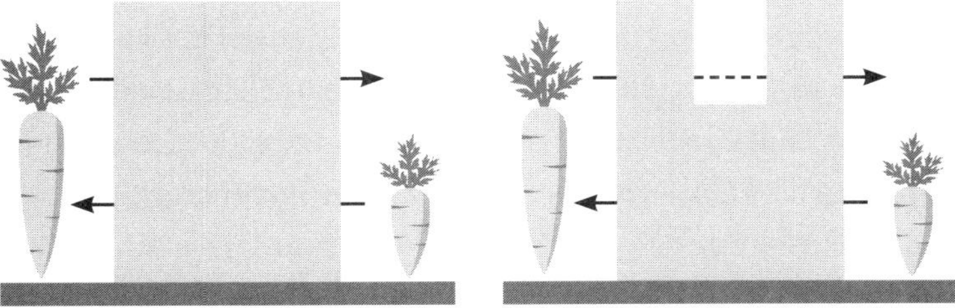

Der Versuchsaufbau des »Karottenexperiments«

Dann aber – und das ist der relevante Teil des Versuchs – wurde das Gleiche mit der großen Karotte gemacht. War diese kurz hinter dem Fenster sichtbar, interessierte dies die Babys ebenfalls nicht weiter. Erschien die große Karotte plötzlich auf der anderen Seite der Pappe, *ohne* hinter dem Fenster zum Vorschein gekommen zu sein (und dafür wurde die zweite Karotte gebraucht, denn das ist ja physikalisch unmöglich), schauten die Babys deutlich länger und waren verblüfft. Ihre Erwartung wurde verletzt!

Worum geht's?

Die Professorin für Psychologie Renée Baillargeon bewies mit diesem faszinierenden Experiment besonderen Einfallsreichtum und zeigte gleich zweierlei.

Erstens schlussfolgerte sie, dass Babys bereits im Alter von wenigen Monaten über ein grundlegendes physikalisches Wissen verfügen, genannt »Kernwissen«. Den erstaunten Blick der Babys interpretierten Baillargeon und Kollegen folgendermaßen: Bereits im Alter von wenigen Monaten »wissen« Babys, so wie wir: Das kann nicht sein! Es ist physikalisch unmöglich, eine große Karotte von der einen zur anderen Seite der Pappe zu bewegen, ohne dass diese hinter dem Fenster zu sehen ist. Objekte existieren weiter, auch wenn sie gerade nicht zu sehen sind. Diese Erkenntnis steht im Gegensatz zu früher vorherrschenden Theorien der Entwicklungspsychologie, Babys seien ein »unbeschriebenes Blatt«. Unter anderem dank Baillargeon hielt der Begriff des »kompetenten Säuglings« Einzug in die Lehrbücher der Entwicklungspsychologie.

Zweitens widerlegte Baillargeons Experiment die Annahmen eines der einflussreichsten Entwicklungspsychologen der Geschichte – gestatten: Jean Piaget.

Die Theorie der kognitiven Entwicklung von Jean Piaget

Es wird wohl kaum Studierende der Psychologie, Sozialpädagogik, Erziehungswissenschaften oder des Lehramts geben, die noch nie von Jean Piaget (1896–1980) gehört haben. Obwohl der Schweizer Forscher vom Grundberuf her eigentlich Biologe war (in seiner Promotion widmete er sich noch Fröschen), gehört seine *Theorie der kognitiven Entwicklung* zu den Pionierarbeiten der Entwicklungspsychologie. Zu Recht wird diese umfassende und genaue Theorie an fast allen Universitäten gelehrt. Es war Piaget, der uns eindrücklich zeigte: »Kinder denken nicht wie kleine Erwachsene, sie denken anders!«

Anhand präziser Beobachtungen (insbesondere an seinen eigenen Kindern – ob das die Methode der Wahl sein sollte, darüber lässt sich streiten!) formulierte Piaget eine Theorie, anhand derer er die kognitive Entwicklung von Kindern in vier Stufen beschreibt:

1. Im ersten Stadium, der *sensumotorischen Phase* (von der Geburt bis zum zweiten Geburtstag), leben Babys etwa bis zum neunten oder zwölften Lebensmonat ausschließlich »im Hier und Jetzt«. Ihr Denken beschränkt sich auf die aktuelle Wahrnehmung. Objekte, die nicht mehr zu sehen sind, hören für Babys einfach auf zu existieren. Sie haben noch keine *Objektpermanenz* erlangt – so besagte es zumindest Piaget. Er untermauerte diese Annahme anhand des folgenden Experiments: Vor den Augen des Babys wird ein kleines Spielzeug

unter einem Becher versteckt (Ort A). Das Baby hebt den Becher und – tada! – findet das Spielzeug. Nun wird – ebenfalls *vor* den Augen des Babys – das Spielzeug unter einem anderen Becher (Ort B) versteckt. Trotzdem schaut das Baby wieder unter den ersten Becher (Ort A)! Dieser für Erwachsene schwer nachzuvollziehende Irrtum der Babys wird »A-nicht-B-Suchfehler« genannt.

2. In der *präoperationalen Phase* (zwei bis sieben Jahre) sind Kinder zunehmend fähig, geistige Vorstellungen zu entwickeln, allerdings noch auf einem sehr einfachen und ichbezogenen Niveau. Diese Stufe werden wir in Kapitel 11 (»Theory of Mind«) noch genauer betrachten.
3. In der *konkret-operativen Phase* (sieben bis zwölf Jahre) sind Kinder dann in der Lage, mehrere Aspekte einer Situation zu erfassen und einfache logische Schlussfolgerungen zu treffen, allerdings noch nicht auf einem zu abstrakten Niveau mit schwierigen hypothetischen Ableitungen.
4. Dies gelingt den Kindern erst ab dem dreizehnten Lebensjahr, in der *formal-operativen Phase*.

Piaget hatte recht mit seinen Beobachtungen: Babys unter einem Jahr suchen nicht aktiv nach Gegenständen, sobald sie aus ihrem Blickfeld verschwunden sind. Nur über seine Schlussfolgerung lässt sich streiten. Denn er argumentierte, dass Kinder erst mit circa acht bis zwölf Monaten die Objektpermanenz erlangen. Er ging folglich etwas zu kompliziert an die Sache heran. Baillargeon wandte nun eine wesentlich einfachere Methode an, um die Objektpermanenz zu messen: Die Babys in ihrer Studie mussten lediglich »interessiert schauen«, um Auskunft darüber zu geben, ob sie »wussten«, dass die Karotte weiterexistierte.

Was heißt das jetzt für Eltern?

Babys sind weitaus kompetenter als beispielweise von Piaget in den Sechziger- und Siebzigerjahren angenommen. Sie eignen sich bereits wenige Monate nach der Geburt wichtiges Wissen an, das ihnen hilft, die Welt zu verstehen. Baillargeon zeigte dies auf eindrückliche Weise. Dennoch blieb die Kritik am »Karotten-Experiment« nicht aus: Dieser Versuch zeige lediglich, dass Kinder irgendeine Veränderung wahrnehmen. Eine wirkliche Schlussfolgerung auf das genaue Wissen des Säuglings sei anhand des Blicks allerdings nicht möglich.

Wie Babys begreifen, dass Dinge weiterexistieren … Gegenwärtige Auseinandersetzungen gehen daher von einer schrittweisen Entwicklung der Objektpermanenz aus und sind sich noch nicht ganz einig, wann diese vollständig erlangt ist. Schon kleine Babys scheinen überrascht zu sein, wenn etwas nicht mit den Naturgesetzen übereinstimmt (siehe Baillargeon). Wenn wir aber eine Rassel vor den Augen eines fünf Monate alten Babys verstecken, wird es diese schnell vergessen und sich einem anderen Spielzeug widmen (siehe Piaget). Das vollständige Erreichen der Objektpermanenz – über die auch viele Tiere verfügen, zum Beispiel Elstern, Katzen und Affen – stellt einen Meilenstein der kognitiven Entwicklung dar. Die Objektpermanenz bringt weitreichende Folgen für die Entwicklung der Wahrnehmung und des Denkens mit sich.

Wir können uns vermutlich nur noch schwer in eine Denkweise hineinversetzen, in der alle Objekte, die nicht mehr in unserem Sichtfeld sind, aufhören zu existieren.

Babys und Kleinkinder lernen die Objektpermanenz, indem sie ihrem Forscherdrang immer und immer wieder nachgehen. Wenn sie die Gabel hinunterwerfen, dann tun sie dies nicht, um uns zu ärgern, sondern vielmehr, um zu erkennen, was mit dem »Objekt« passiert. Bleibt es bestehen? Kann es durch den Stuhl fallen?

… und erkennen, dass ihre Eltern bleiben, auch wenn sie sie nicht sehen. Die Objektpermanenz ist zudem eine immens wichtige Voraussetzung für die soziale Entwicklung. In diesem Zusammenhang häufig »Personenpermanenz« genannt. Für die Entwicklung der Bindung zu den wichtigen Bezugspersonen ist es für das Baby zentral zu wissen: Meine Eltern sind noch da, auch wenn ich sie gerade nicht sehen kann! Und genau dessen sind sich Babys in ihren ersten Lebenswochen und -monaten nicht ganz sicher.

Die Objekt- und Personenpermanenz muss nicht bewusst gefördert werden. Dennoch hilft es manchmal, sich bewusst zu werden, dass Babys eine andere Sicht auf die Welt haben. Bezugspersonen vermitteln ihnen zum Beispiel Sicherheit, indem sie dem weinenden Baby aus dem Nebenraum »Ich komme gleich, mein Schatz!« zurufen.

Man fragt sich nun vielleicht: Warum um alles in der Welt weinen Kinder dann mit circa acht bis fünfzehn Monaten umso heftiger, wenn ihre Eltern den Raum verlassen? Vor ein paar Monaten ließen sie sich doch noch problemlos von unserer Bekannten bespaßen und schliefen stundenlang selig auf Opas Arm. Müssten die Kleinen dank ihrer Fähigkeit zur Objektpermanenz nun nicht umso entspannter bleiben? Stimmt, Piaget und Baillargeon sind sich einig: In diesem Alter haben Babys die Objektpermanenz erlangt. Babys wissen nun, dass nicht nur Karotten und Spielzeug, sondern auch Menschen weiterexistieren. Augenscheinlich ist das Verhalten der Kleinen paradox. Doch die Trennungsangst ist in diesem Alter völlig normal und sogar ein Zeichen für eine gelungene Bindung zwischen Kindern und ihren wichtigsten Bezugspersonen. Nur wenn Babys über die grundlegende Objekt- und Personenpermanenz verfügen und gelernt haben, dass sie sich der Liebe und Zuwendung ihrer Bezugspersonen gewiss sein können, werden sie protestieren und beides eben auch einfordern, sobald diese gehen wollen. Solches Hintergrundwissen ist daher wichtig für Kapitel 7 und die Entwicklung der Bindung.

Take-Home Message

Neugeborene verfügen noch nicht hinreichend gut über die Fähigkeit zur Objektpermanenz. Die entwickelt sich erst in den ersten Lebensmonaten. Diese Befunde erklären daher, weshalb viele Neugeborene besonders friedlich schlafen, während sich die frischgebackenen Eltern mit ihrem Besuch unterhalten. Das Baby hört die vertraute Stimme der Mutter (siehe auch Kapitel 1) und merkt selbst im Schlaf: »Mama ist noch da!« Sobald sich der Besuch verabschiedet hat und Ruhe eintritt, die die übernächtigten Eltern gern noch genutzt hätten, um sich auszuruhen, aufzuräumen oder zu duschen, wacht das Baby auf. (»Ist Mama noch da?«) Rufen wir uns daher dieses Kapitel in Erinnerung, wenn unser Baby aus dem Schlaf hochschreckt und zu schreien beginnt, sobald wir uns aus dem Schlafzimmer schleichen wollen. Wir wissen nun den Grund: Das Baby muss erst lernen, dass wir auch dann weiterexistieren, wenn wir weder zu sehen noch zu hören sind!

Laut Baillargeons Studie müsste der »Spuk des schlechten Schlafs« allerdings mit circa vier bis fünf Monaten vorbei sein, oder? Ab diesem Zeitpunkt sollte das Baby folglich begriffen haben, dass Mama und Papa auch dann noch weiterexistieren, wenn sie in einem anderen Zimmer schlafen, nicht wahr? Ganz so einfach ist es leider nicht. Erstens zeigten andere Studien, dass sich die Objektpermanenz vermutlich erst mit circa neun bis zwölf Monaten vollständig ausgebildet hat. Ab diesem Alter schlafen viele Kinder tatsächlich längere Zeit am Stück – was jedoch auch andere Ursachen haben kann (zum Beispiel ein größerer Magen). Zweitens ist es aus evolutionärer Sicht auch für ältere Babys sehr sinnvoll, nah bei den Bezugspersonen zu schlafen. War es früher doch sogar überlebensnotwendig, immer mal wieder kurz hochzuschrecken und zu prüfen, ob noch alles in Ordnung ist. Babys brauchen unseren Schutz und die Sicherheit, ihre Eltern um sich zu haben. Verständlich, dass viele Babys am liebsten wohl geborgen im Tragetuch oder ganz nah bei den Eltern im Familienbett schlafen. Auch ein kurzes »Sch, sch, alles gut« oder ein ruhig gesprochenes »Ich lege dich jetzt in dein Bettchen rüber« vermittelt dem Baby Sicherheit.

Welches Schlafmodell für welche Familie am besten passt, sollte jeder für sich selbst entscheiden dürfen. Ganz egal, ob Familienbett, eigenes Kindergitterbettchen im Elternschlafzimmer, abwechselnde Nächte auf dem Sofa, alles hat seine Berechtigung – Hauptsache, es verhilft zu einem guten, entspannten Gefühl bei den Bezugspersonen, was wohl der beste Schlüssel dafür ist, dass alle Beteiligten den meistmöglichen Schlaf abbekommen.

5. Smartphone aus – Baby an(schauen)

Das Still-Face-Paradigma

Bei diesem Versuch aus den Siebzigerjahren interagieren Mutter und Baby vorerst freudig miteinander. Doch plötzlich ignoriert die Mutter drei Minuten jeglichen Versuch des Kindes, Kontakt mit ihr aufzunehmen. Sie starrt ihr Baby völlig ausdruckslos an oder blickt an ihm vorbei. Anhand der Reaktion verschiedener Babys lassen sich unter anderem Unterschiede im Temperament feststellen. Aber nicht nur das. Dieses Experiment ist aktueller denn je! Denn immer wenn wir vor den Augen unserer Kinder ein Smartphone zücken, brechen wir – ähnlich wie im Still-Face-Paradigma – die Kommunikation mit unseren Kleinen abrupt ab. Eine Studie, die uns zum Nachdenken anregen sollte ...

Das Forschungsteam nahm etwa sechs bis neun Monate alte Babys und legte sie sicher in eine Babywippe. Die Mutter setzte sich direkt gegenüber. Nun verhielt sich die Mutter für drei Minuten so, wie wir es im Normalfall erhoffen. Beziehungsweise so, wie es das Kind hoffentlich erwarten kann. Die Mutter hielt Blickkontakt, lächelte, sprach freundlich mit ihm. Danach wurde diese Interaktion abrupt für die nächsten – für Mutter und Kind gefühlt wahnsinnig langen – drei Minuten unterbrochen. Dabei wendete die Mutter erst kurz ihren Blick ab und starrte ihr Baby dann mit eingefrorenem Gesicht völlig teilnahmslos an, quasi wie ein Pokerface. Mimik und Gestik wurden komplett unterbrochen und »stillgelegt«. Keine leichte Aufgabe, oder? Denken wir an ein beliebtes Kinderspiel zurück, dann erinnern wir uns, wie oft und wie schnell wir verloren haben, weil wir als Erste lachen mussten, während wir unserem Gegenüber tief in die Augen schauten.

Worum geht's?

Im Fokus der Forschung stand natürlich weniger, ob es die Mutter schafft, ihren starren Blick durchzuhalten. Der Erfinder dieses Experiments, der US-amerikanische Psychologe Edward Tronick, interessierte sich Ende der Siebzigerjahre vielmehr für folgende Frage: Wie wird das Baby in solch einer Situation reagieren? Was tut es, um die Kommunikation mit der Bezugsperson wiederherzustellen?

Wie Babys auf den Kontaktabbruch reagieren. Die übliche Reaktion des sichtlich irritierten Babys oder Kleinkindes sieht folgendermaßen aus: Es versucht zuerst, durch Gestik (Arme ausstrecken), Mimik (lächeln) und verbale Kommunikationsversuche (plappern) auf sich aufmerksam zu machen. Erst positiv und zugewandt, im Verlauf der drei Minuten zunehmend irritiert. Es kann entweder sein, dass das Baby sichtlich verängstigt oder verärgert ist, beispielsweise schreit oder Arme und Kopf wild herumreißt. Es ist aber auch möglich, dass es völlig resigniert, zum Beispiel indem es ausharrt oder traurig seinen Blick abwendet. Welche der Reaktionen überwiegt, ist individuell verschieden und daher aufschlussreich für die Forschenden. Misst man ergänzend den Cortisolspiegel der Kleinen, wird ersichtlich, dass ihr Stresspegel steigt.

Wie schnell Babys sich wieder beruhigen – eine Frage des Temperaments? Nach diesen drei unendlich langen Minuten des erstarrten Blickes durfte sich die Mutter wieder wie gewohnt um ihr Baby kümmern. Wie schnell sich das Baby beruhigen lässt, stand ebenfalls im Fokus der Forschung.

Die Mütter nahmen diesen Versuch mitunter als sehr belastend wahr, weshalb Tronicks Still-Face-Experiment im europäischen Raum zeitweise umstritten war und viel Kritik erhielt. Deshalb wurde häufiger ein anderer Test zur Messung der frühen Eltern-Kind-Interaktion und deren Beziehungsqualität herangezogen (siehe Fremde-Situations-Test, Kapitel 7).

Mithilfe dieses Versuchs lässt sich nicht nur die Interaktionsqualität zwischen Elternteil und Kind testen, sondern die Reaktion der Kinder auf die emotionale Zurückweisung durch die Bezugsperson gibt den Forschern auch Aufschluss über das kindliche *Temperament*.

Das Temperament

Jeder, der mehrere Kinder hat oder verschiedene Kinder in der augenscheinlich gleichen Situation beobachtet, wird zustimmen, dass sie sich in ihrem Verhalten unterscheiden. Dies erkennt man an alltäglichen Situationen, beispielsweise unter dem Spielbogen oder während eines Abendessens bei Freunden. Während die einen sich durch nichts aus der Ruhe bringen lassen, interessiert und ausdauernd den Spielbogen mustern oder bei der immer lauter werdenden Abendveranstaltung einfach einnicken, reagieren andere Kinder – wohlgemerkt auch von denselben

Eltern – deutlich schneller gestresst, zappeln wild, beginnen vielleicht sogar unaufhörlich zu schreien und schaffen es nicht oder nur schwer, sich selbst zu beruhigen oder von den Eltern beruhigen zu lassen. Eine wichtige Ursache für diese Verhaltensunterschiede liegen im individuellen Temperament begründet.

Temperamente sind veranlagungsbedingte (das heißt genetische) Unterschiede im Gefühlsausdruck, im Aktivitätsniveau und in der Aufmerksamkeit. Der Psychologe Jerome Kagan erforschte genau diese Temperamentsunterschiede verschiedener Babys anhand umfassender Längsschnittstudien, also über einen längeren Zeitraum hinweg (siehe weiter unten). Er kam zu der Folgerung, dass etwa 40 Prozent der Babys als *regulationsstark* gelten. Vor Kagans Zeit wurden diese von den Forschern Alexander Thomas und Stella Chess »einfache Babys« genannt, was jedoch wegen der immanenten Bewertung umstritten ist. Diese Babys sind meistens ausgeglichen, schlafen viel und sind motorisch eher ruhig. Circa 20 Prozent der Kinder sind das ziemliche Gegenteil solcher tiefenentspannten Säuglinge. Kagan prägte hier den Begriff der »hochreaktiven Babys«. Heute sind sie auch unter dem Namen »*gefühlsstarke* Kinder« bekannt. Sie reagieren sehr sensibel und deutlich gestresster auf äußere Reize. Sie lassen sich nur schwer von ihren Bezugspersonen beruhigen und sind motorisch in der Regel sehr aktiv. Weitere 40 Prozent liegen zwischen diesen beiden Extremen, *bindungsstarke* Babys (früher auch »langsam auftauende Babys«) genannt. Sie reagieren zwar leicht gestresst auf äußere Umweltreize, lassen sich aber meistens gut von ihren Bezugspersonen beruhigen.

Wenn die Kinder älter werden, reagieren regulationsstarke Kinder bei neuen Reizen mit größerer Wahrscheinlichkeit zugewandt und neugierig, können sich allgemein gut selbst regulieren und werden meistens zu extravertierteren und aufgeschlosseneren Kindern und Erwachsenen. Gefühlsstarke Kinder sind im Durchschnitt weniger stressresistent und reagieren auf Neues ängstlicher oder ziehen sich zurück (was in Fachkreisen »Verhaltenshemmung« genannt wird). »Im Durchschnitt« heißt aber eben nur, dass es hier Zusammenhänge gibt.

Das Temperament ist mit Sicherheit nur einer von vielen Wirkfaktoren beispielsweise für die Ausbildung von Ängstlichkeit. Neuere Literatur zeigt eher, dass es auf die Wechselwirkung zwischen Eltern-und-Kind-Faktoren ankommt. Beispielsweise entwickeln sich gefühlsstarke Babys mitunter zu besonders feinfühligen und tiefsinnigen Kindern und Erwachsenen, wenn ihre Bezugspersonen selbst sehr stressresistent sind und gut auf die Bedürfnisse des Kindes eingehen.

Wie unterscheiden sich nun die Babys aus dem Still-Face-Experiment in ihrer Reaktion? Die einen gestikulieren ausharrender, plappern und lächeln oder versuchen, sich selbst zu beruhigen (zum Beispiel, indem sie am Daumen nuckeln), während andere schneller gestresst reagieren, stark zu weinen beginnen und sich nach Ablauf der drei Minuten nur langsam wieder von ihrer Bezugsperson beruhigen lassen.

Oder eine Frage der Erfahrung? Neben dem Temperament spielt aber auch die Vorerfahrung eine wichtige Rolle. Das meint: Ist dem Baby das Verhalten der Eltern komplett fremd? Oder haben diese sich schon öfter so verhalten? … Doch warum sollte eine Bezugsperson so etwas tun? Nun ja, es handelt sich hier um eine *experimentelle Überprüfung*, in der Realität sieht diese emotionale Zurückweisung etwas (aber eben nur etwas) anders aus.

Ausgiebig untersucht wurde das Still-Face-Paradigma zum Beispiel im Zusammenhang mit depressiven Müttern. Die wichtigsten Symptome einer Depression sind der soziale Rückzug, Antriebslosigkeit, eine traurige Grundstimmung und das Gedankenkreisen. Und genau dies kann sich in einem leeren Gesichtsausdruck und einer verlangsamten Reaktion auf die Mitmenschen zeigen. Mütter mit einer schweren Depression sind mitunter nur eingeschränkt fähig, die Signale der Kinder richtig zu deuten und zügig auf sie einzugehen. Ihr alltägliches Verhalten in der Interaktion mit dem Kind kann daher dem Verhalten der Mütter im Still-Face-Experiment ähneln.[2]

Die Forschung legt nahe, dass sich Kinder depressiver Mütter im Still-Face-Experiment häufig positiver und fröhlich zugewandter zeigen als Babys nichtdepressiver Mütter! Ja, richtig gelesen. Sie lächeln ausgiebiger und machen im Durchschnitt eher durch freudiges Plappern als durch Weinen auf sich aufmerksam. Eine denkbare Erklärung ist hier, dass sie ihre Mutter mit möglichst positiven Signalen auf sich aufmerksam machen wollen und durch ihr positives Verhalten ihre eigenen negativen Gefühle regulieren. Obwohl die

2 Depressionen (insbesondere postpartale) kommen relativ häufig vor. Sie treffen im Lebensverlauf jeden vierten bis fünften Menschen. Werden Depressionen therapeutisch behandelt, verbessert dies meistens die Interaktion zwischen betroffenem Elternteil und Kind und eine sichere Bindung kann nachgeholt werden.

Babys depressiver Bezugspersonen allgemein häufig vordergründig »fröhlich« wirken und gelernt haben, sich abzulenken, zeigt sich bei ihnen ein erhöhtes Stresslevel, beispielsweise gemessen anhand des Cortisolspiegels oder eines erhöhten Herzschlags. Zeigt ein Elternteil depressive Symptome über einen langen Zeitraum, versucht das Kind häufig immer weniger, mit diesem zu interagieren und sich stattdessen früh mit sich allein zu beschäftigen.

Natürlich starrt ein depressives Elternteil in den seltensten Fällen drei Minuten völlig ausdruckslos vor sich hin und missachtet jegliche Interaktionsversuche des Kindes. Doch eine Weiterentwicklung des Still-Face-Paradigmas der Psychologinnen Jacqueline Nadel und Hélène Tremblay-Leveau aus dem Jahr 1999 zeigte, dass auch kürzere Still-Face-Episoden ausreichen, um das Baby zu verwirren. Nadel und Tremblay-Leveau nutzten einen ähnlichen Versuchsaufbau und untersuchten das Verhalten von neun Wochen alten Säuglingen auf *kontingente* versus *inkontingente* Reaktionen ihrer Bezugspersonen (auch hier waren das wieder die Mütter). Dabei wurden die Babys – vergleichbar heute mit FaceTime – vor einen Bildschirm gesetzt, auf dem sie ihre Mutter sahen. Entweder wurde den Babys die Mutter live gezeigt *(kontingentes Verhalten)* oder vergleichbar mit einer kleinen Störung beim Videoanruf mit einer kurzen Verzögerung *(inkontigentes Verhalten)*. Unter beiden Bedingungen verhielt sich die Mutter vertraut und kindgerecht in Mimik und Gestik. Dennoch führten bereits wenige Sekunden Verzögerung in der Interaktion zu einer deutlichen Irritation der Säuglinge. Sie mussten nach Ablauf des Experiments ausgiebig von ihrer Mutter beruhigt und bekuschelt werden. Das heißt also, es muss nicht eine dreiminütige Unterbrechung der Interaktion vonseiten der Eltern sein, sondern es reichen bereits wenige Sekunden aus, um das Baby zu verunsichern.

Was heißt das jetzt für Eltern?

Kinder – egal, ob erst ein paar Wochen oder Jahre alt – erwarten einen aktiven Interaktionspartner und zeigen sich irritiert und verunsichert, wenn der Kontakt plötzlich abgebrochen wird oder Eltern zeitverzögert reagieren. Prompte und angemessene Interaktionen mit den Bezugspersonen sind essenziell für die kognitive, soziale und emotionale Entwicklung des Säuglings. Babys wollen die eigenen Gefühle gespiegelt bekommen (siehe Kapitel 2) oder lernen, verschiedene Situationen und Gefahren einzuschätzen (siehe nächstes Kapitel). Auch um Selbstwirksamkeit zu empfinden, benötigen Säuglinge eine vorhersagbare Reaktion auf ihr eigenes Verhalten! Verständlich, dass sie alles daransetzen, den Kontakt zu ihrem Elternteil wiederherzustellen, indem sie glucksen, lächeln oder weinen.

Wenn Babys die Erfahrung eines solchen Kontaktabbruchs allerdings häufig machen, zeigen sie sich vielleicht vordergründig fröhlich, sind aber eigentlich deutlich gestresst. Möglicherweise ziehen sie sich auch schneller zurück und stellen schlimmstenfalls ihre Interaktionsversuche immer mehr ein.

Der Blick aufs Smartphone als Kontaktabbruch. »Zum Glück bin ich nicht depressiv«, werden nun wohl die meisten gedacht haben, doch das ist leider nur die halbe Wahrheit. Denn wir verhalten uns sehr wohl häufig »depressiv« – zumindest aus der Perspektive unseres Babys. Und zwar immer dann, wenn wir mit abgewandtem, ausdruckslosem Gesicht auf unser Smartphone, Tablet oder den Fernseher starren. Hier noch schnell eine WhatsApp, um mich in der PEKiP-Gruppe über die Breivorlieben auszutauschen, da noch rasch eine Google-Suche zum Thema »Baby-Led Weaning« oder einfach nur ein schneller Post des breiverschmierten Babys an die Instagram-Follower oder die mittlerweile längst im smarten Zeitalter angekommenen Großeltern. (Wer bitte soll sich all die tausend Fotos unserer Kinder anschauen?!) Wir ahnen es bereits, all das passiert viel zu oft und deshalb nicht selten just in dem Moment, in dem wir unser Kind füttern oder es uns erwartungsvoll anschaut, wir also in direkter Interaktion mit ihm sind.

Bereits 1999 und damit einige Zeit vor FaceTime & Co lehrten uns Nadel und Tremblay-Leveau: Es müssen nicht volle drei Minuten der emotionalen Abwesenheit sein, um ein Kleinkind zu irritieren. Es reichen schon wenige Sekunden, damit es merkt: »Irgendetwas stimmt hier nicht!« Klar, auch früher waren Eltern mal in eine spannende Lektüre vertieft und reagierten verzögert, aber dass sie diese selbst beim Anschaukeln oder Breifüttern nicht aus der Hand legen konnten, lässt sich wohl bezweifeln. Außerdem scheinen ein Buch oder ein Suppentopf, in die man den Blick vertieft, für einen Säugling eine greifbarere Situation zu sein als dieser kleine magisch anziehende Kasten.

Die Auswirkungen des Medienkonsums auf das Verhalten unserer Kinder. Etliche Studien zeigen handfeste Zusammenhänge zwischen dem Medienkonsum der Eltern und Verhaltensauffälligkeiten sowie emotionalen Störungen der Kinder. Als einflussreichste unter ihnen wird häufig die BLIKK-Studie angeführt, kurz für »Bewältigung, Lernverhalten, Intelligenz, Kompetenz und Kommunikation«. Ein Ergebnis von vielen dieser groß angelegten Studie: Der Medienkonsum der Bezugspersonen hängt mit Fütter- und Einschlafstörungen im Säuglingsalter und mit Sprachentwicklungsverzögerungen sowie Konzentrationsstörungen im Kindergarten- und Schulalter zusammen. Diese Studie wurde jedoch lediglich im Querschnitt durchgeführt. Deshalb lassen sich keine Aussagen über Kausalitäten machen, also langfristige Ursache-Wirkungs-Zusammenhänge. Zwar liegen zur Untersuchung

Querschnitt- versus Längsschnittstudien

Im Grunde genommen gibt es in der experimentellen Psychologie zwei Arten von Studiendesigns: Quer- und Längsschnittstudien.

Bei *Querschnittstudien* werden viele Versuchspersonen zu *einem* Messzeitpunkt hinsichtlich einer Forschungsfrage untersucht. Manchmal geschieht dies auch mit Kindern verschiedener Altersgruppen, woraus sich zwar Rückschlüsse ziehen lassen, wann sich ein bestimmtes Merkmal entwickelt, nicht aber, wie der Entwicklungsverlauf vonstattengeht. Am Beispiel des Medienkonsums sieht dies so aus: Zu einem Zeitpunkt (etwa wenn die Kinder drei Jahre alt sind) werden die Eltern über ihren Medienkonsum befragt und sollen Angaben zum Verhalten ihrer Kinder machen (nehmen wir hier die Konzentrationsfähigkeit). Noch besser ist es übrigens, wenn auch die Meinung des Kita-Personals oder der Lehrkräfte erhoben wird, denn diese sind mitunter etwas objektiver. Anhand der Ergebnisse von Querschnittstudien lässt sich dann etwa rückschließen: Je höher der Medienkonsum der Eltern ist, desto unkonzentrierter ist das Kind. Was hier wozu führt (Kausalität), bleibt völlig unklar. Vielleicht ist es auch ein besonders zappeliges und anstrengendes Kleinkind, das die frustrierten Bezugspersonen in den Medienkonsum stürzt – ganz ausschließen lässt sich dies anhand von Querschnittstudien nicht.

Eine *Längsschnittstudie* wäre häufig wünschenswert, ist aber logischerweise viel aufwendiger. Denn Längsschnittstudien haben den Vorteil, dass sich durch die *wiederholte* Untersuchung derselben Kinder die *Entwicklung* eines bestimmten Merkmals erforschen lässt. Natürlich ist dieser Weg kostspieliger, denn wie wir wissen, reicht ja nicht ein einziges Kind, sondern die Devise lautet: Je mehr Kinder, desto besser können Aussagen getroffen werden!

Erfahrungsgemäß finden sich zum ersten Erhebungszeitpunkt zahlreiche Familien, die gern an einer Studie teilnehmen. Im Verlauf der Studie springen dann allerdings mehr und mehr aus diversen Gründen ab (Umzug, Krankheit, sonstiger Stress), was die Forscher mitunter vor ziemliche Herausforderungen stellen kann. Denn der sogenannte *Stichprobenausfall* ist häufig das größte Manko einer Längsschnittstudie. Dieser *Sample-Dropout* könnte die Ergebnisse verfälschen, da er häufig nicht zufällig, sondern *selektiv* ist. Das heißt beispielsweise, dass sich am Ende der Erhebung nur noch die Kinder in der Stichprobe befinden, die besonders gut mitgemacht haben (deren Eltern es also nicht »peinlich« ist, noch ein zweites Mal anzurücken) oder die aus gebildeteren Familien kommen (da diese Eltern häufiger, »um der Forschung zugutezukommen«, auch manche der Hindernisse, wie nach einem Umzug, in Kauf nehmen und trotzdem weiterhin teilnehmen).

In unserem Beispiel lässt sich mithilfe einer Längsschnittstudie erforschen, ob der Medienkonsum der Mutter beim Baby oder Kleinkind zu *späteren* Konzentrationsproblemen führt. Der Medienkonsum muss also zuerst erhoben werden (erster Zeitpunkt). Das Verhalten des

Kindes wird erst später untersucht (zweiter Zeitpunkt), zum Beispiel nach einem Jahr.

Im Idealfall wird es sogar noch komplizierter. Die Konzentrationsfähigkeit der Kinder wird auch schon zum ersten Zeitpunkt miterhoben sowie viele andere Aspekte, welche die Konzentration ebenfalls beeinträchtigen könnten (zum Beispiel Stresserleben der Mutter, ADHS-Fälle in der Familie …). Nur dann darf geschlussfolgert werden: Der Medienkonsum der Bezugspersonen führt zu einer Verschlechterung der Konzentrationsleistung des Kindes.

bereits Längsschnittstudien über kurze Zeiträume vor, die wirklich lang anhaltenden Effekte sind aber nach wie vor völlig unklar. Vor über zehn Jahren besaß noch kaum jemand eines dieser »schlauen Telefone«. Wir sind folglich die erste smarte Generation, und mögliche Langzeitfolgen werden sich erst an uns und unseren Kindern zeigen.

Natürlich dürfen wir uns mit dem Smartphone auch ab und an eine kurze Auszeit gönnen, denn es tut gut, mit anderen in Kontakt zu bleiben oder kurz »sinnlos« durch das World Wide Web zu scrollen. Wenn wir diese Zeit bewusst als Entspannungsfaktor/ Me-Time ohne schlechtes Gewissen nutzen, können wir uns danach mitunter wieder umso präsenter unserem Nachwuchs widmen.

Zudem lassen sich Kinder im Kindergartenalter auch für kurze Zeit »vertrösten« und lernen, den starren Smartphone-Blick zu deuten, wenn wir ihnen erklären, was wir da machen. (»Warte kurz. Ich möchte noch schnell das Wetter checken, bevor wir rausgehen.«)

Für Kinder jeden Alters gilt: Lernen durch positive und negative Konsequenzen funktioniert nur, wenn sie eine direkte Reaktion auf das eigene Verhalten bekommen. Ist das Elternteil mit seinem Handy beschäftigt und reagiert es daher immer erst nach einigen Sekunden bis zu Minuten mit einem »Das hast du schön gemacht!« oder »Hör bitte auf damit!«, ist dies wesentlich weniger wirksam als eine unmittelbare Reaktion.

Und: Wir sind auch mit Blick auf den Medienkonsum Vorbilder für unsere Kinder. Ein vollständiger Verzicht sollte nicht das Ziel sein. Es geht vielmehr um einen angemessenen und verantwortungsvollen Umgang mit dem eigenen Smartphone oder Tablet. Dadurch lernen Kinder vermutlich am meisten. Denn nur wenn wir uns selbst an die für das Kind geltenden Offline-Zeiten halten – zum Beispiel während der gemeinsamen Mahlzeiten, nach 21 Uhr oder jeden Sonntag –, bleiben wir glaubwürdig.

Studien zufolge schauen wir 55-mal am Tag auf unser Handy. Die Mütter im Originalexperiment hätten vermutlich für kein Geld der Welt 55-mal an einem solchen Experiment teilgenommen. Zu furchtbar fühlten sie sich bereits nach der einmaligen Sequenz. Es ist also erschreckend! Vermutlich, aber wahr, wenn wir bedenken welcher Allrounder das smarte Teil geworden ist: Uhr, Organizer, Zeitung, Kochbuch, Radio und sogar Fitnessstudio in einem, ganz zu schweigen von den vielen sozialen Messengerdiensten. Reduzieren lassen sich die Klicks glücklicherweise doch. Was spricht eigentlich gegen eine modische Armbanduhr, einen analogen Kalender, einen schönen Notizblock, ein gutes Buch oder das Yoga-Studio um die Ecke? Oder einfach einen kurzen Anruf im Vergleich zu zwanzig WhatsApp-Nachrichten?

Noch mal zusammengefasst: Dieses Kapitel soll das Smartphone nicht grundlegend verteufeln. Eltern dürfen die Zeit gern mit dem Handy verbringen, während ihr Kind vertieft auf dem Spielplatz im Sand buddelt. Außerdem braucht niemand permanent ein schlechtes Gewissen zu haben, sobald in der Mama-Community aufmunternde Worte und Bilder hin und her geschickt werden oder Papa dank Smartphone im Austausch mit Freunden bleibt, die man lange nicht gesehen hat. Es ist auch nicht schlimm, das Wetter zu checken oder sich über News der Welt und die des kleinen Eltern-Kosmos zu informieren. Doch es lohnt sich immer abzuwägen, wer die Aufmerksamkeit gerade dringender benötigt: das eigene Kind oder der Babymassage-WhatsApp-Chat?

Möglicherweise bewahrt das Smartphone manch eine Mutter sogar davor, sich im Wochenbett isoliert und einsam zu fühlen. Der virtuelle Austausch ermöglicht es, den Kontakt mit Freunden aufrechtzuerhalten und weiter am sozialen Leben teilzunehmen. Es spricht grundsätzlich nichts dagegen, während des anfänglichen Dauerstillens aufs Handy zu schauen, sofern das Baby gerade friedlich an der Brust eingeschlummert ist – um es verliebt anzusehen, sobald es aufwacht und mit großen Kulleraugen den Kontakt zu seinen Eltern sucht.

Take-Home Message

Das Experiment aus dem Jahr 1978 verdeutlicht, wie wichtig die Interaktion zwischen Babys und ihren Bezugspersonen ist. Babys benötigen Eltern, die sensibel und unverzüglich auf ihre Kommunikationsversuche reagieren. Es ist hoch irritierend für Babys und Kleinkinder, wenn sich ein Elternteil plötzlich teilnahmslos abwendet und den

Kontakt für eine kurze Zeit abbricht. Das Smartphone piept, obwohl das Kind gerade Aufmerksamkeit benötigt? Verlockend, ja. Dennoch ist es wichtiger, in solchen Situationen in Kontakt mit dem Kind zu bleiben! Es gibt täglich genügend Situationen, in denen das Handy ohne Bedenken gezückt werden kann, immer dann, wenn keine direkte Kommunikation abgebrochen wird, zum Beispiel, wenn das Kind schläft. Wenn die Kleinen sich dann zunehmend allein beschäftigen, ist die Dauerpräsenz der Bezugspersonen ohnehin nicht mehr wünschenswert und das Handy kann ab und an als Entspannungsfaktor genutzt werden.

6. Wenn Mama lächelt, komme ich weiter

Das Experiment zur sozialen Bezugnahme

Die sogenannte visuelle Klippe wurde ursprünglich konzipiert, um die Entwicklung des Sehsinns zu erforschen. So weit, so interessant. Noch spannender sind jedoch die Folgeexperimente. Mithilfe dieses Versuchsaufbaus wurde untersucht, inwiefern Kleinkinder die Mimik und Gestik ihrer Bezugspersonen nutzen, um mehrdeutige Situationen zu interpretieren. Es zeigte sich, dass die Kleinkinder nur über die visuelle Klippe krabbelten, wenn ihre Eltern freudig am anderen Ende auf sie warteten. Machten die Eltern ein ängstliches Gesicht, so trauten sich deutlich weniger Kinder über das Hindernis. Das heißt, Kinder nutzen den Gesichtsausdruck ihrer Eltern alltäglich als soziale Referenz. Sie deuten deren Gestik und Mimik und beurteilen daraufhin, ob eine Situation gefährlich ist oder nicht. Mit dem vorangegangenen Kapitel im Hinterkopf zeigt diese Studie einmal mehr: Es ist essenziell, eine präsente und aufmerksame Kontaktperson für unsere Kinder zu sein!

Das Forschungsteam nahm Säuglinge im Krabbelalter, also Babys zwischen circa sechs Monaten (die motorisch ganz flotten) und fünfzehn Monaten (die gemütlicheren unter den Babys – warum nur immer dieser Vergleich?).

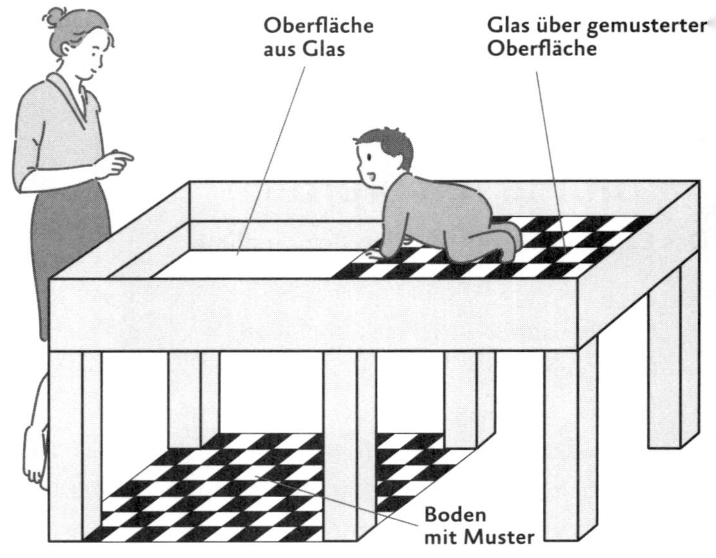

Versuchsaufbau der »visuellen Klippe«

Diesmal war die benötigte Versuchsapparatur etwas komplizierter und fällt eher in die Kategorie »für Hobbybastler«. Die sogenannte »visuelle Klippe«, die für dieses Experiment benötigt wurde, lässt sich in etwa folgendermaßen herstellen: Die Forschungsgruppe nahm einen großen Tisch, in dessen eine Hälfte ein großes, viereckiges Loch gesägt wurde. Auf die eine, noch vorhandene Seite des Tisches wurde eine bunte Tischdecke mit einem schwarz-weißen Schachbrettmuster geklebt. Auf der Seite des Loches wurde die Tischdecke unter den Tisch gelegt und das Loch mit einer stabilen, nicht spiegelnden Plexiglasplatte abgedeckt. Dadurch entsteht der Eindruck, auf der einen Seite des Tisches ginge es einen Abgrund hinunter. Dieser ist aber in Wirklichkeit durch die Glasplatte gesichert. Damit die Babys, die an diesem Versuch teilnahmen, nicht von diesem Tisch stürzten, wurden zur Sicherheit auch die Seiten des Tisches mit Balken versehen. Von oben betrachtet, waren zwei Schachbrettmuster zu sehen, eines direkt auf dem Tisch und damit höher. Eines circa einen Meter nach unten versetzt, also tiefer gelegen. Erwachsene erkennen diesen Höhenunterschied sofort – wie aber ist das bei Babys, die gerade erst das Krabbeln gelernt haben? Erkennen diese das vermeintliche Loch, und halten sie inne, oder krabbeln sie furchtlos darauf zu beziehungsweise darüber?

Worum geht's?

Die Psychologen Eleanor J. Gibson und Richard Walk konzipierten die visuelle Klippe in den Sechzigerjahren ursprünglich, um die Entwicklung der Tiefenwahrnehmung im ersten Lebensjahr zu erforschen. Der Beginn des Krabbelalters (Robben oder Rollen sind dabei die ersten wichtigen Schritte) stellt einen Meilenstein für die weitere Entwicklung dar, und zwar nicht nur für die Motorik, sondern auch für die visuelle Wahrnehmung. Die Tiefenwahrnehmung verbessert sich mit Beginn des selbstständigen Fortbewegens maßgeblich.

Die Entwicklung der Tiefenwahrnehmung. Ansätze des 3-D-Sehens zeigen Babys bereits vor dem Krabbelalter. Getestet wurde dies, indem gleichaltrige Noch-nicht-Krabbler und Schon-Krabbler über die visuelle Klippe gehalten wurden und die Herzfrequenz gemessen wurde. Bei den Schon-Krabblern zeigte sich ein Anstieg der Herzfrequenz, was als Indikator für Angst oder zumindest eine Zunahme des Erregungsniveaus gewertet wurde. Doch auch bei Noch-nicht-Krabblern veränderte sich der durchschnittliche Herzschlag, allerdings sank er. Selbst wenn dieses Ergebnis nicht erwartet wurde, interpretierten die Forscher diese Veränderung im Herzschlag dahin gehend, dass auch Noch-nicht-Krabbler zumindest einen Unterschied zwischen tiefer und flacher Seite der Klippe wahrnehmen. Vermutlich haben sie aber noch keine Angst vor der Tiefe, da ihnen die Erfahrung damit fehlt.

Je erfahrener ein kleine Krabbler in seiner Fortbewegung ist, desto besser lernt er, Abgründe und potenzielle Gefahren einzuschätzen, und reagiert vorsichtiger. Krabbelerfahrene Babys machen also häufiger halt am Abgrund der visuellen Klippe. In der Praxis sieht das beispielsweise so aus: Während Babys sich zu Beginn ihrer Krabbelkarriere meistens mit dem Kopf zuerst vom Sofa stürzen würden, lernen sie mit zunehmender Erfahrung, sich Zentimeter für Zentimeter rückwärts abzuseilen. Wenn Kinder dann zu laufen beginnen, überschätzen sich die kleinen Laufanfänger ebenfalls wieder häufig in ihrer neu erworbenen Fähigkeit und müssen im wahrsten Sinne des Wortes erst ein paarmal auf die Nase fallen, ehe sie sich auch in dieser Hinsicht realistisch einzuschätzen lernen (zum Beispiel, wie sie die Stufen beim Treppensteigen am besten nehmen).

Doch nicht nur die Vorerfahrung ist entscheidend, ob sich ein Baby über die visuelle Klippe wagt, sondern auch die soziale Information. Es ist also ausschlaggebend, welche Signale die anwesenden Bezugspersonen senden!

Krabbeln oder nicht krabbeln – die Mimik der Bezugsperson ist entscheidend! Die Frage nach der Entwicklung der Tiefenwahrnehmung war nicht die einzige, die Forscher mit diesem Versuchsaufbau untersuchten. Karen Adolph, eine ehemalige Studentin von Gibson, befasste sich mit der Folgenden: Inwiefern veränderte sich das Verhalten der Babys, wenn die Mutter am anderen Ende der visuellen Klippe auf sie wartete und dabei entweder fröhlich-motivierend oder aber ängstlich-appellierend schaut? Für dieses Folgeexperiment tut's übrigens auch die vielleicht etwas zu steile Rutsche, die sich eigentlich erst größere Kinder hinunterwagen. Also irgendeine kleine Herausforderung, deren sich der Krabbel- oder Laufneuling noch nicht ganz sicher ist und in deren Nähe ein Elternteil freudig oder ängstlich wartet.

Karen Adolph zeigte nun: Insbesondere in neuen, mehrdeutigen oder potenziell bedrohlichen Situationen rückversichern sich Kinder am Gesichtsausdruck ihrer Bezugspersonen. Kinder jeden Alters nutzen in diesen Situationen die Gestik, Mimik, aber auch Stimmlage ihrer Bezugspersonen als *soziale Referenz*. Und genau das ist das Fachwort, das diese enorm wichtige Interaktion zwischen Kindern und ihren Bezugspersonen beschreibt: »soziale Referenzierung«, auch »soziale Bezugnahme«, im Englischen *social referencing* genannt.

Ab einem Alter von etwa sechs bis zwölf Monaten beginnen Säuglinge, die Gesichtsausdrücke ihrer sozialen Umwelt zu deuten. Ganz klar: Wenn Mama (oder Papa) ein erschrockenes Gesicht auflegt und ängstlich »Halt! Stopp!« ruft, trauen sich die Babys seltener, die visuelle Klippe zu passieren (oder in unserem vereinfachten Beispiel die Rutsche runterzurutschen). Lächelt die Bezugsperson hingegen positiv auffordernd, streckt sie ihrem Kleinkind die Hände entgegen oder ruft sie: »Komm, mein Schatz! Keine Sorge« (wobei hier der Tonfall entscheidender ist als der Inhalt des Gesagten), trauen sich deutlich mehr Kinder, die visuelle Klippe zu überqueren, und zwar selbst wenn sie sich – dank gut ausgebildeter Tiefenwahrnehmung – sonst eher dagegen entschieden hätten.

Die Psychologen Bennett I. Bertenthal und Joseph J. Campos untersuchten die Bedeutung der sozialen Bezugnahme in weiteren Situationen. Beispielsweise fanden sie heraus, dass sich die Mehrzahl der Säuglinge neuartigen Spielsachen oder fremden Personen nur nähert, wenn ein Elternteil sein »Okay« dafür gibt, indem er das Baby anlächelt oder ihm freundlich zuredet. Eine wichtige Grundlage für die soziale Bezugnahme ist der sogenannte gemeinsame Aufmerksamkeitsfokus.

Gemeinsamer Aufmerksamkeitsfokus oder *joint attention*

Babys lernen im Alter von sechs bis neun Monaten ihre Aufmerksamkeit zwischen einer Person (ebenfalls am häufigsten untersucht mit Müttern) und einem Objekt hin- und herzuwechseln. Diese Fähigkeit haben Babys erworben, sobald sie dem Zeigefinger der Bezugsperson folgen. Das heißt, wenn sie auf das gezeigte Objekt und nicht auf den Finger schauen. Mit etwa einem Jahr beginnen Kleinkinder selbst, Zeigegesten zu verwenden, um die Eltern auf etwas aufmerksam zu machen – sei es, um dieses Objekt zu erhalten oder wieder und wieder den Begriff für dieses Objekt benannt zu bekommen. Dieser *trianguläre Blick* ist folglich wichtig, um die Aufmerksamkeit der Bezugsperson bewusst auf etwas zu lenken, und eine wichtige Grundlage für den Spracherwerb. Zudem ist der gemeinsame Aufmerksamkeitsfokus ebenfalls wichtig, damit Babys begreifen, ob die Eltern das Gleiche sehen wie sie selbst. Das kann ein interessantes, aber doch irgendwie schwer einzuschätzendes neues Spielzeug sein. Aber eben auch der Blickwechsel zwischen visueller Klippe und Gesichtsausdruck des Elternteils, um dessen Einschätzung als soziale Referenz nutzen zu können.

Was heißt das jetzt für Eltern?

Die Situation an der visuellen Klippe lässt sich auf zahlreiche Alltagssituationen übertragen. Mehrmals täglich suchen Babys, Kleinkinder, aber auch Kinder weit über die ersten drei Lebensjahre hinaus die Aufmerksamkeit ihrer Bezugspersonen, um deren Blick zu deuten. Ist es okay, wenn ich mir einen Keks aus dem Schrank hole? Auf der Sofalehne balanciere? Die steile Rutsche zum ersten Mal mit dem Kopf voraus runter will? … Für all diese Momente braucht es ansprechbare und zugewandte Eltern. Solche, deren wachsamen Blicke sich die Kleinen sicher sein können. Ein klassisches Beispiel: Ein Kind steht oben auf der Rutsche und ruft lauthals: »Mama!« Warum? Es ist doch schon hundertmal allein runtergerutscht. Eltern neigen häufig dazu, ein abgedroschenes »Toll!« zurückzurufen (mehr über diese Art des Lobens an späterer Stelle). Was das Kind jedoch meistens sucht, ist eine kurze soziale Referenz – ein freundlicher, aufmerksamer Blick oder ein kurzes »Ich sehe dich«.

Nicht nur Kinder nutzen *social referencing*, sondern auch Erwachsene. Übertragen wir daher das Beispiel an der Rutsche auf uns selbst: Wie fühlt es sich an, wenn wir beim Shoppen unserer Freundin ein neues Outfit präsentieren wollen, diese aber in ihr Handy vertieft ist und die Kleidung – ohne uns wirklich anzusehen – nur mit einem schnellen »Schick« bewertet? Denken wir in solchen Situationen zum Vergleich doch an unsere Kinder zurück, die fragend auf der steilen Rutsche stehen, wir mit einem kurzen »Toll« aber eigentlich unser Smartphone meinen.

Ich sehe dich, mein Liebes! Mit den »Smombies« aus dem vorigen Kapitel im Hinterkopf, die ins Smartphone vertieft ihr *still face* auflegen, wird einmal mehr deutlich, welche Auswirkung dieser ausdruckslose Blick für Kinder haben kann. Um Neues zu wagen (zum Beispiel eine ausgelassene Rutschpartie, Schaukeln im Stehen) oder unklare Situationen einzuordnen (zum Beispiel ob das Keksstück vom Boden aufgelesen und Richtung Mund befördert werden sollte oder der Rottweiler freudig begrüßt werden darf) benötigen kleine Kinder eine soziale Referenz, die ihnen vermittelt: »Na klar, du schaffst das!«, »Puh, probier's lieber nicht aus« oder »Stopp! Alarmstufe Rot«.

Im Beispiel mit dem Rottweiler reicht bei besonders neugierigen und furchtlosen Sprösslingen ein einfacher Blick mitunter nicht aus! Deshalb sei an dieser Stelle sicherheitshalber erwähnt, dass Kleinkinder noch keine gute Gefahrenwahrnehmung haben. Hier sind definitiv die Erwachsenen gefragt. Nicht umsonst haben Rohrreinigungsmittel einen kindersicheren Schraubverschluss und an jede Steckdose gehört eine Kindersicherung. Auch im Straßenverkehr ist höchste Vorsicht geboten. Denn Kinder lernen zwar – auch dank sozialer Referenz – einzuschätzen, wie gut sie schon Laufrad fahren können, leider aber nicht, wie schnell ein Auto auf sie zurollt. Deshalb gilt hier: Augen auf und mehr als nur soziale Referenz sein!

Wachsamer Blick oder Dauerüberwachung? Es gibt dennoch eine Kehrseite der Medaille. Zu viel soziale Referenz kann ein Kind mitunter auch verunsichern. Vor allem, wenn die soziale Referenz häufig ängstlich reagiert. Pädagogische Fachkräfte können ein Lied davon singen: Ein Kind schlendert freudig in den Kindergarten. Mutter oder Vater aber stehen traurig (auch wenn sie bemüht sind, sich dies nicht allzu sehr anmerken zu lassen) an der Tür, schicken drei Küsschen hinterher, winken noch fünfmal. Bis das Kind in Tränen ausbricht.

Hier wird klar: Die soziale Referenz wirkt auch, wenn keine wirkliche Gefahr besteht. Das Kind erkennt die negativen Gefühle seines Elternteils. Solch eine ängstliche soziale Referenz macht es dem Kleinen zunehmend schwerer, sich zu lösen, auf Erkundungstour zu gehen und eigene Erfahrungen zu sammeln. Dieser Teufelskreis lässt sich durchbrechen, indem Eltern ihre eigenen Gefühle erkennen und hinterfragen. Geht es unserem Kind hier wirklich schlecht? Oder könnten wir eigentlich auf die Kompetenz des Kita-Personals und in die Fähigkeiten unseres Kindes vertrauen? Dann geht's mit einem schnellen »Tschüs, mach's gut, mein Schatz!« meistens leichter.

Soziale Referenz – ein Blick, der mehr sagt als tausend Worte. In jeder Hinsicht ist viel gewonnen, wenn wir uns der Funktion der sozialen Referenz bewusst werden. In den meisten Fällen helfen Bezugspersonen als soziale Referenz dabei, dass Kinder ein gutes Gefühl dafür entwickeln, die eigenen Fähigkeiten einzuschätzen. Die risikoerfahreneren Eltern zeigen den Kindern anhand ihres Blicks eine Gefühlspalette, die von Gelassenheit, Warnung, Angst, Freude, Aufmunterung bis hin zu Ärger reichen kann. Und genau diese differenzierten Gefühlsausdrücke gleichen (Klein)kinder mit den eigenen Gefühlen ab und merken im besten Fall: »Das passt zu meinem eigenen Instinkt!« Wenn sie das nächste Mal an einer steilen Rutsche stehen, merken sie mitunter schneller selbst: »Jetzt, wo ich oben an der Rutsche stehe, rutsche ich lieber doch nicht mit dem Kopf zuerst runter!« Es geht auch darum, dass Kinder ihre eigenen Erfahrungen machen – ohne Eltern, die schon vorher beurteilen, ob sie dies können oder jenes lieber lassen sollten. Es gibt immer ein erstes Mal. Etwa wenn es das Kind erstmals schafft, sich die Rutschstange runterzuhangeln, obwohl die Eltern ihm das noch nicht zugetraut hätten. Hier reicht es, diesen Erfolg zu beobachten und mit einem Lächeln zu würdigen. Denn soziale Referenz ist keine Belehrung, sondern ein präsenter Blick, der mehr sagt als tausend Worte.

Take-Home Message

Es ist wichtig, Kindern vor allem in den ersten Lebensjahren als zuverlässige soziale Referenz zu dienen. Soziale Referenz sein heißt, echtes Interesse am Kind zu zeigen (und eben nicht nebenher am Handy zu tippen – siehe Kapitel 5).

Es geht folglich um einen Blick, der Kindern vermittelt: »Ich sehe dich! Ich interessiere mich für das, was du machst.« Kinder brauchen keine leeren Floskeln wie »Toll« oder »Super gemalt!«. Sie wollen einen aufmerksamen Blick zur Einschätzung verschiedener Situationen (es sei denn, es geht um große Gefahr – etwa im Straßenverkehr –, dann ist schnelles und klares Handeln gefordert).

Bei der sozialen Referenz geht es darum, gut in Beziehung zum Kind zu sein. Dafür ist das »richtige Maß« entscheidend – und genau das braucht Selbstreflexion. Eltern sollten sich selbstkritisch fragen, ob sie eher unsicher sind, zu vorsichtiger Dauerüberwachung neigen und ihrem Kind zu wenig zutrauen oder ob sie mehr zu den Eltern gehören, die manchmal aus Desinteresse das Tun ihres Kindes abnicken, ohne recht zu schauen, was es gerade macht und braucht.

Eltern, die sich der Wirkung der sozialen Referenz bewusst sind und authentisch in Beziehung zu ihren Kindern treten, helfen ihnen langfristig, ein gutes Gespür für die eigenen Fähigkeiten zu entwickeln.

7. Was eine Trennung über die Eltern-Kind-Bindung aussagt – und was nicht

Der Fremde-Situations-Test

Der sogenannte Fremde-Situations-Test (FST) misst anhand einer standardisierten Laborsituation, wie Kleinkinder darauf reagieren, wenn sie für kurze Zeit mit einer fremden Person allein gelassen werden. Im Alltag durchlaufen alle Eltern ähnliche Situationen: wenn sie ihren Nachwuchs das erste Mal in die Obhut von Großeltern oder Babysittern geben oder der erste Abschied in der Kita bevorsteht. Wie sich ein Kleinkind in diesen Momenten verhält, kann Aufschluss über die Eltern-Kind-Bindung geben. Zeigt ein Kind im Alter zwischen acht und achtzehn Monaten Trennungsangst, wenn ein Elternteil den Raum verlässt, und freut es sich, dieses wiederzusehen, so ist das ein Kompliment: Das Kind hat wahrscheinlich eine sichere Bindung aufgebaut! Dennoch zeigt dieses Kapitel einmal mehr, dass sich standardisierte Laborversuche nicht direkt mit alltäglichen Beobachtungen vergleichen lassen, und warnt vor voreiligen Rückschlüssen.

Das Forschungsteam nahm Kleinkinder im Alter von etwa acht bis achtzehn Monaten, deren Mutter und eine fremde Person. Zunächst kamen die Mutter und ihr Kleinkind in einen ihnen unbekannten Raum. Darin befanden sich allerhand Spielsachen, mit denen Mutter und Kind gemeinsam zu spielen begannen. Die Mutter war instruiert, sich nach und nach aus dem Spiel zurückzuziehen und beispielsweise in einer Zeitschrift zu blättern. Sie blieb allerdings weiterhin für das Kind verfügbar, wenn es sie brauchte. Kurze Zeit später betrat eine Fremde den Raum. Sie begann ein Gespräch mit der Mutter und versuchte, mit dem Kind Kontakt aufzunehmen und zu spielen.

Die Mutter verließ nach etwa drei Minuten das Zimmer. Wenn das Kind zu weinen begann, versuchte die Fremde, es zu trösten. Nach weiteren drei Minuten kam die Mutter zurück, wobei der Test auch vorzeitig abgebrochen werden konnte, falls das Kind zu sehr weinte.

Diese Sequenzen waren eigentlich schon aussagekräftig genug, um etwas über die Beziehung zwischen Mutter und Kind zu erfahren. Es folgten allerdings noch drei weitere, ebenfalls circa dreiminütige Situationen: Die Fremde verließ nun zuerst den Raum, dann ging auch die Mutter. Das Kind war nun ganz allein. Die fremde Person kam zuerst wieder und versuchte, das Kind zu trösten, danach kam die Mutter zurück.

Die offensichtlichste Frage, die sich nun stellt, lautet vermutlich: Wie verhält sich das Kind, wenn die wichtigste Bezugsperson den Raum verlässt? Ein Großteil der Kinder in diesem Alter beginnt zu weinen. Daher liefert die Wiederkehr der Bezugsperson (*reunion* genannt) entscheidendere Hinweise für die Forscher. Wie verhält sich das Kind in diesem Moment? Läuft oder krabbelt es freudig auf seine Bezugsperson zu? Weint es zwar, lässt sich aber zügig von der zurückgekommenen Bezugsperson beruhigen? Ist es dem Kind vielleicht egal, dass diese weg war? Oder wird es gar wütend, die Bezugsperson wiederzusehen?

Und auch die anderen Situationen geben zusätzliche Auskünfte über die Beziehung zwischen der wichtigsten Bezugsperson und ihrem Kind sowie über das Temperament des Kindes: Spielt das Kind, und erkundet es den Raum interessiert, solange die Bezugsperson dabei ist? Wie reagiert es auf die Fremde? Ist das Kind aufgeschlossen oder zurückhaltend ihr gegenüber? Und nimmt es das Spielangebot der Fremden an, wenn die Bezugsperson ihr »Okay« gibt? Oder hängt es die ganze Zeit am Rockzipfel der Bezugsperson?

Worum geht's?

Der FST wurde von der Entwicklungspsychologin Mary Ainsworth und ihrem Forschungsteam in Baltimore mit einjährigen Kindern entwickelt und fand später rund um den Globus Anwendung. Er testet den Umgang des Kleinkinds mit Stresssituationen. Vor allem aber liefert er Informationen, inwiefern Eltern ihrem Kind Sicherheit in diesen Situationen gewähren können. Denn aus den Reaktionen des Kindes lassen sich Rückschlüsse auf die *Bindungsqualität* ableiten.

Die vier Bindungstypen. Nachdem Ainsworth und ihr Team zahlreiche Kinder während des FST beobachtet hatten, legten sie vier Kategorien fest, denen sich so gut wie alle Kinder zuordnen lassen.

Der Großteil der Kinder (etwa 65 Prozent und das scheint auch noch heute so zu sein) hat eine *sichere Bindung* zu ihrer Bezugsperson (in den Studien zu ihrer leiblichen Mutter). Sobald diese Kleinkinder mit der Fremden allein gelassen werden, weinen sie und

Bindung

Nach entwicklungspsychologischer Definition ist Bindung »eine emotionale Beziehung zu einer bestimmten Person, die räumlich und zeitlich Bestand hat«. Selbst wenn die Bindungspersonen – das sind sowohl die leiblichen Eltern als auch alle Mitglieder der nichttraditionellen Familie wie Groß-, Pflege- sowie Stiefeltern beziehungsweise der soziale Elternteil in Regenbogenfamilien – nicht anwesend sind, bleibt die Bindung zu ihnen bestehen. Daher festigt sich die Bindung zu einer bestimmten Bezugsperson erst, wenn das Kind über Objektpermanenz verfügt (siehe Kapitel 4). In der Regel entwickeln Kinder eine Bindung zu mehreren Personen, die sich jedoch in ihrer Qualität unterscheiden können, weshalb grundsätzlich vier Bindungsmuster klassifiziert werden.

krabbeln ihrer Bezugsperson hinterher. Sicher gebundene Kinder lassen sich von der Fremden – wenn überhaupt – nur kurzzeitig ablenken, also weitaus schlechter trösten, als es die Bezugsperson vermag. Während die Bezugsperson anwesend ist, fangen diese Kinder an, den Raum zu erforschen, und betrachten die Fremde neugierig, aber distanziert. Sie nutzen ihren Elternteil als soziale Referenz und beginnen, mit der Fremden zu spielen, sofern die Bezugsperson fröhlich oder gelassen reagiert. Wie gut sich ein Kind auf die fremde Person einlässt und wie stark es beim Abschied der Bezugsperson reagiert, sagt allerdings mehr über sein Temperament aus als über die Eltern-Kind-Bindung. Deshalb ist es für die Forscher besonders aussagekräftig, wie die Kinder auf die Rückkehr der Bezugsperson reagieren. Entscheidend ist, dass sicher gebundene Kinder in der Regel bei der Rückkehr ihres Elternteils sofort seine Nähe suchen, auf es zurennen oder -krabbeln, freudig die Arme nach ihm ausstrecken oder es anstrahlen.

Etwa 12 bis 15 Prozent der Kinder zeigen typischerweise ein anderes Verhaltensmuster: Sie äußern zwar nach der Rückkehr der Bezugsperson den Wunsch, von dieser hochgenommen und beruhigt zu werden, reagieren aber gleichzeitig wütend, abweisend oder weinen. Bietet ihnen die Bezugsperson beispielsweise ein Spielzeug an, um sie abzulenken, so werfen sie es häufig beiseite. Allgemein reagieren diese *unsicher-ambivalent gebundenen* Kinder am verstörtesten, wenn sie ganz allein sind oder allein mit einer fremden Person gelassen werden. »Unsicher-*ambivalent*«, weil sie sich nicht entscheiden können, ob sie die Nähe zur Bezugsperson suchen sollen und sich auf diese freuen oder ob sie enttäuscht sind und sich von dieser abwenden.

Ein weiterer Teil der Kinder, und zwar insgesamt jedes vierte bis fünfte Kind, wirkt auf den ersten Blick angepasst und »cool«. Diesen Kindern scheint es wenig auszumachen, wenn die Bezugsperson den Raum verlässt. Sie wirken unabhängig. Auch die Fremde mustern sie interessiert und zeigen ihr gegenüber kaum Angst. Das wirkt erst einmal nicht verkehrt, oder? Die Kita-Eingewöhnung dürfte problemlos laufen … Doch auch bei diesen Kindern lohnt sich der Blick auf die *reunion* zwischen Bezugsperson und Kind besonders. Da sie die Bezugsperson weitestgehend meiden, nennt man diese Kinder »unsicher-vermeidend gebunden«. Das kann so aussehen: Die Kinder nehmen keinen oder kaum Blickkontakt zur Bezugsperson auf. Vielleicht schauen sie kurz auf, wenn sie den Raum betritt, verändern dabei aber ihre Mimik so gut wie nicht. Manche ignorieren sie sogar vollständig. Diese Kinder lassen sich von einer fremden Person ebenso gut (oder schlecht) beruhigen wie von ihren wichtigsten Bezugspersonen. Sie suchen eher wenig Körperkontakt und meiden aktive Bemühungen, sich von anderen beruhigen zu lassen. Misst man allerdings ihren Cortisolspiegel – also das Stresslevel –, so merkt man, dass diese unsicher-vermeidend gebundenen Kinder stark unter Druck stehen. Wie bei allen anderen steigt ihr Stresspegel, wenn die Bezugsperson den Raum verlässt. Während sich bei den sicher gebundenen Kindern Puls und Herzschlag durch die Wiederkehr der Bezugsperson schnell regulieren lassen, bleibt dieser Anstieg bei unsicher gebundenen Kindern länger bestehen. Sie scheinen sich nur eine »coole« Fassade aufgebaut zu haben.

Die vierte Kategorie macht glücklicherweise nur einen sehr geringen Prozentsatz aus. Man nennt sie »desorganisierte« oder »desorientierte Kinder« (circa 2 bis 5 Prozent): Ihr Verhalten äußert sich in unterschiedlichsten stereotypen Verhaltensweisen (zum Beispiel wieder und wieder den Kopf an die Wand zu schlagen), extremer Ängstlichkeit oder einer erstarrten Mimik. Ein solches Verhalten (»Hospitalismus« oder »Kaspar-Hauser-Syndrom« genannt) zeigten beispielsweise Kinder in rumänischen Waisenheimen, die ohne wirkliche Bezugsperson aufwuchsen und lediglich mit Essen und Trinken versorgt wurden – und kann ein Zeichen für extreme Vernachlässigung oder Misshandlung sein. Aber Vorsicht: Manchmal zeigen sich ähnlich stereotype Verhaltensweisen auch bei Kindern mit Autismus oder Intelligenzminderungen, weshalb es wichtig ist, nie voreilig auf die Bindungsqualität rückzuschließen.

Achtung! Grundsätzlich sollten die verschiedenen unsicheren Bindungsmuster nicht pathologisiert oder gar auf das »Versagen« der Eltern zurückgeführt werden. Die Entwicklung einer sicheren Bindung liegt an vielen komplexen Einflussfaktoren, bei denen neben der Rolle der Eltern und externen Belastungsfaktoren (wie Krankheit oder Umzug) auch das Temperament der Kinder eine wichtige Rolle spielt. Die Forschung über Unterschiede im frühkindlichen Temperament zeigt beispielsweise, dass es vielen Eltern deutlich leichter fällt, stets einfühlend auf ein regulationsstarkes Baby einzugehen, als die Bedürfnisse eines gefühlsstarken Kindes richtig zu interpretieren. Diese sogenannte *Passung* zwischen dem Temperament des Kindes und dem elterlichen Verhalten ist daher ebenso mitentscheidend.

Der Aufbau einer sicheren Bindung. Doch woran liegt es, dass Kinder unterschiedliches Verhalten im Fremde-Situations-Test zeigen? Zahlreiche Studien belegen, dass es von zentraler Bedeutung ist, wie die Eltern im ersten Lebensjahr auf ihr Kind reagieren und mit ihm interagieren! Zu diesem Ergebnis kam unter anderem die Forschergruppe um Ainsworth selbst. Anhand umfangreicher Beobachtungen stellten sie zentrale Merkmale einer positiven Eltern-Kind-Interaktion und damit die Grundlage für eine sichere Bindung fest. Allen voran die sogenannte *Feinfühligkeit*.

Feinfühligkeit ist eine wesentliche Voraussetzung für den Aufbau einer sicheren Bindung. Dabei geht es darum, dass die wichtigsten Bezugspersonen die Signale des Kindes wahrnehmen, richtig interpretieren und prompt und angemessen auf diese eingehen. Feinfühligkeit bedeutet, sich in die Lage des Kindes versetzen zu können und dessen Bedürfnisse von den eigenen unterscheiden zu lernen.

Doch wie zeigen Eltern feinfühliges Verhalten? In erster Linie geht es darum, die Bedürfnisse des Babys zu erkennen und *angemessen* darauf zu reagieren. Hat das Baby Hunger? Ist ihm gerade alles zu viel, braucht es Ruhe, und will es schlafen? Drückt es im Bauch? Oder möchte es gerade runter von meinem Schoß und die Welt entdecken? »Angemessen« bedeutet folglich, einem Kind Nahrung, Nähe und Sicherheit zu geben, wenn es dies braucht, aber auch seinen Entdeckergeist zu fördern und es in seiner Selbstregulation zu unterstützen, wenn dieser Wunsch beim Kind überwiegt. Denn neben dem Grundbedürfnis nach Schutz, Körperkontakt und Trost haben Kinder auch den Wunsch nach Exploration Sie wollen ihre Umwelt entdecken und erforschen.

Eine sichere Bindung gelingt daher nicht nur, wenn man immer für sein Kind da ist und es stets beschützt, sondern es ist genauso wichtig, dem eigenen Nachwuchs die Möglichkeit zu geben, die Umwelt im geschützten Rahmen neugierig selbst erkunden zu dürfen. Kinder, die sich ihres »sicheren Hafens« bewusst sind, beginnen leichter, sich von den Eltern fortzubewegen und die Umwelt selbstständig zu erforschen. Beispielsweise nimmt das Kleinkind im FST Kontakt zur Fremden auf oder erkundet das Spielzeug im Raum. Für eine positive Entwicklung des Kindes ist es wichtig, sowohl das Gefühl von Sicherheit und Geborgenheit als auch die Möglichkeit nach Exploration zu bekommen. Angeblich soll kein Geringerer als Johann Wolfgang von Goethe gesagt haben: »Zwei Dinge sollten Kinder von ihren Eltern bekommen: Wurzeln und Flügel.«

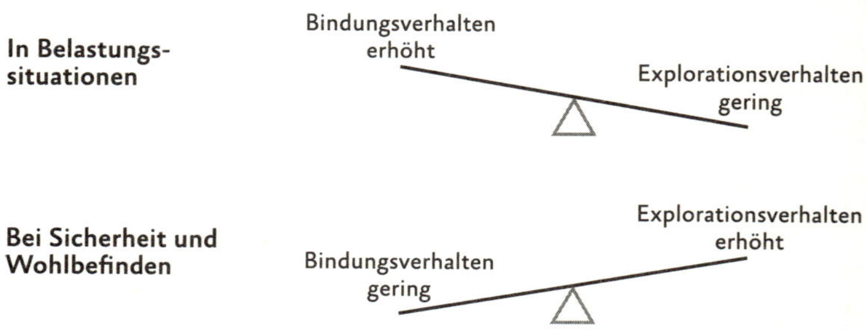

Die Balance zwischen Bindung und Exploration

Ein weiteres Merkmal von Feinfühligkeit ist eine *prompte* Reaktion. »Prompt« bedeutet dabei »schnellstmöglich«. Im ersten Lebensjahr ist es demnach besonders wichtig, direkt und nicht erst zeitlich verzögert (siehe Kapitel 5, Still-Face-Paradigma) auf ein weinendes Baby zu reagieren. Über längere Zeit ein Kind allein schreien zu lassen, ganz ohne darauf zu reagieren? Ein echtes No-Go!

Zudem ist die *Konsistenz* im Verhalten wichtig. Das heißt, Eltern sollten sich bemühen, immer in möglichst ähnlicher Weise auf die jeweiligen Signale des Babys zu reagieren. Dadurch ist das Verhalten der Eltern verlässlich und macht es für das Kind vorhersehbar. Studien zeigten, dass sich Eltern von unsicher-ambivalent gebundenen Kindern häufiger inkonsistent verhalten als andere Eltern. Sie sind zwar in manchen Situationen zugewandt und erfüllen die Bedürfnisse des Babys, tun dies aber nicht zuverlässig. Beispielsweise beruhigen sie ihr weinendes Kind manchmal prompt, zuweilen ignorieren sie es jedoch eine längere Zeit. Oder aber die Eltern tendieren dazu, das Bedürfnis ihres Babys mit dem eigenen zu verwechseln, und wollen es beispielsweise in den Schlaf wiegen, obwohl es sehr zufrieden spielt, oder es kuscheln, obschon es gerade auf Entdeckungstour gehen möchte. Kinder können sich bei inkonsistentem Verhalten nicht sicher darauf verlassen, dass die Eltern ihre Grundbedürfnisse befriedigen, und entwickeln daher häufiger ein geringeres Gefühl von Selbstwirksamkeit. Sie empfinden ihr Umfeld als wenig vorhersagbar, weil sie nie wissen, ob ihre Grundbedürfnisse heute erfüllt werden oder nicht. Ein solch inkonsistentes elterliches Verhalten ist manchmal Folge eigener starker emotionaler Belastung – und lässt sich durch Stressmanagement, Selbstfürsorge, Elternkurse oder therapeutische Unterstützung verbessern.

Beim unsicher-vermeidenden Bindungsstil zeigte sich häufiger folgendes elterliches Verhalten: Die wichtigsten Bezugspersonen sind zwar verlässlich in ihrer Reaktion, bieten aber allgemein weniger Körperkontakt an. Sie haben beispielsweise die – vielleicht noch aus der eigenen Kindheit herrührende – Annahme, man dürfe nicht zu sehr auf die Bedürfnisse des Kindes eingehen, um sie nicht zu »verwöhnen«, oder man müsse Kinder schreien lassen, um »die Lungen zu trainieren«. Das heißt, diese Eltern versuchen häufig, schon früh die »Selbstständigkeit« ihrer Kinder zu fördern, oder halten emotionale Äußerungen für unerwünscht.

Diese Intention ist grundsätzlich nachvollziehbar und geschieht gewiss nicht mit schlechten Absichten. Allerdings findet der Fokus auf Selbstständigkeit und Exploration meistens in einem nicht angemessenen Ausmaß statt und entspricht nicht dem Entwicklungsstand des kleinen Babys, das noch sehr stark auf die Fürsorge und Emotionsregulation durch die Eltern angewiesen ist. Kinder, die schon im Säuglingsalter gelernt haben, selbst zurechtkommen zu müssen, gelingt dies leider nicht besser, sondern schlechter, was der Anstieg im Stresslevel zeigt.

Die Erkenntnisse von Ainsworth und Kollegen haben somit unser Bild über die Rolle gelungener Eltern-Kind-Interaktionen und die Bindungsqualität maßgeblich beeinflusst. Denn das war nicht immer so.

Die Geschichte der Bindungsforschung

In den Fünfzigerjahren des 20. Jahrhunderts herrschte eine weitverbreitete und dabei gänzlich andere Vorstellung über die Eltern-Kind-Beziehung als heute. Sie fußte in den Annahmen der Lerntheoretiker: Man ging davon aus, dass zu den kindlichen Grundbedürfnissen nur das Bedürfnis nach Nahrung, Schlaf und Sauberkeit zähle. Eine Erfüllung dieser Grundbedürfnisse führe den Lerntheoretikern zufolge zu einem positiven Gefühl beim

Baby (positive Verstärkung), da es nach dem Füttern und Wickeln meist satt oder zufrieden sei. Aus dieser positiven Verstärkung folge, dass die bloße Anwesenheit der Eltern zur sekundären Verstärkung werde. Denn das Baby assoziiere nun die Eltern mit etwas Positivem (Nahrungsaufnahme, Hygiene), und das allein reiche aus, um Bindung herzustellen.

Glücklicherweise konnte der Psychologe und Verhaltensforscher Harry Harlow diese Annahme in den Siebzigerjahren widerlegen. Seine Herangehensweise ist heute ethisch nicht mehr vertretbar – und doch verdanken wir ihm einiges an Wissensgewinn auf dem Gebiet der Bindungsforschung: Kleine Äffchen wuchsen in völliger Isolation auf, das heißt ohne Affenmutter oder andere Artgenossen. In ihrem Käfig befanden sich jedoch zwei »Affenattrappen« – eine aus Drahtgitter, dafür aber mit immer verfügbarer Nahrung, und eine flauschige aus Frottee (die daher einem echten Affen weitaus ähnlicher war). Und siehe da: Die Äffchen hielten sich die meiste Zeit bei der »Frotteemutter« auf und gingen nur kurz zum Essen rüber zur »Drahtmutter«. In Angst auslösenden Situationen – den Äffchen wurde ein wirklich fieser lärmender kleiner Roboter in den Käfig gestellt – suchten sie sofort Schutz bei der »Frotteemutter«. Harlow war klar: Ernährung reicht nicht aus, um Bindung zu erzeugen! Auch der Kontakt zu einer Wärme und Geborgenheit spendenden »Mutter« ist ein wichtiges Grundbedürfnis.

Natürlich konnte die »Frotteemutter« eine echte Affenmutter bei Weitem nicht ersetzen. Denn Harlows Äffchen zeigten deutliche Entwicklungsauffälligkeiten, sie spielten weniger und verbrachten mehr Zeit antriebslos in der Ecke. Sie waren nicht fähig, gute soziale Kontakte zu anderen Affen aufzubauen, geschweige denn, eigenen Nachwuchs großzuziehen.

John Bowlby war begeistert von Harlows Affenexperiment. Der britische Kinderpsychiater postulierte darauf aufbauend, dass Kinder für eine gesunde Entwicklung eine einfühlsame, präsente und vor allem nicht ständig wechselnde Bezugsperson brauchen, die das Bedürfnis nach Nähe stillt, aber auch Sicherheit gibt, um neugierig die Umwelt zu erkunden. Er war es auch, der den Begriff »Bindung« prägte. Im Englischen wurde nun der Terminus *attachment* verwendet, der den Begriff *dependency* ablöste, was sich eher mit »Abhängigkeit« übersetzen lässt.

Mary Ainsworth, eine Mitarbeiterin Bowlbys, befasste sich daraufhin gemeinsam mit Bowlby mit den verschiedenen Stadien der Bindungsentwicklung und konzipierte darauf aufbauend den Fremde-Situations-Test. Sie fanden heraus, dass die Trennungsangst erst ab einem Alter von etwa sechs bis neun Monaten auftritt. Neugeborene lassen sich zunächst von allen kompetenten Personen gleichermaßen beruhigen. Erst nach und nach bauen sie eine Bindung zu den für sie am häufigsten verfügbaren Bezugspersonen auf. Kinder binden sich demzufolge bedingungslos an ihre Eltern – unabhängig davon, wie sie sich verhalten –, aber eben in unterschiedlicher Bindungsqualität.

Was heißt das jetzt für Eltern?

Harry Harlow, John Bowlby und darauf aufbauend viele weitere Forscher wie Mary Ainsworth zeigten, dass eine sichere Bindung enorm wichtig für die emotionale und soziale Entwicklung ist – mit weitreichenden Auswirkungen für die spätere Ausbildung entsprechender Kompetenzen.

Wie wir wohl aus unserer Kindheit wissen, beeinflusst unsere frühe Erfahrung im eigenen Elternhaus unseren Umgang mit anderen Menschen und hängt häufig wiederum damit zusammen, wie wir unsere Kinder erziehen. Bowlby spricht hier von »inneren Arbeitsmodellen«.

Innere Arbeitsmodelle

Aufgrund früher Erfahrungen mit unseren Bezugspersonen bilden wir mentale Repräsentationen. Das sind Abspeicherungen im bewussten und unterbewussten Gedächtnis über uns selbst, die Bindungspersonen und die Annahme des zukünftigen Verhaltens anderer. Wurden die Bedürfnisse in der frühen Kindheit feinfühlig und zuverlässig befriedigt, erwarten Kinder auch als Erwachsene häufiger positive zwischenmenschliche Beziehungen und können diese eingehen. Wurden die eigenen Bedürfnisse hingegen wenig befriedigt (musste ein Kind zum Beispiel bei Hunger häufig lange weinen oder hat es wenig Nähe und Trost erfahren, wenn es ihm nicht gut ging) oder waren die Eltern sehr unzuverlässig in ihrem Verhalten (mal reagierten sie feinfühlig, mal ignorierten sie ihr Kind), entwickelt sich häufiger die Annahme, man könne sich auf niemanden sicher verlassen. Diese Kinder werden mitunter skeptischer ihren Freunden gegenüber, gehen lieber auf Distanz, reagieren später eifersüchtiger bei ihrem Partner oder denken vielleicht sogar, sie seien es nicht wert, gemocht zu werden.

Achtung! Diese negativen Annahmen *können* zwar an der Bindungserfahrung in der Kindheit liegen, müssen aber nicht zwangsläufig ihre Ursache sein! Man würde es sich definitiv zu einfach machen, alle zwischenmenschlichen Probleme auf das eigene Elternhaus zu schieben! Außerdem lässt sich eine unsichere Bindung in der frühen Kindheit glücklicherweise – zumindest zum Teil – ausgleichen. Keine der eigenen Annahmen und Verhaltensweisen ist in Stein gemeißelt! Im Laufe des Lebens begegnen unsicher gebundene Kinder meistens zum Glück noch anderen Menschen, seien es engagierte Großeltern, eine sehr liebevolle Erzieherin, der erste Freund oder auch Pflegeeltern und Therapeuten, dank denen die inneren Arbeitsmodelle teilweise verändert werden können.

Eine sichere Bindung – das größte Geschenk an unsere Kinder. Zahlreiche Forschungen bestätigen, dass eine sichere Bindung ein »Puffer« (Resilienzfaktor) fürs ganze Leben ist. Eine sichere Bindung hilft Kindern, mit der Grundannahme durchs Leben zu gehen: »Ich kann meinen Mitmenschen vertrauen und brauche keine Angst davor zu haben, im Stich gelassen zu werden! Ich weiß mir oft selbst zu helfen und wenn nicht, sind andere Menschen für mich da. Meine Bedürfnisse haben ihre Berechtigung und werden ernst genommen!« Und daher fällt es sicher gebundenen Kindern häufig leichter, zu verlässlichen guten Freunden, liebevollen Partnerinnen und einfühlsamen Eltern zu werden!

Genau deshalb lohnt sich ein Blick in Ratgeber über *bindungsorientierte Erziehung*. Sie ist eine große Chance, Eltern für die Bedeutung einer sicheren Bindung zu sensibilisieren und darin zu schulen, auf die Bedürfnisse ihrer Babys einzugehen. Das Credo der bindungsorientierten Erziehung lautet: Die Erfahrungen in den ersten Lebensjahren sind entscheidend für die spätere Beziehungsgestaltung! Diese Aussage hätten schon Bowlby und Ainsworth unterschrieben. In den ersten Lebensjahren kann man sein Kind nicht verwöhnen. Babys brauchen körperliche Nähe und Geborgenheit, und zwar zuverlässig, wann immer sie danach »rufen«!

Sie brauchen die »sichere Basis« ihrer Eltern aber auch, um die Welt zu entdecken. Sie benötigen nicht nur den sicheren Halt im Tragetuch, sondern ebenso genügend Bewegungsfreiheit für ihre motorische Entwicklung. Vor allem im zweiten und dritten Lebensjahr haben Kleinkinder ein großes Explorationsbedürfnis. Sie haben den Wunsch, Dinge selbst auszuprobieren, auch wenn sie manchmal dabei »scheitern«. Diese Exploration kann jedoch nur im sicheren und haltgebenden Rahmen gelingen, in dem die Eltern sich zurücknehmen, aber dennoch präsent für ihr Kind da sind, wenn es sie benötigt.

Ein *angemessener* Umgang mit den Bedürfnissen der Kinder heißt auch *für den jeweiligen Entwicklungsstand angemessen*. Das bedeutet: Ein Baby, das weint, benötigt sofort die Fürsorge der Eltern, die seine negativen Emotionen durch Trösten und Kuscheln regulieren, weil es das selbst noch nicht kann! Auch ein Kleinkind ist während eines Wutanfalls, bei Traurigkeit oder Schmerzen noch größtenteils auf die Emotionsregulation durch die Eltern angewiesen, weil es von seinen starken Emotionen »überrannt« wird und erst lernen muss, damit umzugehen. Dies gelingt Eltern beispielsweise durch Körperkontakt, Benennen der Gefühle oder Anleitung zur Selbstregulation, zum Beispiel indem sie dem Kind helfen, selbst den Schnuller oder ein Schmusetuch zu nehmen.

Ein größeres Kind hingegen sollte nicht übertrieben bemitleidet oder immer sofort abgelenkt werden, wenn es (aus gutem Grund) nicht bekommt, was es möchte. Hier gibt es viele Situationen, in denen sich Wunsch und Bedürfnis unterscheiden. Es ist die Aufgabe der Eltern, beides zu unterscheiden. Beispielsweise sollten sie nicht dem Wunsch (weiter fernsehen und wach bleiben) eines Dreijährigen nachgeben, sondern das grundlegende Bedürfnis des Kindes erfüllen (zuverlässige Abendroutinen, die Sicherheit vermitteln und auf den Schlafrhythmus des Kindes abgestimmt sind).

Bei Bindung geht es nicht um Selbstaufgabe! »Bindungsorientierung« klingt kräftezehrend. Immer verfügbar für das Kind zu sein, jedes Bedürfnis richtig interpretieren zu müssen – und das alles in immer gleichbleibend guter, verständnisvoller Verfassung. Geht das überhaupt? Nein. Bei Bindungsorientierung geht es weder um »perfektes« Verhalten noch darum, den derzeit vermeintlich geltenden »hohen Standards« zu entsprechen: das Baby in der Manduca tragen, bis der Rücken extrem schmerzt. Stillen, obwohl man längst keine Kraft mehr hat, es sich aber »heutzutage so gehört« und ein Jahr Stillen »Pflicht« ist. Im gemeinsamen Familienbett ausharren, obwohl einen das viele schlaflose Nächte kostet. Und das alles nur, weil das die anderen Mütter auch so machen und wir keine üble Kritik ernten wollen? *No mom-bashing, please!*

Bei der bindungs-, hier besser bedürfnisorientierten Erziehung geht es genauso darum, die eigenen Bedürfnisse und Belastungsgrenzen zu erkennen. Wir sollten nicht nur unseren Kindern, sondern auch uns selbst gegenüber eine »gute Mutter« sein. Nur wenn wir auf unsere eigenen Bedürfnisse achten, können wir uns wieder feinfühlig unserem Kind widmen. Deshalb ist es wichtig, eigene innere Anspannung und das Gefühl von Stress und Gereiztheit zu erkennen. Ein Baby, das sehr lange weint und einfach nicht in den Schlaf findet, kann sehr kräftezehrend und nervenraubend sein. Es ist wichtig, sich dies einzugestehen, innerlich loszulassen und bei sich zu bleiben. Das kann beispielsweise gelingen, indem wir uns auf einen langsamen Atem fokussieren, uns und dem Baby ruhig zureden oder uns in Gedanken an einen angenehmen Ort versetzen.

»Good enough« statt »perfekte Eltern«. Es scheint ein Phänomen unserer Zeit zu sein, dass Eltern zunehmend gut informiert über Bindungsorientierung sind, sie dieses Wissen aber nicht immer entspannt, sondern manchmal zusätzlich unter Druck setzt. Die eigenen Ansprüche und der Vergleich mit anderen scheint in unserem »Streben nach Perfektion« zu wachsen.

Doch keine Sorge – vor allem in der ersten Zeit nach der Geburt sind Gedanken wie »Ich habe keine Ahnung, was mein Baby will! Warum schreit es denn immer noch?« völlig normal und kein Zeichen mangelnder Feinfühligkeit. Eltern müssen erst lernen, die individuell unterschiedlichen Signale ihres Babys zu entschlüsseln. Wir sollten unser Bestes bei der Interpretation der Bedürfnisse unserer Kinder geben und feinfühlig reagieren, aber es ist ganz normal, dabei auch mal Fehler zu machen. Ja, es ist wichtig, dass wir immer wieder versuchen, die Bedürfnisse des Kindes *so gut wie möglich* zu verstehen und *möglichst* vorhersehbar zu reagieren. Dabei gilt aber stets: Niemand ist perfekt!

Prompt zu reagieren muss beispielsweise nicht heißen, blitzschnell aufzuspringen. Es geht vielmehr darum, die Bedürfnisse des Kindes direkt wahrzunehmen. Während einer Autofahrt, auf der wir nicht unverzüglich den Hunger des Babys stillen können, heißt dies beispielsweise, liebevoll das Bedürfnis zu benennen.

(»Du hast Hunger. Ich fahre gleich rechts ran und kümmere mich um dich, aber das dauert noch etwas.«) In einer vertrauensvollen Beziehung, in der sich ein kleines Kind wahrgenommen fühlt, kann es ab und an einen Moment warten.

Und ja, es ist einfach nur menschlich, dass wir nicht immer völlig *konsistent* reagieren – jeder hat mal einen schlechten und mal einen besseren Tag. Es geht lediglich darum, sich so vorhersehbar wie *möglich* für das Baby zu verhalten. Kinder erwarten nicht, dass ihre Eltern immer in vollkommen gleicher Verfassung sind. Zudem helfen Alltagsroutinen wie Zubettgehrituale enorm, um Struktur und Sicherheit zu vermitteln – auch wenn Mama oder Papa mal erschöpft sind oder einen schlechten Tag haben. Bindungsorientierung ist keine strenge Anleitung, sondern eine grundlegende wertschätzende Haltung uns und unseren Kindern gegenüber.

Eine sichere Bindung entsteht durch viele, viele Interaktionen, in denen die Bedürfnisse nach körperlicher Nähe und Geborgenheit, Sicherheit, Akzeptanz und Wertschätzung, aber auch nach Selbstständigkeit und realistischen Grenzen verlässlich erfüllt werden. Sie wird nicht durch einzelne »Ausreißer« aufgelöst. Der Kinderarzt und Psychoanalytiker Donald Winnicott prägte in diesem Zusammenhang den bereits erwähnten Begriff der »ausreichend guten Mutter« *(good enough mother)*. Die wichtigsten Botschaften lauten: Solange es insgesamt mehr positive als negative Kontakte zwischen Kindern und ihren Eltern gibt, ist das »Bindungskonto« im Plus. Und: Unser Nachwuchs ist darauf eingestellt, dass nicht alles perfekt läuft. Das heißt, wenn die Mehrzahl an Eltern-Kind-Interaktionen dadurch gekennzeichnet ist, dass die Eltern die Bedürfnisse ihrer Kleinen richtig erkennen und feinfühlig darauf eingehen, sind Kinder fehlertolerant. Wenn sich Kinder von ihren Eltern grundsätzlich beachtet und in ihren Bedürfnissen ernst genommen fühen, verkraften sie es, wenn ihre Eltern mal nicht wissen, weshalb sie weinen oder unzufrieden sind oder selbst mal einen schlechten Tag haben. Dann wachsen Kinder an altersgemäßen Herausforderungen – beispielsweise, wenn sie ab dem zweiten Lebensjahr hin und wieder kurz abwarten müssen oder sie die Aufmerksamkeit der Eltern plötzlich mit einem Geschwisterchen teilen müssen.

Und noch ein Entspannungsfaktor: Lasst die Väter und andere wichtige Bezugspersonen ran! Ein »Armwechsel« kann helfen, das Baby zu beruhigen, und ist lediglich Ausdruck dafür, dass sich die Mutter eine kurze »Auszeit« gönnen darf, da sie den ganzen Tag alles gegeben hat, um die Bedürfnisse ihres Kindes zu interpretieren.

Lässt sich der Fremde-Situations-Test auf Alltagssituationen übertragen? Mit Blick auf die Krippeneingewöhnung, spätestens aber ab dem Alltag in der Kita bleibt jetzt sicherlich noch eine Frage offen: Was, wenn ein Kind keine Trennungsangst zeigt oder sich nicht auf die Wiederkehr seiner Bezugsperson freut – hat es dann einen unsicheren Bindungsstil? Der Fremde-Situations-Test ist ein gut erprobtes und wissenschaftlich ausführlich untersuchtes Verfahren, um die Bindungsqualität festzustellen. Dies gelingt allerdings nur, wenn der Test im Labor und nach dem vorgegebenen Procedere repliziert wird. Aus diesem Grund sollte in die alltägliche Situation nicht zu viel hineininterpretiert werden! Sie liefert keinen eindeutigen Rückschluss auf die Bindungsqualität zwischen Kindern und ihren Eltern! Das hat verschiedene Gründe.

Erstens ist das Alter entscheidend! Im zweiten und dritten Lebensjahr nimmt die Trennungsangst wieder deutlich ab. Der »Test« funktioniert nur mit neun Monate alten bis etwa zweijährigen Kindern.

Zweitens kann auch ein Kind, das sich leicht von seinen Eltern löst und nicht mehr weint, eine sichere Bindung aufgebaut haben.

Wahrscheinlich hat es bereits die Erfahrung gemacht, zu mehreren Personen Vertrauen fassen zu können. Nicht umsonst heißt es, dass es »ein Dorf braucht, um ein Kind zu erziehen«. Daher gibt es in vielen kollektivistischen und naturverbundeneren Kulturkreisen kaum Trennungsängstlichkeit. Es ist also gut möglich, dass Kinder, die wenig Trennungsangst zeigen, durch ihre Vorerfahrung bereits das innere Arbeitsmodell haben: »Meine Eltern kommen *zuverlässig* wieder zurück!« Das heißt, für Kleinkinder, die beispielsweise schon häufig von den Großeltern oder anderen nahestehenden Verwandten und Bekannten »fremdbetreut« wurden, ist die Kita-Eingewöhnung häufig deutlich leichter und keineswegs ein Indikator für einen unsicher-vermeidenden Bindungsstil, sondern eher durch Unterschiede im Temperament zu erklären.

Deshalb sollte man sich grundsätzlich davor hüten, von geringer Trennungsangst auf eine unsichere Bindung zu schließen. Das hatte auch schon Mary Ainsworth herausgefunden, welche die *reunion* als deutlich aufschlussreicher einschätzte. Wie aussagekräftig ist daher die Situation, wenn die Bezugsperson ihr Kind aus der Krippe oder dem Kindergarten abholt? Ist das Kind schon lange im Kindergarten, ist diese Situation relativ nichtssagend. Will das Kind weiterspielen und beachtet es die Bezugsperson kaum, so ist das eher ein Kompliment an die Kita: Das Kind fühlt sich wohl und ist angekommen.

Während der Eingewöhnungsphase hingegen freuen sich tatsächlich die meisten sicher gebundenen Kinder, ihre Eltern wiederzusehen. Allerdings nicht immer und nicht im gleichen Ausmaß. Auch das hängt nicht zuletzt zu einem großen Teil vom Temperament des Kindes ab. Ebenso ist oft zu beobachten, dass ein Einjähriges beim Anblick der zurückkommenden Bezugsperson kurz zu weinen beginnt. Auch das ist kein Indiz für eine unsichere Bindung, sondern kann folgendermaßen interpretiert werden: »Ah!

Da ist mein Papa wieder. Er war weg, und er hat mir gefehlt.« Lässt sich das Kind durch seinen »sicheren Hafen« schnell wieder beruhigen, ist alles gut.

Drittens laufen die meisten Eingewöhnungen heutzutage – zum Glück – recht langsam ab, und ein Elternteil bleibt am Anfang stets mit anwesend. Daher ist das Fachpersonal der Kita bei der ersten Trennung von den Eltern keine wirklich fremde Personengruppe mehr.

Take-Home Message

Beim Thema »Bindung« liegt der Fokus häufig ausschließlich auf dem Verhalten der Eltern. Natürlich ist es für den Aufbau einer sicheren Bindung wichtig, wie Eltern mit ihren Kindern in Kontakt treten – daher gibt es mittlerweile unzählige *Eltern*ratgeber darüber. Der Fokus auf Bindungsorientierung ist eine fortschrittliche Entwicklung, denn eine sichere Bindung trägt Kinder mit einer positiven Grundeinstellung durchs Leben. Eltern werden immer mehr Wege vermittelt, die ihnen helfen, eine sichere Bindung zu ihrem Kind aufzubauen. Feinfühligkeit ist einer der Schlüssel, um die Grundbedürfnisse des Kindes nach bedingungsloser Liebe, Schutz und Sicherheit, aber auch nach Autonomie und Grenzen angemessen zu erfüllen.

Dennoch ist das Verhalten der Eltern nicht alles entscheidend für den Aufbau einer sicheren Bindung. Nicht nur die kindliche Entwicklung im Allgemeinen, sondern auch die Ausbildung einer sicheren Bindung ist ein komplexer Prozess und wird durch unzählige Einflussfaktoren mitbestimmt.

Der Fokus auf eine sichere Bindung kann die Ansprüche an sich selbst überhöhen und birgt dadurch die Gefahr, dass der selbst gemachte Druck wächst und Entspannung und Intuition weichen. Doch bei der Eltern-Kind-Bindung geht es nicht darum, immer perfekt zu sein. Wenn wir grundsätzlich bemüht sind, unsere Kinder in ihren Gefühlen und Bedürfnissen so anzunehmen, wie sie sind, und auch immer auf unsere eigenen Bedürfnisse und Grenzen achten, können wir uns mit *good enough* zufriedengeben. Kinder sind fehlertolerant – und das dürfen wir mit uns selbst auch sein.

8. Nicht nur Pawlows Hund lässt sich konditionieren

Das Little-Albert-Experiment

Dieser Versuch aus den Zwanzigerjahren des 20. Jahrhunderts erforschte ein anderes Prinzip der Lerntheorien am Menschen: die klassische Konditionierung. Jener unbewusste Lernprozess ist neben der operanten Konditionierung ein weiterer Lernmechanismus bei Mensch und Tier. Der Psychologe John Watson zeigte anhand des bedauernswerten kleinen Jungen Albert, wie Ängste bei Kindern entstehen können. Obwohl das Experiment mittlerweile ethisch hoch umstritten ist, nutzen Verhaltenstherapeuten seine Erkenntnisse noch heute, und zwar auch, um Ängste zu reduzieren. Also doch: danke, Watson!

Das Forschungsteam nahm einen circa zehn Monate alten Säugling namens Albert, außerdem eine weiche weiße Ratte. Das Baby interessierte sich für das Tier und näherte sich ihm neugierig. Nun wurde es ziemlich fies für unseren kleinen Probanden: Jedes Mal, wenn man dem Baby die Ratte zeigte, wurde mit einem Hammer auf eine Eisenstange geschlagen. Das Baby erschrak dadurch und bekam Angst. Nach einigen wenigen Malen, bei denen Ratte gemeinsam mit dem ohrenbetäubenden Geräusch gezeigt wurde, übertrug Albert seine Angst, die er eigentlich vor dem Lärm hatte,

auf das Tier. Immer wenn das Baby nun eine Ratte sah, wird es sich auch ohne das Geräusch vor ihr gefürchtet haben. Vermutlich ein Leben lang.

Worum geht's?

John Watson (1878–1958), einer der Begründer des Behaviorismus, zeigte mit diesem Experiment zwei wesentliche Dinge: zum einen die *klassische Konditionierung* am Menschen und zum anderen eine mögliche Erklärung für die Entstehung von Angstreaktionen.

Die klassische Konditionierung beim Menschen. Dieser Lernmechanismus wurde vor Watsons Zeit nur an Tieren nachgewiesen. Das wohl bedeutendste Experiment zur Konditionierung führte der Mediziner und Physiologe Iwan Pawlow an seinem Hund durch: Der »Pawlow'sche Hund« hörte mehrere Male kurz vor seiner Fütterung das Klingeln einer Glocke (Psychologen nennen diese Glocke zunächst den »neutralen Reiz«). Beim Anblick des Essens begann er – so wie alle Hunde – zu sabbern. Nach einigen Wiederholungen reichte Pawlows Hund allein das Ertönen der Glocke (die nun zum *konditionierten* Reiz wurde) aus, um seinen Speichelfluss anzuregen, auch wenn weit und breit kein Essen in Sicht war. Pawlow hatte seinen Hund auf das Ertönen der Glocke konditioniert.

Watson war ein großer Bewunderer Pawlows – kein Wunder, denn dieser wurde mit dem Nobelpreis ausgezeichnet. Watson belegte nun anhand des kleinen Albert, dass die klassische Konditionierung auch bei Menschen möglich ist. Denn im Little-Albert-Experiment war die Ratte zunächst auch ein neutraler Reiz. Albert hatte ja anfangs keinerlei Angst vor ihr. Lediglich durch die gemeinsame Darbietung mit dem erschreckenden Lärm, vor dem sich Albert eigentlich fürchtete, wurde die Ratte zum kondi-

Klassische versus operante Konditionierung

Klassische Konditionierung ist neben der Habituation (der Reizgewöhnung, siehe DeCaspers und Spences Studie zum Spracherwerb in Kapitel 1) und der operanten Konditionierung (siehe Kapitel 3) ein weiterer wichtiger und dabei hauptsächlich unbewusster Lernmechanismus von Säuglingen und von Menschen jeden Alters. Der Unterschied zwischen klassischer und operanter Konditionierung besteht darin, dass bei der klassischen Konditionierung ein Reiz (zum Beispiel ein Geräusch) ein (reflexhaftes) Verhalten oder ein Gefühl auslöst – à la: »Immer wenn ich dieses Geräusch höre, kann sich mein Magen schon mal auf Nahrung einstellen.« Bei der operanten Konditionierung hingegen wird eine Verbindung zwischen dem eigenen Verhalten und einer Konsequenz hergestellt (daher auch »Belohnungs-« oder »Bestrafungslernen« genannt) – nach dem Motto: »Wenn ich mit den Beinen strample, bewegt sich das Mobile.«

Babys lernen auf solche unbewusste Weise ständig, selbst dann, wenn sich Eltern diesen Lernmechanismus nicht willentlich zunutze machen. Es wird »implizites Lernen« genannt, weil es in unserem Umfeld und in unseren Handlungen häufig Merkmale gibt, die gemeinsam oder regelmäßig auftreten (lat. *implicare* [verknüpfen, umfassen]). Ein Beispiel: Immer wenn Babys das Geräusch des BH-Verschlusses hören, beenden sie ihr Weinen (oder weinen vor Ungeduld oder Aufregung noch stärker), denn die Milchbar wird sozusagen gleich öffnen!

tionierten Angstreiz. Jedes Mal, wenn Albert später eine Ratte sah, zeigte er massive Angst. Und das reichte nicht aus: Er übertrug diese Angst auf alle möglichen weißen, flauschigen Objekte wie Hasen, Pelzmäntel und sogar einfache Baumwollbüschel. Diese »Angstübertragung« nennen Psychologen »Generalisierung«.

Seine Ängste waren extrem stark und zeitlich überdauernd, sodass dieses Experiment zu Recht immense Kritik einfuhr. Kein Wunder also, dass heutzutage keine Ethikkommission der Welt einen solchen Versuch bewilligen würde!

Die klassische Konditionierung findet tagtäglich viele Male in unseren Kinderzimmern statt. Beispielsweise hat das immer gleiche Zubettgehritual einen der klassischen Konditionierung vergleichbaren Effekt: Die Gutenachtgeschichte, das bekannte Wiegenlied oder Hörspiel erzeugt nach einigen Wiederholungen ein wohliges Gefühl von Geborgenheit und Müdigkeit.

Wie Kinder Ängste entwickeln. Die klassische Konditionierung erfolgt dabei umso schneller, je stärker eine Situation mit Emotionen gekoppelt ist. Ein einziges unangenehmes Erlebnis mit einem Hund, der einem Kind gefährlich nahe kam und es durch sein lautstarkes Bellen zu Tode erschreckt hat, kann eine manifeste Hundephobie auslösen – meistens generalisiert auf viele Hunderassen. Die Angst vor Hunden (die ursprünglich durch das Bellen hervorgerufen wurde) bleibt auch dann bestehen, wenn diese friedlich mit ihrem Frauchen an der Leine auf der anderen Straßenseite laufen. Genauso kann auch ein Arztbesuch, der mit einer unangenehmen OP oder Spritze endete, dazu führen, dass ein Kind bereits beim bloßen Anblick eines weißen Kittels oder dem Betreten einer Arztpraxis zu weinen beginnt. Der Hund oder die Ärztin waren also erst neutrale Reize (denn als Baby näherten sich die Kinder dem Vierbeiner noch ohne Furcht und fanden die Arztpraxis genauso spannend wie einen Spielplatz), wurden aber durch das Bellen oder die Spritze (die eigentlichen Angstauslöser) zu konditionierten Reizen. In der Folge reichen Hund oder Arztbesuch auch ohne Bellen oder Spritze aus, um Angst auszulösen.

Und damit wären wir beim zweiten Teil: Watsons Erklärung für die Entstehung von Angstreaktionen. Er schlussfolgerte, dass Lernerfahrungen zentral sind, um Ängste zu entwickeln. Deshalb zählt Watson zu den Vertretern der Lerntheorien, die der Ansicht waren, dass einzig und allein die Umwelt (also nicht die Gene, die Persönlichkeit, das Temperament und so weiter) alles entscheidend für die Entwicklung des Kindes ist. Anschaulich wird diese Hypothese durch folgendes Zitat: »Gebt mir ein Dutzend gesunde, gut gebaute Kinder (…) und ich garantiere, dass ich irgendeines aufs Geratewohl herausnehme und es so erziehe, dass es irgendein beliebiger Spezialist wird – Arzt, Jurist, Künstler, Kaufmann, ja sogar Bettler und Dieb, ungeachtet seiner Talente, Neigungen, Absichten, Fähigkeiten und Herkunft seiner Vorfahren« (zitiert nach Siegler et al. 2011).

Was heißt das jetzt für Eltern?

John Watson und andere Behavioristen wie Burrhus F. Skinner vertraten Anfang des 20. Jahrhunderts mit ihren Lerntheorien ziemlich extreme Positionen und heute überholte Ansichten über die Entwicklung des Kindes. Sie waren überzeugt, dass die Umwelt alles entscheidend für die Entwicklung ist. Watsons kategorisches Zitat verdeutlicht dies. Er war ernsthaft der Meinung, dass sich Kinder durch bestimmte Umwelteinflüsse zu allem formen lassen, und vernachlässigte daher die Anlage (Genetik und Persönlichkeit) sowie die Rolle grundlegender kognitiver Prozesse komplett. Wäre dem so, hätten Eltern eine immense Verantwortung (eine noch größere, als wir sie sowieso schon haben) und stünden enorm unter Druck. Denn dann würden Kinder einzig und allein durch die Erziehung und die Erfahrungen mit anderen Erwachsenen und Kindern (denn das sind die zentralen Umweltfaktoren) zu dem, was sie sind.

Ängste – doch nicht nur eine Frage der Konditionierung? Wie kann es nun aber sein, dass manche Kinder nach einem einmaligen negativen Erlebnis eine manifeste Ratten- oder Hundephobie entwickeln, andere aber nicht? Bleiben wir vorerst bei der Rolle der Umwelt. Ja, Watson liegt hier nicht ganz falsch. Natürlich ist es entscheidend, wie Eltern mit den Ängsten ihrer Kinder umgehen. Denn sie verstärken die Angst, indem sie das Kind vor jeder Konfrontation mit dem Angst auslösenden Reiz schützen (sogenannte *Aufrechterhaltung durch Vermeidung*). Das wäre etwa der Fall, wenn Eltern um jeden Hund einen weiten Bogen machen oder schon hundert Meter im Voraus die Straßenseite wechseln. Besser ist es vielmehr, die Angst ernst zu nehmen und zu benennen, damit das Kind versteht, was in ihm vor sich geht, und dem Kind beruhigend zu erklären, dass die Angst bewältigbar ist. Am besten in kurzen prägnanten Sätzen, denn Angst lähmt das »rationale« Gehirn und damit auch das Sprachzentrum. (»Ich merke, der Hund macht dir Angst. Ich passe auf dich auf, und wir gehen schnell an ihm vorbei.«) Körperkontakt, etwa das Kind auf den Arm oder bei der Hand nehmen, vermittelt zusätzliche Sicherheit. Nach der Akutsituation können Eltern dann eine etwas genauere Erklärung hinterherschicken: »Du warst wirklich mutig. Hast du gesehen, der Hund war ganz friedlich und an der Leine des Herrchens. Weißt du, Hunde bekommen Angst vor dir, wenn du laut schreist oder wegrennst; und deshalb bellen sie dann. Du hast das gut gemacht und bist einfach an ihm vorbeigelaufen.«

Ein zweites Beispiel für die Rolle der Umwelt: ängstliche Eltern. Denn dann braucht das Kind selbst überhaupt kein negatives Erlebnis mit dem angstauslösenden Reiz gemacht zu haben. Um Ängste zu entwickeln, reicht es aus, die Angst der Eltern mitzuerleben – sagen wir, wenn die Eltern beim Anblick von Hunden oder Spinnen panisch reagieren. Hier läuft vermutlich eine Mischung aus Konditionierung (der neutrale Reiz Hund wird mit dem negativen Gefühl und Gedanken »Oh, Mama hat Angst« gepaart und reicht später auch ohne die Bezugsperson aus, um Angst zu erzeugen) und den Eltern als ängstliches Vorbild ab.

Dennoch ist die Umwelt nicht allein entscheidend für die Entstehung von Ängsten. Evolutionär gesehen gibt es Reize, die schneller zur Angstkonditionierung führen als andere. Tauscht man die Ratte im Little-Albert-Experiment gegen eine Spinne, eine Schlange, ein kleines Küken oder einen süßen Teddybären, wird dies mit Sicherheit nicht zum gleichen Ergebnis führen! Außerdem sind manche Kinder aufgrund ihres Temperaments und ihrer Persönlichkeit ängstlicher und zurückhaltender als andere. Es scheint wohl doch nicht möglich zu sein, jedes Kind zu allem zu formen, wie Watson postulierte – die meisten werden auch bei intensiver Förderung nicht zum nächsten Mozart, Picasso oder Ronaldo. Denn hier braucht es vermutlich das perfekte Zusammenspiel aus Genen und Umwelt.

Ängste bewältigen – durch Gegenkonditionierung! Die *Verhaltenstherapie*[3] baut auf den Annahmen der Behavioristen auf. Lern-

3 Die Verhaltenstherapie ist eine von der Krankenkasse anerkannte Therapieform. Heute orientiert sie sich nicht mehr strikt nur an den Prinzipien der Lerntheorien. Schon seit Langem halten kognitive Ansätze Einzug in die Praxis. Jüngst erlebt die Verhaltenstherapie eine neue Welle, in der Achtsamkeits- und Akzeptanzübungen zunehmend Anwendung finden und die wichtigsten Aspekte der verschiedenen Therapieschulen vereint werden.

erfahrungen können nicht nur Angst erzeugen, sondern sie auch reduzieren – diese Erkenntnis machen sich Verhaltenstherapeuten zunutze. Die Methode der Wahl lautet hier *Expositionstherapie*. Was das ist? Eine schrittweise Konfrontation mit den Angst auslösenden Situationen, um zu erleben, dass nichts passiert. Nehmen wir beispielhaft wieder Albert, der Angst vor Weiß-Flauschigem hat, oder das Kind, das sich vor Hunden ängstigt. Beide sollten nicht überfordert und direkt in ein Rattengehege oder einen Hundekäfig gesperrt werden (obwohl selbst diese Methode, genannt *flooding*, früher teilweise von Verhaltenstherapeuten praktiziert wurde). Besser ist es, die »kleinen Patienten« langsam an die Angst auslösende Situation heranzuführen. Teilweise wird dies sogar zuerst nur in Gedanken gemacht, also zum Beispiel durch Geschichten oder Erzählungen. Das Kind könnte dann zunächst kleinere Hunde aus sicherer Entfernung beim Spielen auf der Wiese beobachten. Wenn es das schafft, kann irgendeine Art von Belohnung in Aussicht gestellt werden oder es zumindest ausgiebig gelobt werden. Wenn der Leidensdruck besonders hoch ist, reicht das gute Gefühl, die Angst auslösende Situation durchgestanden zu haben, als »Selbstbelohnung« manchmal auch aus (Selbstwirksamkeit). Klappt dieser Schritt der Konfrontation gut, dann geht's weiter mit etwas größeren Herausforderungen. Zum Beispiel wird das Ganze mit Angst einflößenderen Hunderassen wiederholt, oder das Kind hat die Aufgabe, sich Hunden immer weiter zu nähern. Das geht so weiter, bis sich das Kind im besten Falle zutraut, einen Hund zu streicheln, oder sich eine Ratte als Haustier anschafft – Gegenkonditionierung gelungen!

Take-Home Message

Die klassische Konditionierung ist ein zentraler Lernmechanismus von Geburt an bis ins hohe Erwachsenenalter. Watsons Methode war rabiat – keine Frage! Dennoch verdanken wir diesem Forschungsergebnis das Wissen, wie sich Ängste wieder reduzieren lassen. Ein Kindergartenkind hat Angst vor Hunden? Dann begleiten es seine Eltern liebevoll an der Hand am Hund vorbei. Das Schulkind bekommt Panik vor Referaten? Dann kann es vor der ganzen Familie üben. Ängste gehören zum Leben dazu, aber wir können ihnen mit Mut begegnen und sie überwinden!

Zudem erklärt die klassische Konditionierung nicht nur die Entstehung von Ängsten, wie im Beispiel des kleinen Albert. Sie ist auch ganz grundsätzlich der Lernmechanismus, der verdeutlicht, weshalb die immer wiederkehrende Zubettgehroutine mit der immer gleichen Gutenachtgeschichte oder einem allabendlich gesungenen Einschlaflied zu einem wohligen Gefühl aus Müdigkeit und Geborgenheit führt.

9. Spieglein, Spieglein an der Wand, wer ist das Kind, das da schaut so gebannt?

Der Rouge-Test zur Entwicklung des Selbst

Gern ausprobieren und staunen – genau wie die Kleinen beim Blick in den Spiegel: Dieses Experiment zeigt, dass sich Kinder unter anderthalb Jahren noch nicht im Spiegel erkennen. Sie sind sich ihrer selbst noch nicht bewusst! Diese verblüffende Tatsache verdeutlicht einmal mehr, dass Kleinkinder die Welt grundlegend anders begreifen als Erwachsene. Doch eines Tages kommt er, der Moment, in dem Kinder in den Spiegel blicken und bemerken: Huch, da ist ja ein Fleck in *meinem* Gesicht! Dieser Meilenstein in der Entwicklung der Selbstwahrnehmung bringt weitreichende Folgen mit sich: Er läutet die Autonomiephase ein, und das heißt für Eltern oft: Augen zu und (tief) durch(atmen)!

Für das Experiment nehme man etwa achtzehn Monate alte Kinder und setze sie vor einen Spiegel. Nun werden die Kleinkinder dabei beobachtet, wie sie sich verhalten. Die meisten Kinder schauen interessiert in den Spiegel, lächeln oder drehen den Kopf von der einen zur anderen Seite. Manche Kinder versuchen, hiner den Spiegel zu schauen oder mit der Hand dagegen zu patschen. Aber erkennen Kinder auch, dass sie dort *selbst* zu sehen sind? Genau das ist die große Frage des Rouge-Tests! Vermutlich haben fast alle Eltern eine solche Szene schon mehrfach beobachtet. Ob sich ein Kind wirklich selbst erkennt, können wir jedoch anhand seines Verhaltens nicht mit Sicherheit rückschließen. Und genau deshalb ist diese Sequenz vor dem Spiegel nur die Kontrollbedingung. Der richtige Teil des Experiments sieht folgendermaßen aus: Die Kinder werden durch ein Spiel oder ein Bilderbuch kurz abgelenkt. Während des Spielens oder Vorlesens wird den Kindern ganz beiläufig – denn wichtig: ohne dass sie etwas bemerken – ein Klecks rote Farbe auf die Nase getupft (daher *Rouge-Test*, jede andere Farbe geht aber natürlich genauso gut). Danach werden die Kinder erneut vor den Spiegel gesetzt. Wie reagieren die Kinder nun? Interagieren sie weiter entzückt mit dem »fremden Kind da drüben«? Oder schauen sie irritiert, fassen sich unverzüglich an die eigene Nase, und versuchen, den Punkt wegzuwischen?

Worum geht's?

Von dem Moment an, ab dem ein Kleinkind sich erst verwundert im Spiegel anschaut und sich daraufhin prompt ins Gesicht fasst, um den Punkt auf der Nase wegzuwischen, wissen Doris Bischof-Köhler, Susan Harter und weitere Forscher der Entwicklungspsychologie: Das Kind hat ein Ich-Bewusstsein oder, wie Psychologen sagen, ein *Selbstkonzept* entwickelt – besser gesagt: Es ist diesem komplexen Prozess gerade einen zentralen Schritt näher gekommen.

Wer bin ich, und wer bist du? Auf den ersten Blick wirkt dieser Versuch ziemlich simpel, dennoch zählt er zu den wichtigsten und cleversten Experimenten der Entwicklungspsychologie. Wie sonst wäre es möglich zu testen, ob Kinder in diesem jungen Alter ein Konzept von sich selbst entwickelt haben? Um es direkt zu fragen: »Wer bist du?«, »Wie heißt du?« oder auch »Bist du das da drüben im Spiegel?«, ist das Kind schließlich viel zu jung. Würden wir so lange warten, bis das Kind sprechen könnte, kämen wir vermutlich erst etwa ein halbes Jahr später zu der Antwort: Ja, das Kind erkennt sich und ist sich seiner selbst bewusst!

Erst ein paar Monate nachdem Kinder sich selbst im Spiegel erkennen können, etwa am Ende des zweiten Lebensjahres, beginnen sie, von sich selbst zu sprechen. Und das ist nicht etwa purer Zufall! Nur wer vor dem Spiegel erkennt: »Das da bin ich« und sich damit als eine eigenständige Person wahrnimmt, kann auch von sich selbst sprechen. Zuerst tun kleine Kinder dies, indem sie sich beim eigenen Namen (oder einer leichter auszusprechenden Abwandlung dessen) nennen. Mit circa zwei Jahren nutzen Kinder dann die *Ich*-Form oder sagen das neue Lieblingswort »mein«.

Was passiert, wenn man den Rouge-Test mit jüngeren Kindern ausprobiert? Auch Babys im ersten Lebensjahr zeigen alterstypisch schon großes Interesse an ihrem Spiegelbild und lächeln es meistens freudig an. Sie erkennen sich aber noch nicht selbst, sondern halten ihr Spiegelbild für ein anderes Kind. Mit etwa einem bis anderthalb Jahren hält das Interesse für das Spiegelbild weiter an, nur das Verhalten ändert sich ein wenig: Die Kleinen beginnen, der Sache auf den Grund zu gehen. Während sie beispielsweise versuchen, dem »Spiegelbildgefährten« ein Spielzeug zu reichen, beginnt ihnen »dessen« Verhalten komisch vorzukommen. Sie schauen irritiert und versuchen mitunter, hinter den Spiegel zu schauen. Oder aber – und das ist auch ein Schlüsselerlebnis – die

Kleinen beobachten ihre eigenen Bewegungen ganz genau: drehen den Kopf mehrmals hin und her, wenden sich ab, schauen schnell wieder in den Spiegel – manche amüsiert, manche sichtlich irritiert und ängstlich (alle Reaktionen sind normal, denn das kindliche Temperament ist sehr unterschiedlich).

Doch was auch immer die Kinder in den ersten ein bis anderthalb Lebensjahren vor dem Spiegel tun, der Groschen scheint noch nicht gefallen zu sein: Sie erkennen sich nicht! Selbst wenn wir uns gemeinsam vor den Spiegel stellen, erkennen die Kleinen zwar Mutter oder Vater, werden aber trotzdem nicht stutzig, wenn sie ihre Eltern plötzlich zweimal sehen. Sie können noch nicht hinterfragen, wie das denn sein kann, sondern lächeln sowohl das Spiegelbild der Mama als auch die »echte« Mama an und eben auch dieses »fremde« Kind auf ihrem Arm. Eine Tatsache, die für uns Eltern wirklich schwer nachvollziehbar ist.

Obwohl die meisten Kinder, die jünger als anderthalb bis zwei Jahre alt sind, diese komplexe Spiegelaufgabe noch nicht lösen können, passiert schon vor diesem großen Aha-Moment im Kopf der Kleinen eine ganze Menge, um irgendwann sagen zu können: »Das bin *ich*!« Denn sich selbst zu erkennen ist zwar ein wichtiger Meilenstein auf dem Weg zur Entwicklung eines Selbstkonzepts, dennoch vollzieht er sich nicht plötzlich und zufällig.

Auch Babys entwickeln schon eine Vorahnung von »sich selbst«. Bereits im ersten Lebenshalbjahr bekommen Babys allmählich eine Vorstellung über ihr Selbst (siehe Kapitel 3). Sie bemerken, dass sie durch ihr *eigenes* Strampeln eine Reaktion, etwa die Bewegung eines Mobiles, hervorrufen können. Und auch während sie am Daumen nuckeln oder mit den eigenen Händen spielen, erlangen sie erste Erkenntnisse: »Das gehört zu mir.« Und die typische Trennungsangst im Fremde-Situations-Test (siehe Kapitel 7) zeigt, dass Kleinkinder erkannt haben: »Mama und ich sind ja zwei Personen, sie kann sich einfach von mir wegbewegen, und auch ich kann allein auf Erkundungstour gehen.«

Nach »Bestehen« des Rouge-Tests ist die Entwicklung der Selbstwahrnehmung allerdings nicht abgeschlossen, denn es dauert noch einige weitere Monate, bis sich Kinder zuerst auf Videos und etwas später dann auch auf Fotos selbst erkennen und benennen können. All diese Aspekte betreffen in erster Linie die *Selbstwahrnehmung*. Das *Selbstkonzept* umfasst dabei weitaus mehr, als »sich selbst zu erkennen«.

Das Selbstkonzept

Das Selbstkonzept wird definiert als »die Gesamtheit des Wissens, das ein Mensch über seine eigene Existenz und die Gefühle, die er sich selbst gegenüber empfindet, hat« (Haug-Schnabel und Bensel 2017). Welches Wissen habe ich über mich selbst und meine Gefühle? Wer bin ich eigentlich? Was zeichnet gerade mich aus? Auseinandersetzungen dieser Art würden ziemlich philosophisch und komplex. Sie gehören also sicherlich nicht zu den Fragen, die sich ein Zweijähriges beim Blick in den Spiegel stellt. Dennoch werden all diese Fragen – mal mehr und mal weniger bewusst – jeden von uns irgendwann beschäftigen. Fakt ist, unser Selbstkonzept entwickelt und verändert sich ein Leben lang. Diese Suche nach der eigenen Identität geschieht dabei hauptsächlich in der Interaktion mit anderen, etwa im Vergleich mit und in Abgrenzung zu Gleichaltrigen.

Die Entwicklung des Selbst – nur möglich durch andere. Die soziale Interaktion ist ein zentraler Punkt für die Entwicklung der Selbstwahrnehmung und später auch für die Ausbildung eines Selbstkonzepts. Studien mit Schimpansen verdeutlichen, dass diese sich selbst im Spiegel erkennen können, da sie sich – genau wie die knapp Zweijährigen – einen Punkt aus dem Gesicht wischen. Diese Kompetenz erlernen sie aber nur unter einer Bedingung: Die Tiere müssen mit Artgenossen groß geworden sein. Isoliert aufgewachsene Schimpansen entwickeln hingegen kein Selbstkonzept!

Auch bei uns Menschen beginnt die Auseinandersetzung mit dem eigenen Selbst durch die Interaktion mit anderen. Spätestens im Kindergartenalter fangen Kinder an, Kategorien zu bilden wie »Ich bin ein Junge, du bist ein Mädchen«, »Ich habe blaue Augen, du braune«, »Ich bin kleiner als mein Freund, aber ich kann besser Purzelbäume schlagen«. Im Verlauf der Kindergarten- und Schulzeit werden diese Kategorien zunehmend komplexer und umfassen bald nicht mehr nur äußere Erscheinungen, sondern sind später mehr und mehr durch die Unterscheidung von Eigenschaften gekennzeichnet (»Ich bin sportlich«, »Ich kann gut malen«).

Was heißt das jetzt für Eltern?

So banal es für Erwachsene wirken mag, so bedeutend ist es für Kinder, wenn sie das erste Mal merken: »Das da bin *ich*!« Ebendiese Fähigkeit lässt sich experimentell nicht nur überprüfen, wenn Kleinkindern ein Farbklecks irgendwo hingemalt wird, sondern auch, wenn wir ihnen unbemerkt eine Haarspange an den Pony heften und sie dies durch den Anblick in den Spiegel sehen.

Ich und du! Kleinkinder beginnen wie gesagt um den zweiten

Geburtstag herum, von sich selbst zu sprechen und Personalpronomen zu verwenden. Eltern fördern den Erwerb der persönlichen Fürwörter übrigens, indem sie vermeiden, von sich selbst beispielsweise zu sagen: »*Papa* macht …« Besser ist es, mit den Kleinkindern so zu sprechen wie mit jedem anderen auch: »*Ich* mache …« Außerdem sollten Kinder nicht unbedingt in der dritten Person angesprochen werden. Sie hören ihren eigenen Namen schon oft genug und kennen diesen mit Sicherheit. Für den Spracherwerb ist es ebenso irreführend, wenn Eltern ständig Sätze wie »*Wir* können jetzt schon krabbeln« oder »*Wir* sind jetzt aus Größe 86 rausgewachsen« formulieren. Ja klar, Eltern identifizieren sich gern über ihren Nachwuchs und fühlen sich manchmal auch wie eine Einheit, aber bei aller Liebe: *Ich* trage Größe S und bewege mich nun schon seit über dreißig Jahren auf zwei Beinen fort. Wirklich schädlich sind diese kleinen sprachlichen Eigenheiten allerdings nicht! Auch bei ausgeprägtem »Wir-Gefühl« entwickelt das Kind ganz sicher ein »Ich-Bewusstsein«.

Nach dem »Ich« kommt das »Ich will«. Das Ich-Bewusstsein ist eng mit der Autonomieentwicklung verbunden. Nach dem »Sich-selbst-Erkennen« kommen das »Selbst-machen-Wollen« und das »Sich-selbst-Behaupten«. Das Wichtigste vorneweg: Das ist gut so! Vielleicht hilft Eltern dieses Wissen als Mantra durch die zugegebenermaßen mitunter recht anstrengende Phase.

Studien verdeutlichen den Zusammenhang zwischen der Selbstwahrnehmung im Spiegel und der Autonomieentwicklung. Forscher fanden heraus, dass Kinder, die sich selbst noch nicht im Spiegel erkennen, genauso viel Freude empfinden, wenn ein Elternteil den letzten Stein auf einen Bauklotzturm legt, und ebenso viel Enttäuschung, wenn dieser durch das Handeln der Eltern in sich zusammenfällt. Kinder, die den Rouge-Test hingegen schon bestehen, freuen sich nur noch über ihr eigenes Erfolgserlebnis, den Turm *selbst* fertig gebaut zu haben. Bricht dieser dann zusammen oder baut die Bezugsperson den Turm lieber schnell selbst, statt es das Kind machen zu lassen, ist der Frust besonders groß. Frustration ist daher ein berechtigtes und wichtiges Gefühl und zeigt den Eltern, dass das Kleinkind gerade einen bedeutenden Meilenstein in der Entwicklung gemeistert hat!

Stolz, Schuld und Scham – drei selbstbewusste Gefühle. Sobald Kinder erkennen, dass sie etwas selbst getan haben, verknüpfen sie diese Erfahrung mit Stolz oder Enttäuschung. Zu diesen sogenannten *selbstbezogenen* oder *selbstbewussten Emotionen* zählen auch Scham und Schuld. Sie sind deshalb erst ab einem Alter von circa anderthalb bis zwei Jahren möglich. Also genau dann, wenn die Selbstwahrnehmung einsetzt! Die Basisemotionen Freude, Wut, Trauer, Angst und Ekel zeigen Kinder hingegen bereits kurz nach der Geburt. Klar, auch schon jüngere Kinder empfinden Freude, wenn sie die ersten eigenen Schritte machen oder es ihnen selbst gelingt, die Keksdose zu ergattern. Sie freuen sich durch das Erleben von Selbstwirksamkeit. Das Gefühl von Stolz scheint nach aktuellem Forschungsstand hingegen erst so richtig möglich zu sein, wenn den Kindern bewusst wird, dass sie eine eigenständige Person sind.

Neben Stolz sind Scham und Schuld die beiden weiteren wichtigen selbstbewussten Gefühle. Sie lassen sich auf den ersten Blick nicht immer klar unterscheiden – das fällt mitunter Erwachsenen noch schwer. (Fühlen Sie sich schuldig, wenn Sie versehentlich einen Rotweinfleck in das von Ihrer Freundin geliehene Buch gemacht haben, oder schämen Sie sich dafür?) Studien zeigen ziemlich eindeutig, dass Schamgefühle häufiger entstehen, wenn Eltern ihren Kindern nach einem Missgeschick eine Rückmeldung wie die folgende geben: »Du bist doch dumm! Ständig fällt dir etwas runter!« Ein Schuldbewusstsein entwickelt sich hingegen, wenn die Eltern zwar aufzeigen, dass das Verhalten gerade nicht angebracht war (»Ach Mist, das war jetzt blöd! Nun ist die schöne Tasse kaputtgegangen«), den Kindern danach aber eine Konsequenz aufgezeigt wird (»Wisch es einfach schnell weg und pass bitte beim nächsten Mal besser auf«) oder dabei geholfen wird, die Perspektive eines anderen einzunehmen (»Jan ist bestimmt traurig darüber, dass du sein Auto versehentlich kaputt gemacht hast; hast du eine Idee, wie du dich ent*schuld*igen könntest?«).

Auch »schlechte« Gefühle gehören dazu – sie haben immer einen Grund. Grundsätzlich vermeiden sollten Eltern, die Gefühle des Kindes kleinzureden – egal, in welchem Alter. Beispielsweise wenn sich ein Kind nicht traut, in einer fremden Situation freundlich und selbstbewusst aufzutreten und wir Eltern dies dann kommentieren mit einem »Jetzt genier dich doch nicht so und sag freundlich guten Tag zu Tante Gerda« oder »Sei nicht so schüchtern und spiel doch mit Emma«. Gleiches gilt auch für starke Gefühle wie Wut oder Ärger, zum Beispiel wenn der Turm aus unserem oben genannten Beispiel umfällt und zu einem Wutanfall führt.

Vergleichen wir diese Situation daher mit einer für uns Erwachsene besser nachvollziehbaren Szene: Wir sind gerade richtig sauer auf unseren Partner und erklären ihm wütend unser Problem mit ihm. Wie fühlt es sich in diesem Fall an, mit einem despektierlichen »Reg dich mal ab!« oder »Jetzt übertreib mal nicht!« abgespeist zu werden? Das wird unseren Ärger nicht gerade in Luft auflösen, sondern wohl eher noch verstärken, nicht wahr? Die bessere Strategie ist hier eindeutig anzuerkennen, dass alle Gefühle erlaubt sind und ihre Berechtigung haben. Eltern symbolisieren ihren Kindern dies am besten durch eine präsente Haltung: »Ich halte das aus. Ich gehe da mit dir durch!« (Jesper Juul nennt das ein »wohlwollendes und von Sympathie getragenes Schweigen«.)

Übrigens gehören negative Gefühle nicht nur für Kinder zum Leben, sondern auch für Erwachsene. Wir dürfen ebenfalls Gefühle zeigen – ja, das sollten wir sogar! Eltern neigen manchmal dazu, ihre Kinder lieber nicht daran teilhaben zu lassen, wenn sie etwas bedrückt oder verärgert. Dank ihrer feinen Antennen spüren Kinder dennoch oft, dass irgendetwas nicht in Ordnung ist. Bekommen sie jedoch auf ihre Nachfrage nur ein »Alles ist okay!«, besteht die Gefahr, dass sie denken, mit ihrem eigenen Eindruck falsch zu liegen, oder sie werden weniger offen für die Gefühle anderer. Besser ist es, wenn Eltern authentisch bleiben. Kinder verkraften es, wenn ihre Eltern sagen, dass sie genervt, gestresst oder traurig sind. Es ist wichtig, hier die richtige Balance zu finden. Wir sollten unsere Kinder zwar an unseren Gefühlen teilhaben lassen, sie aber niemals in die Verantwortung ziehen und als Seelentröster benutzen. Das kann überfordernd sein. Daher gilt es in solchen Situationen, Kindern eine altersgerechte und ehrliche Antwort zu geben, aber ihnen auch zu zeigen, dass wir selbst gute Strategien gelernt haben, mit unseren eigenen Gefühlen umzugehen. Denn genau dann sind wir ihre besten Lehrer!

Nun eine gute Nachricht: Sobald sich Kinder selbst im Spiegel erkennen, beginnt nicht nur die Hochphase unkontrollierter Gefühlsausbrüche. Durch die Unterscheidung »ich – andere« wird auch der Grundstein für Mitgefühl gelegt. Darum geht's im nächsten Kapitel.

Take-Home Message

1. *Wir können nur unser eigenes Verhalten verändern!* In Akut-Wut-Situationen sollten Eltern bei sich selbst anfangen. Auch wenn das Kind weint, stampft und außer sich ist, gilt es, ruhig zu bleiben. Das gelingt durch tiefes Durchatmen oder indem wir an etwas anderes denken (zum Beispiel zählen oder uns den letzten Urlaub ins Gedächtnis rufen). Außerdem wichtig: an der Seite des Kindes bleiben und (uns selbst) sagen: »Ich bin bei dir! Ich stehe das mit dir durch! Es geht vorbei!«
2. *»Ich habe dich immer lieb. Ich habe Verständnis!«* Mit dieser Grundhaltung gegenüber der Gefühlswelt der Kinder ist kein übertriebenes Mitleid gemeint, sondern ein wohlwollendes Gefühl von Vertrauen und Sicherheit. Eltern zeigen dieses Verständnis am besten durch wohlwollende Gestik, Mimik und eine zugewandte Körperhaltung. Diese soziale Referenz verstehen Kinder besser als ausschweifende Worte, denn unter Stress funktioniert das »rationale Gehirn« kaum.
3. *Ablenkung funktioniert nur kurzfristig.* Kinder, die während eines Wutanfalls immer sofort mit etwas Schönem abgelenkt werden, lernen nicht, intensive Gefühle durchzustehen. Für die selbstregulatorischen Fähigkeiten ist es enorm wichtig zu lernen, dass Grenzen und ein »Nein« bewältigbar sind. Einen Wutanfall erfolgreich durchstehen zu können fördert die Selbstwirksamkeit und macht Kinder stark, um auch im späteren Leben mit Frust und Niederlagen angemessen umgehen zu können. Trotzdem sind Ablenkungsmanöver hin und

wieder erlaubt (zum Beispiel wenn man merkt, dass das eigene Stresslevel durch einen Wutanfall des Kindes enorm steigt und einem dieser in der Öffentlichkeit extrem unangenehm ist).

4. *Konflikte sind wichtig, sie gehören dazu!* Eltern sollten nicht jeden Konflikt mit ihrem Kind vermeiden oder jeden kleinen Streit für ihre Kinder lösen. Besser ist es, erst einzugreifen, sobald die Kinder (ab dem Kindergartenalter) allein keine Lösung finden. Wenn Kinder verbale Konflikte selbstständig austragen, fördert das langfristig ihre Selbstwirksamkeit und Selbstbehauptung. Und: Ein Kind, das seinen Eltern gegenüber Wut zeigt, vertraut ihnen – was für ein Kompliment!
5. *Eltern können Wut-Regulationsstrategien anleiten (und vorleben!)* Kleine Kinder sind während starker Gefühle häufig noch auf die Co-Regulation ihrer Eltern angewiesen. Bei Wut haben sich beispielsweise folgende Methoden bewährt, die Eltern mit ihren Kindern ausprobieren können: Kindergartenkinder können in ein Kissen boxen, mit dem Fuß stampfen, Fäuste ballen oder ein Wutmännchen kritzeln und es anschließend gegen die Wand werfen oder zerreißen. Schulkinder können lernen, sich selbst gut zuzureden oder tief durchzuatmen. »Time-out«-Methoden wie der *Stille Stuhl* helfen übrigens kaum. Hierbei lernen Kinder eher, Gefühle zu unterdrücken, statt sie angemessen auszuleben.
6. *Den Wutanfall nachbesprechen.* Sobald sich die größte Wut gelegt hat, helfen Eltern ihren Kindern, die eigenen Gefühle einzuordnen, indem sie körperliche Nähe

und Geborgenheit anbieten und versuchen, deren Gefühle möglichst kurz und prägnant zu benennen (die Gefühle *spiegeln*). Auch Eltern können sich irren, daher kann es helfen, das Gefühl möglichst wertfrei als Frage zu spiegeln. (»Ich glaube, du ärgerst dich, dass der Turm umgefallen ist, stimmt's?«) Bei älteren Kindern ist es ideal, die Situation möglichst allgemein mit dem Kind zu besprechen (»Geht's dir gerade nicht so gut?«), um mit der eigenen Interpretation kein falsches Gefühl »überzustülpen«.

7. *Präventionsmaßnahmen können helfen.* Die Wahrscheinlichkeit für einen Wutanfall steigt, wenn ein Kind hungrig oder müde ist. Lässt es sich irgendwie vermeiden, wird der Einkauf besser entspannt allein als mit einem übermüdeten Kleinkind erledigt. Ist der gemeinsame Einkauf nach einem anstrengenden Kindergartentag unumgehbar, können vorher Regeln festgelegt werden (»Wenn wir schnell sind, haben wir noch Zeit für den Spielplatz« oder »Du darfst dir eine Kleinigkeit aussuchen«). Möchte das Kind dann doch zwei Sachen statt einer, erklären Eltern freundlich und zugewandt, was vereinbart wurde, und lassen das Kind entscheiden, welche der beiden es lieber möchte (es werden aber wirklich niemals beide erlaubt!). Und kommt es dann doch mitten auf dem Spielplatz zu einem Wutanfall, hilft wieder nur durchatmen und das Wissen: Alle Eltern kennen derartige Situationen nur zu gut und sind vermutlich froh, dass es gerade nicht um ihr eigenes Kind geht ...

10. Das Kleinkind – dein Freund und Helfer?!

Die Studie über die Entwicklung von Mitgefühl

Ein Experiment, wie es sich auch im »wahren Leben« vollzieht. Hier werden Eltern instruiert, sich wehzutun, um die Reaktion ihrer Kinder zu testen. Die Ergebnisse zeigen, dass Kleinkinder zwischen dem ersten und zweiten Geburtstag eine erstaunliche Entwicklung durchmachen. Mit gut einem Jahr reagieren Kinder üblicherweise mit Gefühlsansteckung. Sie geraten unter Stress oder weinen mit. Doch genau dann, wenn sie sich ihrer selbst bewusst werden, beginnen die meisten Kinder, Mitgefühl zu zeigen. Viele versuchen sogar, ihre Eltern zu trösten. Und genau solches prosoziale Verhalten können wir fördern – wie? Das lehrt uns dieses Kapitel.

Das Forschungsteam nahm Kleinkinder im Alter von dreizehn bis fünfzehn Monaten und ließ sie dabei zusehen, wie sich ihre von der Versuchsleitung vorab instruierte Mutter den Fuß anstieß, daraufhin einen schmerzverzerrten Gesichtsausdruck simulierte und laut etwas rief wie: »Aua, ah, mmh … Mist!« Diese Szene wiederholte die Mutter mit ihrem Kleinkind, als dies etwa achtzehn bis zwanzig Monate alt war, und noch ein drittes Mal um den zweiten Geburtstag des Kindes. Dieser Versuch ist Teil einer Längsschnittstudie (siehe »Querschnitt- versus Längsschnittstudien«, Kapitel 5).

Neben der dreimaligen Teilnahme an der oben beschriebenen Schmerzsimulationsszene wurde unter anderem der Rouge-Test (siehe vorangegangenes Kapitel) bei den Kindern durchgeführt. Zudem teilten die Forscherinnen einige Fragebögen aus, in denen die Eltern Auskunft geben sollten, wie ihr Kind im Allgemeinen auf andere Personen reagiert, und wie die Kinder im Speziellen mit Situationen umgehen, in denen eine andere Person in Not gerät oder negative Gefühle zum Ausdruck bringt.

Fragebogenstudie versus Laboruntersuchung

Anhand von *Fragebogenstudien* lassen sich allgemeine Verhaltensweisen und Eigenschaften des Kindes über einen langen Zeitraum erfassen, wodurch die Forscher einen Einblick in den »normalen Alltag« des Kindes erhalten. (Zum Beispiel sollen Eltern Aussagen bewerten wie »Mein Kind ist fremden Kindern gegenüber schüchtern« mit 0 [nie], 1 [selten], 2 [manchmal], 3 [häufig] oder 4 [immer].) Allerdings unterliegt diese Beurteilung immer der subjektiven Einschätzung der Eltern. Zwei Kinder können sich daher ganz ähnlich verhalten, die Eltern schätzen dies aber mitunter sehr unterschiedlich ein. Das kann daran liegen, dass Eltern das Verhalten ihres Kindes mit dem der Geschwister oder anderer Gleichaltriger vergleichen, deren Urteil geprägt von der eigenen Meinung über ein gelungenes Sozialverhalten ist (etwa die eigene Schüchternheit), oder Rückmeldungen aus dem Kindergarten die Einschätzung der Eltern beeinflussen.

Es empfiehlt sich daher, auch eine experimentelle *La-*

borsituation zu konzipieren. Dies ist zwar in der Durchführung deutlich aufwendiger, die Forscher gewinnen dadurch aber weitere wichtige Erkenntnisse über das Verhalten des Kindes. In der Studie von Carolyn Zahn-Waxler et al. sah diese Laboruntersuchung folgendermaßen aus: Jede Mutter wurde mit ihrem Kleinkind in denselben Raum gebracht, und die beiden begannen dort, mit denselben Spielsachen zu spielen. Nach einer vorgegebenen Zeit simulierte die Mutter eine Schmerzsituation, die sie vorab mit den Versuchsleitern eingeübt hatte: Sie stieß sich den Fuß am Tischbein an und brachte ihren Schmerz zum Ausdruck. Außer der Mutter und ihrem Kind war niemand anwesend, diese Szene wurde allerdings gefilmt und im Nachhinein von einer geschulten Person ausgewertet (wenn die Mutter selbst einschätzen sollte, wie empathisch ihr Kind reagiert hat, wäre auch das sehr fehleranfällig). Die Verbindung aus einer Fragebogenstudie *und* einer Laborsituation – wie bei Zahn-Waxler und Kollegen – hat folglich einige große Vorteile.

Worum geht's?

In den Neunzigerjahren waren Carolyn Zahn-Waxler et al. eines der wegweisenden Forschungsteams, das systematisch und anhand einer umfassenden Längsschnittstudie die Entwicklungslinien von *Mitgefühl* und *prosozialem Verhalten* untersuchten. Mitgefühl *(compassion)* ist die Anteilnahme am Leiden einer anderen Person und daher zentral für unser Zusammenleben. Mitgefühl wird häufig mit *Empathie* (*empathy*, Einfühlungsvermögen) gleichgesetzt. Mitgefühl ist eine wesentliche Voraussetzung für *prosoziales Verhalten*. Letzteres wird definiert als freiwilliges Verhalten, das darauf abzielt, das Wohlergehen einer anderen Person oder der Gesellschaft zu verbessern.

Von der Gefühlsansteckung zum prosozialen Verhalten. Anhand der Auswertung der oben beschriebenen Studie fand das Forschungsteam folgenden alterstypischen Verlauf bei der Entstehung von Mitgefühl im Kleinkindalter: Die gut ein Jahr alten Kinder gerieten selbst unter Stress, wenn sie ihre Mutter beobachteten, während diese sich wehtat. Beispielsweise begannen sie ebenfalls zu weinen. Forscher nennen dieses Phänomen »die *Gefühlsansteckung*«. Die Kinder empfinden hier das gleiche Gefühl wie ihr Gegenüber. Sie können noch nicht genau differenzieren, dass der andere zwar Leid empfindet, sie selbst damit aber eigentlich nichts zu tun haben. Die Gefühlsansteckung scheint automatisch abzulaufen. Grund dafür sind die Spiegelneurone (siehe Kapitel 2). Dadurch ist diese typische Phase der Gefühlsansteckung ein wichtiger Lernprozess auf dem Weg zur Entwicklung von Empathie. Wir verdanken unseren Spiegelneuronen, dass unser Gehirn bestens darauf vorbereitet ist, so etwas evolutionär Wichtiges wie Empathie zu erlernen.

Sobald Kinder etwas älter werden, zeigen sie eine andere Reaktion: Obwohl die Spiegelneurone auch in diesem Alter aktiv sind, beginnen anderthalbjährige Kleinkinder seltener, selbst zu weinen, und wirken weniger überfordert mit der Situation. Einige äußern nun einen besorgten Gefühlsausdruck. Forschende deuten dies als die Anfänge von Empathie. Den zentralen Entwicklungsschritt von der Gefühlsansteckung hin zum Empfinden von Empathie erklären sie sich durch die Fähigkeit zur Differenzierung zwischen sich selbst und anderen. Zu dieser Erkenntnis kam beispielsweise Doris Bischof-Köhler. Die Kinder ihrer Studie wurden nicht nur der Schmerzsimulationsszene, sondern auch dem Rouge-Test (siehe vorangegangenes Kapitel) unterzogen. Und siehe da, erst wenn Kinder sich selbst im Spiegel erkennen, sind sie dazu in der Lage, mitfühlend zu reagieren. Allerdings führt die Ausbildung der Selbstwahrnehmung (die jedes Kind entwickelt) nicht zwingend zu prosozialem Verhalten. Gleich mehr dazu.

Um den zweiten Geburtstag können die meisten Kinder recht souverän mit dem Schmerz ihrer Eltern umgehen: Sie schauen besorgt, aber werden selbst nicht traurig. Viele bemühen sich sogar, das Leid ihrer Bezugsperson zu verringern. Sie sagen beispielsweise etwas Liebevolles oder streicheln sie und muntern sie auf. Manchmal allerdings mit den Methoden, mit denen sie selbst gern beruhigt werden. Beispielsweise bringen sie ihrem Elternteil ihren Schnuller. Anhand der Studie zeigte sich, dass das Einfühlungsvermögen eine notwendige Voraussetzung ist, um prosozial auf das Leid anderer reagieren zu können. Dennoch reagierten bei Weitem nicht alle Kinder prosozial, selbst wenn sie einen Gesichtsausdruck von Mitgefühl zeigten.

Das heißt, wissenschaftliche Fachkräfte fanden große *individuelle Unterschiede* zwischen den Kindern: Manche der zweijährigen Kinder zeigten kaum noch Gefühlsansteckung (also kein hohes Level mehr an eigenem Stress) und reagierten ziemlich kompetent im Umgang mit dem Schmerz anderer. Andere Kinder begannen mit einem Jahr zwar, auf das Leid einer anderen Person hin zu weinen, mit zwei Jahren zeigten sie hingegen weder Mitgefühl noch prosoziales Verhalten. Wieder andere zeigten mit einem Jahr kaum Regung auf den Schmerz der Bezugsperson, mit zwei Jahren weinten sie aber umso heftiger selbst mit. Woran könnten diese Unterschiede im Verhalten der Kinder liegen? Eine Frage, die Bestand vieler Folgeuntersuchungen war, auf die es aber keine einfache Antwort gibt.

Was heißt das jetzt für Eltern?

Wie in allen Bereichen der Entwicklungspsychologie gibt es nicht einen einheitlichen vorgeschriebenen Entwicklungsverlauf. Ja – *im Durchschnitt* steigt zu Beginn des zweiten Lebensjahres die eigene Anspannung. Die Kleinkinder geraten in Stress und übernehmen quasi die Gefühle ihres Gegenübers. Diese Gefühlsansteckung nimmt – ebenfalls durchschnittlich – um den zweiten Geburtstag wieder ab und wird durch das Empfinden »echten« Mitgefühls ersetzt. Erst daraufhin ist prosoziales Verhalten möglich. Dennoch findet sich diese allgemeine Entwicklungslinie nur, wenn man die Ergebnisse über alle Kinder hinweg mittelt und dabei Temperamentsunterschiede und das Erziehungsverhalten der Eltern nicht großartig berücksichtigt.

Und damit wären wir bei der Beantwortung der Frage, woran Unterschiede im prosozialen Verhalten liegen. Beziehungsweise korrekt formuliert: liegen könnten! Denn wie gesagt, kann die Psychologie nie eine pauschale und allgemeingültige Antwort fassen. Natürlich gibt es trotzdem (oder gerade deshalb) einige Forscherinnen, die den Entwicklungsbedingungen von Mitgefühl auf der Spur sind. Sie interessieren sich unter anderem dafür, warum manche Kleinkinder in Stress geraten, sobald jemandem etwas passiert, während andere Kinder schnell und gekonnt nach einer Lösung suchen und einem weinenden Gleichaltrigen Schnuller oder Schmusetuch reichen und wieder andere sich ganz abwenden, keinerlei Interesse oder Schadenfreude zeigen.

Unterschiede im Mitgefühl – eine Frage der Gene? Zu den bekanntesten Forscherinnen im Bereich des Mitgefühls und des prosozialen Verhaltens im Kindesalter zählen Tina Malti, Jutta Kienbaum, Nancy Eisenberg und Ariel Knafo-Noam (zumindest bezieht sich dieses Kapitel auf ihre Forschung).

Ariel Knafo-Noam untersuchte hauptsächlich genetische Unterschiede im Einfühlungsvermögen und im prosozialen Verhalten. Lege artis bei Fragestellungen dieser Art ist die Durchführung von *Zwillingsstudien*.

Zwillingsstudien

Zwillingsstudien werden in der Psychologie hauptsächlich eingesetzt, um herauszufinden, in welchem Ausmaß Verhaltensunterschiede veranlagt (genetisch) und zu welchem Anteil erlernt, sprich auf Umweltbedingungen zurückzuführen sind. Im Idealfall werden Zwillingsstudien mit Adoptionsstudien kombiniert. In diesem Fall suchen Forscher eineiige Zwillinge (denn nur sie haben identische Erbanlagen), die nach der Geburt getrennt und von zwei verschiedenen Familien adoptiert wurden. Diese beiden Kinder werden dann hinsichtlich bestimmter Eigenschaften oder Verhaltensweisen untersucht. In unserem Beispiel stand das Ausmaß an Einfühlungsvermögen sowie an prosozialem Verhalten im Fokus der Untersuchungen.

Anhand dieses Studiendesigns zeigte sich, dass sich getrennt lebende eineiige Zwillinge stärker in ihrer Empathiefähigkeit ähneln als zweieiige Zwillinge oder Geschwister – und das gilt als Evidenz für eine genetische Komponente des Mitgefühls. Diese Gemeinsamkeiten äußern sich unter anderem durch Ähnlichkeiten im Temperament. Hochreaktive Kinder zeigen häufiger eine starke Gefühlsansteckung, sind lange Zeit mit der Regulation ihrer eigenen Gefühle beschäftigt und benötigen viel Unterstützung der

Eltern, bevor sie auf das Leid der anderen Person eingehen können. Schüchterne Kinder empfinden zwar meistens ein hohes Maß an Mitgefühl, trauen sich aber nicht so häufig, prosozial zu handeln. Extravertierten Kindern fällt es hingegen leichter, anderen Hilfe anzubieten.

Viele Forschungsteams gehen mittlerweile davon aus, dass eigentlich alle Menschen von Geburt an soziale Wesen sind, die gern und freiwillig helfen – auch wenn es manchen Kindern temperamentsbedingt schwerer fällt. Die Eltern hochsensibler Kinder brauchen einen längeren Atem, um ihren Kindern bei der Entschlüsselung ihrer eigenen Gefühle zu helfen, die Gefühle anderer zu spiegeln und Möglichkeiten zum prosozialen Verhalten aufzuzeigen. Danach werden diese aber mitunter zu besonders mitfühlenden Kindern und Erwachsenen – ein Paradebeispiel also für das richtige Zusammenspiel aus Anlage und Umwelt.

Oder eine Frage der Erziehung? Die meistuntersuchten Zusammenhänge sind allerdings nicht die hinsichtlich der genetischen Komponente von Empathie, sondern die zwischen Mitgefühl und dem Erziehungsverhalten der Eltern. Vereinfacht zusammengefasst, stellte sich hier heraus, dass feinfühliges Verhalten der Eltern gegenüber ihrem Säugling einen positiven Einfluss auf dessen Einfühlungsvermögen hat. Auch ein autoritativer oder ein bedürfnisorientierter Erziehungsstil wirkt sich positiv auf die Entwicklung von Mitgefühl aus.

Letztgenannter lehrt, dass nicht nur die Bedürfnisse der Kinder, sondern auch die der Eltern im Fokus stehen. Vielleicht sind sie sogar zentral, um den eigenen Kindern empathisches Verhalten beizubringen! Eltern sind authentische Rollenmodelle, wenn sie ihre eigenen Bedürfnisse und Gefühle erkennen, benennen und regulieren können. Gerade dieses Sprechen über eigene Gefühle (der *Emotionsdiskurs*) scheint essenziell zu sein, damit Kinder lernen, verschiedene Emotionen zu interpretieren und einzuordnen. Wir dürfen also ruhig sagen, wenn wir müde, traurig oder wütend sind. Indem wir unsere eigenen Gefühle ausdrücken (»Ich hatte heute einen anstrengenden Tag und bin jetzt etwas erschöpft«, aber auch »Ich freue mich sehr, dass Papa so lecker für uns gekocht hat«), bieten wir unseren Kindern viele Möglichkeiten, Gefühle bei anderen zu erkennen. Das legt einen zentralen Grundstein für die Entwicklung von Mitgefühl.

Neben dem Emotionsdiskurs zeigen Studien weitere wichtige Einflussfaktoren auf die Entwicklung von Mitgefühl. Allen voran die wahrgenommene Unterstützung durch die Eltern sowie ein liebevoller Umgang in der Familie ohne viel Schimpfen, Zurechtweisen und »Kleinreden«. Das heißt konkret, dass Kinder in ihren Gefühlen immer ernst genommen werden sollten. Ein »Ach, stell dich nicht so an« oder »Ist doch alles halb so schlimm« vermittelt Kindern wie gesagt, dass etwas mit ihnen und ihren Gefühlen nicht stimmt. Im Umkehrschluss sollten sie aber nicht für jedes kleine Wehwehchen mit einem übertriebenen »Ach Gottchen, du armes, armes Ding« bemitleidet werden. Auch ist es wichtig, dass wir uns nicht von den Gefühlen unserer Kinder anstecken lassen und selbst wütend, traurig oder verzweifelt werden. Eine Umarmung oder ein »Trostpflaster« sind meistens ein guter Mittelweg.

Ein solches Familienklima wirkt sich wiederum positiv auf das Gefühl aus, die Umwelt kontrollieren zu können *(Selbstwirksamkeit)*. Außerdem stärkt dies das Vertrauen in die eigene Person und führt zu einem positiven Selbstbild. Kinder, deren Eltern Gefühle ernst nehmen und sie darin unterstützen, Gefühle zu erkennen und zu regulieren, trauen sich häufiger zu, sich prosozial zu verhalten – und zwar nicht nur gegenüber ihnen bekannten Personen, sondern auch wenn fremde Personen Hilfe benötigen. Diese Kinder zeigen als Jugendliche und Erwachsene sogar öfter Zivilcourage.

Kleine Kinder kooperieren häufiger, als wir denken! Es lohnt sich zudem, genauer hinzusehen und zu überlegen, wann sich kleine Kinder eigentlich prosozial verhalten und auf ihre Art und Weise kooperieren. Denn das kommt gar nicht so selten vor. Leider erkennen viele Eltern die positive Intention hinter dem Verhalten der Kinder häufig nicht. Klar, Kinder sind oft noch keine »wirkliche« Hilfe im Haushalt. Neigen wir allerdings dazu, ihnen schnell alles abzunehmen und beispielsweise lieber selbst rasch den Tisch zu decken oder die Wäsche aus der Waschmaschine zu räumen, erziehen wir ihnen ihr prosoziales Verhalten ab. Bei den Kindern bleibt der Eindruck: »Meine Hilfe ist unerwünscht.« Wenn wir sie aber möglichst häufig bei Kleinigkeiten mithelfen lassen, spüren sie, dass ihre Unterstützung willkommen ist – eine enorm wichtige Voraussetzung, um kooperative und prosoziale Jugendliche und Erwachsene heranzuziehen.

Auch mit Blick auf die Entwicklung von Empathie ist die Vorbildfunktion der Eltern einer der bedeutendsten Lernmechanismen. Eltern, die sich selbst prosozial anderen gegenüber verhalten und selbstverständlich ein »Bitte«, »Danke« und »Entschuldigung« über die Lippen bekommen, ohne es aktiv von ihren Kindern zu fordern, genauso wie Eltern, die ihre Kinder bei Wut und Traurigkeit ernst nehmen und deren kooperatives Verhalten anerkennen und wertschätzen, sind das wichtigste Modell für ihre Kinder. Vermutlich werden sich solche Eltern bald darüber freuen, dass ihr Klein- oder Kindergartenkind ihnen prompt ein Kühlpad oder Pflaster bringt, sobald sie sich selbst den Fuß angestoßen haben.

Die Rolle der Kita für die Entwicklung von Mitgefühl. Einen weiteren zentralen Umwelteinfluss macht das Kita-Personal des Kindes aus. Wenn man bedenkt, dass Kinder täglich sechs bis acht Stunden in einer Kindertagesstätte verbringen (was einem Arbeitstag von uns Erwachsenen gleichkommt!), könnte man fast meinen, dass dort der Großteil der Erziehungsarbeit geleistet wird. Die Studienlage sagt hier eindeutig: Dem ist nicht so! Die Rolle der Eltern für die soziale und kognitive Entwicklung der Kinder ist entscheidender. Dennoch können pädagogische Fachkräfte eine Art »puffernde Funktion« haben. Forschungsteams fanden heraus, dass es ebenfalls förderlich für die Entwicklung des Mitgefühls ist, wenn das Fachpersonal einen liebevollen, wohlwollenden Umgang den Kindern gegenüber pflegt und die Gefühle der Kinder erkennt und ernst nimmt.

Interessanterweise zeigte sich, dass sich ein solches Verhalten der Erziehungskraft besonders bei Jungen positiv auswirkt. Trotz der Trendwelle zur genderneutralen oder -sensiblen Erziehung ist eine geschlechtsspezifische Sozialisation nicht von der Hand zu weisen. Zahlreiche Studien fanden, dass Mütter häufiger mit ihren Töchtern als mit ihren Söhnen über ihre und deren Gefühle sprechen und Mädchen häufiger und ausgiebiger getröstet werden, wenn sie weinen. Zudem ist es gesellschaftlich deutlich akzeptierter, wenn Mädchen schüchtern sind, weshalb sie häufiger als Jungen positiv wohlwollend bestärkt werden.

Wir wissen nun um diese Zusammenhänge und können gegensteuern, indem wir unser Verhalten unseren Söhnen gegenüber reflektieren. Viele Eltern, aber auch pädagogische Fachkräfte verhalten sich unbewusst unterschiedlich gegenüber Jungen und Mädchen. Daher machen Mädchen häufig Erfahrungen, die ihr Einfühlungsvermögen und prosoziales Verhalten verstärken. Nicht zuletzt auch, weil sie dafür von ihren Eltern häufiger positiv wertgeschätzt werden und prosoziale und gefühlsbetonte Erlebnisse häufiger in Rollenspielen einüben. Möglicherweise ist dies genau der Grund, weshalb gerade Jungen von einem Kita-Team profitieren, das ihnen gegenüber einen feinfühligen und fürsorglichen Umgang pflegt, ihre Gefühle aufgreift und die Spiel- und

Konfliktsituationen zwischen Gleichaltrigen im Kindergarten nutzt, um die Gefühle des Gegenübers zu spiegeln. Kurz gesagt: Eltern und Fachkräfte in der Kita, die Jungen die Perspektive des jeweils anderen »übersetzen« und ihnen positive Rückmeldungen geben, wenn diese andere trösten oder mit anderen teilen, sind enorm wichtig.

Mitgefühl ist nicht gleich Perspektivenübernahme. Schließlich sei noch angemerkt, dass es Kindern weitaus leichter fiel, Mitgefühl zu empfinden, wenn sie eine andere Person lediglich beobachteten, während diese sich wehtat. Hatten die Kinder hingegen das Leid der anderen Person selbst verursacht (beispielsweise indem sie einem anderen Kind etwas weggenommen hatten und dieses daraufhin zu weinen begann), fiel es den meisten Zwei- bis Dreijährigen noch sehr schwer, mitzufühlen und vor allem sich prosozial zu verhalten (zum Beispiel das Spielzeug doch zurückzugeben oder ein alternatives Spielzeug anzubieten). Hierfür benötigen Kinder nicht nur die Fähigkeit, sich emotional in andere hineinzuversetzen, sondern sie müssen auch rational die Perspektive eines anderen einnehmen und ihren eigenen Wunsch zurückstecken. Wie die nächsten Kapitel zeigen, entwickeln sich *Theory of Mind* und *Impulskontrolle* erst im fünften Lebensjahr.

Take-Home Message

Babys und Kleinkinder können ihre eigenen Gefühle von denen ihrer Mitmenschen erst unterscheiden, wenn sie sich als selbstständige Person wahrnehmen. Davor »übernehmen« sie die Gefühle anderer. Ein Kleinkind, das »mitweint«, ist nichts Besorgniserregendes, sondern ein Zeichen dafür, dass die evolutionär sinnvollen Spiegelneurone ihre Arbeit leisten. Wir Eltern sollten alltägliche Situationen nutzen, um unsere Gefühle zu benennen. (»Aua. Ich habe mich angestoßen. Das tut weh. Gleich wird es besser.«) Denn über die eigenen Gefühle zu sprechen, diese gut selbst zu bewältigen und die Gefühle unserer Kinder zu spiegeln ist eine wichtige Grundvoraussetzung für die Entwicklung von Mitgefühl. Um prosoziales Verhalten zu zeigen, braucht es dann in erster Linie eines: gute Vorbilder!

11. Ich weiß etwas, was du nicht weißt

Das Smarties-Experiment zur Perspektivenübernahmefähigkeit

Ein Experiment mit verblüffendem Ergebnis – gern ausprobieren! Das Smarties-Experiment ist ein weiteres Paradebeispiel dafür, dass Kinder grundlegend anders denken als Erwachsene. Es mag für Eltern schwer vorstellbar sein, aber Kinder können erst mit circa vier Jahren die Perspektive eines anderen übernehmen. In diesem Alter erkennen sie nicht nur, dass andere Menschen anders denken als sie selbst, sondern werden sich auch zunehmend über ihr eigenes Wissen und Denken bewusst. Die nun vorgestellte Studie hat weitreichende Folgen und erklärt unter anderem, weshalb die kleinen »Egozentriker« ungefragt Dinge wegnehmen oder andere Kinder schlagen. Sie tun all das ohne böse Absicht.

Für das Experiment nehme man eine Schachtel Smarties, leere sie und lege einen Stift hinein. So weit das Originalexperiment. Dieser kleine Versuch funktioniert genauso gut mit Gummibärchen in einer leeren Playmobil-Verpackung oder Münzen in einer Pflasterbox. Hauptsache, wir kreieren eine Verpackung, in der sich nicht das befindet, wonach es aussieht. Nun zeige man diese Verpackung einem drei bis fünf Jahre alten Kind mit der Frage:

»Was denkst du, was hier drin ist?« Das Kind wird – wie wir auch – so antworten, wie es die Verpackung vermuten lässt (im klassischen Beispiel: »Smarties«). Danach darf es die Schachtel öffnen und wird – Überraschung! – etwas anderes vorfinden als erwartet (zum Beispiel Stifte).

Nun zum spannenden Teil dieses Versuchs: Was antwortet das Kind auf die Frage: »Was wird wohl der Papa [oder Person X, die – wichtig! – nicht mit dabei war] denken, was da drin ist?«

Worum geht's?

Dieses klassische Experiment der Entwicklungspsychologie erforscht ein mittlerweile viel untersuchtes, da besonders spannendes Forschungsgebiet der Entwicklungspsychologie, unter anderem von Josef Perner und Heinz Wimmer konzipiert. Es testet die sogenannte *Theory of Mind* oder ToM (etwa »Theorie des Geistes«).

Für uns Erwachsene ist sonnenklar: Eine Person, die nicht anwesend war, während wir in die Smarties-Schachtel geschaut haben, kann nicht *wissen,* dass darin ein Stift versteckt wurde. Sie wird fälschlicherweise *denken,* dass sich darin Smarties befinden. Wir und circa 85 Prozent der fünfjährigen Kinder, aber nur etwa 14 Prozent der Dreijährigen besitzen folglich die Fähigkeit, »eine Annahme über Bewusstseinsvorgänge in anderen Personen vorzunehmen«. Es geht bei der Theorie des Mentalen folglich um die Fähigkeit, Bedürfnisse, Absichten und Erwartungen bei anderen zu erkennen.

Was denke ich, und was denkst du? Man könnte nun schlussfolgern, die ToM sei das Gleiche wie die Fähigkeit zur Perspektivenübernahme. Ja, darum geht's – aber eben nicht nur! Denn der zweite Aspekt der ToM-Definition schließt auch die Fähigkeit mit ein, Bewusstseinsvorgänge *in der eigenen Person* zu erkennen. Und genau das ist besonders verblüffend. Denn auch auf die Frage »Was hast du vorhin gedacht, was in der Verpackung ist?« antworten Kinder, die diesen Meilenstein der ToM-Entwicklung noch nicht vollzogen haben: »Stifte« – und damit falsch! Dreijährige Kinder sind noch nicht in der Lage, sich darüber bewusst zu werden, dass sie noch vor kurzer Zeit einen anderen Wissensstand hatten als jetzt.

Einer der ersten Wissenschaftler, die sich mit der Entwicklung der Perspektivenübernahme beschäftigten, war Jean Piaget. In der Beschreibung der *präoperationalen Phase* befasste er sich mit dem Übergang von einer egozentrischen Sichtweise hin zur Fähigkeit der Perspektivenübernahme.

Warum entwickelt sich die ToM erst so spät? Ein Blick ins Gehirn verrät es: Forschungsergebnisse zu den neurobiologischen Grundlagen der ToM zeigen, weshalb sich diese Fähigkeit erst im Alter von vier bis fünf Jahren entwickelt. Bildgebende Verfahren verdeutlichen, dass bei der Bearbeitung von ToM-Aufgaben insbesondere der *präfrontale Kortex* aktiv ist. Unser »rationales Gehirn« ist der Teil des Gehirns, der sich direkt hinter der Stirn befindet. Dieser *Stirnlappen* ist bei Menschen im Vergleich zu allen anderen Tieren besonders groß. Denn er ist das Gehirnareal, das sich zuletzt ausbildet – nicht nur in der Entwicklung eines jeden einzelnen Menschen, sondern auch in der Evolutionsgeschichte der Menschheit! Das heißt also erstens: Kleine Kinder unter vier Jahren sind nicht zur ToM fähig, da sich die Nervenzellen in den zuständigen Bereichen des Gehirns noch nicht ausreichend vernetzt haben. Und zweitens: Fähigkeiten, die durch den präfrontalen Kortex gesteuert werden, unterscheiden Menschen von der Tierwelt.

Die präoperationale Phase nach Jean Piaget

Piaget postulierte, dass in der sogenannten präoperationalen (vorgedanklichen) Phase, die das dritte bis achte Lebensjahr umfasst, die Wahrnehmung des Kindes noch durch den sogenannten *Egozentrismus* (Ich-Bezogenheit) geprägt ist. Überprüft hatte Piaget diese Annahme anhand seines prominenten *Drei-Berge-Versuchs.* Hier wird Kindern ein Modell von drei Bergen gezeigt, zwischen denen Flüsse und Wege dargestellt sind. An den Berghängen stehen Häuser und grasende Kühe. Die Kinder haben die Aufgabe, die Sicht auf die Berge aus dem Blickwinkel einer Puppe zu beschreiben, die ihnen gegenübersitzt. Piaget fand heraus, dass es Kindern bis zum Schuleintritt, mitunter noch zu Beginn des Grundschulalters schwerfällt, die Perspektive zu wechseln. Deshalb schlussfolgerte er, dass sich Kinder, bis sie etwa sieben Jahre alt sind, noch nicht in die Lage eines anderen hineinversetzen können. Piaget testete dabei aber nur einen Teilbereich der ToM – die *visuelle Perspektivübernahme* – und zog sein Experiment (mal wieder) etwas zu kompliziert auf. Modernere Experimente testen das Verständnis über falsche Überzeugungen auf andere Art und Weise. Sie werden daher *false-belief tasks* genannt. Dazu zählt der »Smarties-Versuch«. Dieses Experiment zeigt nun, dass Kinder bereits mit vier bis fünf Jahren – aber eben auch noch nicht viel früher – die Perspektive anderer einnehmen können und erkennen, dass andere Menschen ein anderes Wissen haben als sie selbst.

Der präfrontale Kortex steuert nicht nur die ToM, sondern auch das logische Denken, langfristiges Planen, moralisches Urteilen und die Impulskontrolle. Aufnahmen von Magnetresonanztomografien zeigen übrigens eine gänzlich andere Gehirnaktivität bei Kindern und Erwachsenen, die Mitgefühl hatten. Hier sind unsere »Emotionszentren« (genannt »Insula« und »limbisches System«) aktiv, und die Spiegelneurone feuern (siehe auch Kapitel 2). Das heißt, Nervenzellen in den »Emotionszentren« des Gehirns sind nicht nur aktiv, wenn wir selbst unter Schmerzen leiden, sondern ganz automatisch auch, wenn wir andere dabei beobachten, wie sie sich wehtun. Diese Befunde erklären, weshalb Kinder schon im Alter von circa zwei Jahren Mitgefühl, aber eben noch keine Perspektivenübernahme zeigen können. Außerdem sprechen diese Befunde dafür, dass Mitgefühl und Theory of Mind nicht gleichzusetzen sind.

Was heißt das jetzt für Eltern?

Zur Erinnerung: Erst mit circa vier bis fünf Jahren sind Kinder in der Lage, die Perspektive anderer Menschen nachzuvollziehen. Davor sind Kinder kleine »Egozentriker«. Erwachsene überschätzen die Kompetenzen der Kinder in diesem Fall häufig und unterstellen schnell »böse Absichten«!

Aus der Forschung wissen wir nun, dass es selbst vielen Kindergartenkindern noch schwerfällt, sich in die Lage anderer hineinzuversetzen. Dabei ist dieser Meilenstein in der Entwicklung eine wichtige Grundlage für das soziale Miteinander. Erst wer sich darüber bewusst ist, dass andere Personen andere Bedürfnisse sowie einen anderen Wissensstand haben, kann auch richtig auf diese reagieren. Diesen Fortschritt im Denken erkennt man beispielsweise, wenn der Vierjährige seinem Kindergartenfreund erklärt: »Du warst gerade nicht dabei, also kannst du ja nicht *wissen*, dass wir diese neue Spielregel vereinbart haben.«

Die kognitive Perspektivenübernahmefähigkeit befähigt Kinder nicht nur dazu, anderen zu helfen, sondern auch andere zu täuschen (»Deine Schokolade? Vielleicht ist die im Küchenschrank?«) oder bewusst anzulügen (»Ich? Nein, ich habe deine Schokolade nicht verputzt!«). Beides sind »Fähigkeiten«, die Kinder unter vier Jahren in den seltensten Fällen aufweisen! Wenn jüngere Kinder »lügen«, tun sie dies nicht vorsätzlich. Es handelt sich hier eher um ihr »Wunschdenken«. (»Ich war das nicht!« heißt dann übersetzt eigentlich: »Ich wünschte, es nicht gewesen zu sein.«)

Die Entwicklung der Theory of Mind – ein langer Prozess. Obwohl Kinder den Smarties-Versuch erst in der Mitte des Kindergartenalters richtig lösen, lernen sie vorher schon eine ganze Menge über ihre Mitmenschen. Die ToM entwickelt sich nicht plötzlich, sondern es braucht einige wichtige zwischenmenschliche Erfahrungen vorab. Erstens lernen Einjährige durch aufgeschobene Nachahmung. Kinder imitieren ja nicht nur den Ablauf der Handlung, sondern erkennen bereits in diesem jungen Alter ein Ziel oder eine Absicht im Verhalten des Gegenübers. Zweitens suchen sie im zweiten Lebensjahr nach sozialen Signalen anderer und gleichen diese mit ihren eigenen Gefühlen ab. Bereits Kleinkinder merken, dass der Interaktionspartner nur das Gleiche sieht wie sie selbst, wenn er in die gleiche Richtung schaut. Drittens erkennen zweijährige Kinder die Wünsche anderer und lernen, dass sich diese von den eigenen unterscheiden können.

Eines der berühmtesten Experimente ist hier der »Brokkoli-Versuch« von Betty Repacholi und Alison Gopnik. Kinder erkennen mit zwei Jahren, dass ihre Mitmenschen andere Vorlieben haben als sie selbst: Ein Versuchsleiter machte beim Anblick von Brokkoli ein entzücktes Gesicht und rief: »Mmh. Lecker!«. Sah er hingegen eine Schokolade, verzog er angewidert das Gesicht. Obwohl die meisten Kinder eine andere Geschmacksvorliebe hatten und definitiv die Schokolade bevorzugten, gaben sie der Versuchsleitung das Gemüse zu essen.

Auch eine Zweijährige, die erkennt, dass ein anderes Kind nicht verrückt geworden ist, wenn es sich eine Banane ans Ohr hält und mit dieser spricht, sondern diese im Spiel als Handy nutzt, hat schon eine wichtige Vorstufe der ToM-Entwicklung erlangt: Ich kann im Spiel *so tun, als ob*. So auch der Dreijährige, der am Telefon nun nicht mehr nur nickt (oder stolz sein selbst gemaltes Bild »zeigen« will), sondern laut und deutlich »Ja« sagt. Oder der Vierjährige, der bemerkt, dass der Kasperle den Räuber im Theater sucht, obwohl er selbst ja weiß, wo sich dieser versteckt hat!

»Ich weiß, was du denkst!« – Können Eltern die ToM ihrer Kinder fördern? Dies bringt uns zu der Frage, unter welchen Bedingungen Kinder zur ToM in der Lage sind. Eine Antwort lautet: Je stärker der Alltagsbezug ist (zum Beispiel Versteckspiele), umso früher gelingt es Kindern, die Perspektive eines anderen einzunehmen. Je häufiger Kinder Verstecken spielen, desto eher werden sie aufhören, sich einfach nur die Augen zuzuhalten, wenn andere sie suchen sollen. Wandelt man das geschilderte Experiment folglich etwas ab und erklärt einer Auswahl an Kindern, dass man nun mit ihnen gemeinsam Stifte in die Smarties-Packung steckt, um anderen Kindern »eins auszuwischen«, wird diesen Kindern die korrekte Antwort etwas früher gelingen als im Originalexperiment.

Wie sich die ToM-Entwicklung wohl am besten fördern lässt, fragen sich nun vielleicht einige. »Abwarten und Tee trinken« lautet die Devise. Das meiste regelt die Gehirnentwicklung von selbst. Die Nervenzellen im präfrontalen Kortex vernetzen sich durch den ganz normalen täglichen Input in sozialen Interaktionen! Allerdings zeigen Studien auch, dass Kinder mit älteren Geschwistern einen kleinen Vorsprung in der ToM-Entwicklung haben (eine Tatsache, die wir nur schwer nachträglich beeinflussen können – bleiben wir also beim Teetrinken!).

Einen weiteren beeinflussbaren und wohl nicht zu vernachlässigenden Einflussfaktor gibt es dennoch: Kinder, die sich sprachlich besser ausdrücken können als Gleichaltrige und deren Eltern häufiger über eigene Gefühle, Wünsche und Annahmen sprechen (»Ich bin wütend, weil …«, »Es macht mich glücklich, dass …«, »Ich denke …« und so fort), haben einen kleinen Vorsprung in der ToM-Entwicklung. Daher ist es immer zu empfehlen, Kinder an der eigenen Sicht auf die Dinge teilhaben zu lassen. Dadurch lernen sie zu erkennen, dass Eltern – und folglich alle anderen auch – manchmal andere Bedürfnisse und Wünsche haben als sie selbst. Das könnte in etwa so aussehen: »Ich sehe, dass du gern noch auf dem Spielplatz bleiben willst. Wir müssen aber nach Hause, damit ich das Abendessen vorbereiten kann.« Oder: »Du magst jetzt gern mit mir spielen. Ich hatte aber einen anstrengenden Tag und möchte mich erst ein bisschen entspannen.« Solche Aussagen bieten nicht nur die Möglichkeit, die ToM zu schulen, sondern auch ideale Gelegenheiten, um kleine Kompromisse auszuhandeln, etwa noch dreimal rutschen oder gemütliches Vorlesen auf dem Sofa.

Wenn Kinder selbst beginnen, sogenannte mentale Wörter wie *denken* und *wissen* zu benutzen, ist das ein Zeichen dafür, dass sie gerade einen großen Fortschritt in ihrer Theory-of-Mind-Entwicklung gemacht haben.

Kinder denken egozentrisch – Eltern können die Perspektive wechseln. Nun *wissen* wir Erwachsenen um den lange andauernden »Egozentrismus« der Kinder und sollten zu dem Schluss kommen, dass es wenig sinnvoll ist, wenn man einen Zweieinhalbjährigen dazu zwingen will, sich zu entschuldigen. Etwa nachdem er einem anderen Kind die Spielsachen ungefragt weggenommen oder es mit Sand beworfen hat. Kinder in diesem Alter können noch nicht nachvollziehen, dass das andere Kind darüber vermutlich traurig sein wird und das Spielzeug jetzt vielleicht vergeblich sucht. Dennoch sollten Eltern nicht einfach unbeteiligte Beobachter solch einer Szene am Spielplatz sein und sich denken: »Mein Kind kann's halt noch nicht besser …« Statt mit den Kindern wegen ihres Verhaltens zu schimpfen und sie zur Entschuldigung zu überreden (die dann nur eine leere Floskel ist), können Eltern ihnen die Perspektive des anderen »übersetzen« (»Oh, Theo ist nun sicher traurig«) oder ganz einfach selbst Vorbild sein und sich in deren Namen entschuldigen.

Übrigens, mit der richtigen Antwort im Smarties-Versuch ist die Theory-of-Mind-Entwicklung noch lange nicht abgeschlossen. Auch Ironie und Sarkasmus werden mit der Entwicklung der ToM in Verbindung gebracht. Diesen häufig genutzten Sprachstil von Erwachsenen verstehen selbst Grundschulkinder oft noch nicht!

Take-Home Message

Der Smarties-Versuch überprüft die Entwicklung der Theory of Mind. Wer dieses Experiment selbst ausprobiert hat, wird staunen, dass sich Kinder erst mit circa vier Jahren in die Lage einer anderen Person versetzen können. Obwohl Eltern die ToM-Entwicklung nur wenig fördern können (denn das meiste regelt die Vernetzung der Nervenzellen im präfrontalen Kortex), hat diese Studie einen großen Anwendungsbezug. Sie lehrt uns, dass dreijährige Kinder grundlegend anders denken als Erwachsene! Kleine Kinder sind noch nicht fähig, sich gedanklich in die Perspektive ihrer Eltern oder eines Spielkameraden zu versetzen, und verfolgen »egoistisch« ihre Ziele. Unbeteiligt zusehen sollten Eltern dennoch nicht, wenn ihr Kind anderen Dinge wegnimmt oder sie schubst. Eltern haben die wichtige Rolle, ihren Kleinkindern die Perspektive der anderen zu »übersetzen« und sie damit auf dem Weg zu sozial kompetenten Kindern zu begleiten.

12. Wer abwarten kann, ist klar im Vorteil?

Das Marshmallow-Experiment

Dieses Experiment testet, ob es Kindern gelingt, abzuwarten und einer direkten Versuchung (einem leckeren Marshmallow) zu widerstehen, um so längerfristig eine größere Belohnung (zwei Marshmallows) zu bekommen. Kinder sind in der Regel erst im mittleren Kindergartenalter zu diesem Belohnungsaufschub fähig. Davor handeln sie meistens impulsiv und ohne langfristige Konsequenzen abzuwägen. Die damit einhergehende Fähigkeit zur Impulskontrolle hat weitreichende Folgen für das Sozialverhalten und die Leistungsbereitschaft. Es lohnt sich daher, eine solche Fähigkeit zu fördern.

Das Forschungsteam nahm drei- bis fünfjährige Kinder und setzte sie vor je ein Marshmallow. Ein Gummibärchen oder ein Stück Schokolade eignen sich genauso gut. Vielleicht funktioniert das Experiment sogar mit einem Dinkelhaferkeks, falls er dem Kind gut schmeckt. Denn das ist das A und O. Genauso wie die Tatsache, dass das Experiment in einem möglichst langweiligen Raum stattfand, in dem die Kinder wenige Möglichkeiten hatten, um sich abzulenken. Nun wurde das Kind vor die Wahl gestellt: Es konnte die Süßigkeit sofort essen oder circa fünf bis zehn Minuten abwarten, um zur Belohnung zwei Stück davon zu bekommen.

Worum geht's?

Das Experiment testet die Fähigkeit zum sogenannten *Belohnungsaufschub*. Dieser wird wiederum als Teil der *Impulskontrolle* angesehen. Die Impulskontrolle ist wichtig für die Entwicklung von Willensstärke und Selbstbeherrschung. Im Klartext heißt das: Ein kurzfristiger Impuls (»Ich habe keinen Bock mehr!«, »Ich will jetzt lieber …«) wird unterdrückt, um ein langfristiges Ziel zu erreichen (»Die lange Wanderung hat sich gelohnt, denn die Aussicht von dem Berg ist wunderschön!«, »Super! Das Lernen hat sich gelohnt. Ich hab 'ne Eins in Mathe!«, »Yes, heute die Lieblingsserie ohne Tüte Chips angeschaut!«).

Walter Mischel (1930–2018) wurde dank dieses Experiments zu einem der prominentesten Psychologen seiner Zeit. Er zeigte, dass Kinder etwa ab dem vierten Geburtstag zunehmend besser auf die größere Belohnung warten und sich ablenken können. Vier- bis sechsjährigen Kindern gelingt dies beispielsweise, indem sie sich die Augen zuhalten. Ältere Kinder beginnen hingegen häufiger, Lieder zu trällern oder an etwas anderes zu denken.

Abwarten oder sofort essen – eine folgenreiche Entscheidung? In einer Längsschnittstudie wurden die Kinder, die im Alter von vier Jahren auf das zweite Marshmallow gewartet hatten, mit den Kindern verglichen, die im gleichen Alter sofort das eine Marshmallow verputzt hatten. Und siehe da: Die Kinder, die zum Belohnungsaufschub fähig waren, verfügten zehn Jahre später häufiger über eine bessere Frustrationstoleranz, litten seltener unter ADHS und besaßen mehr Freunde. Im Erwachsenenalter erzielten die »Abwarter« im Durchschnitt sogar bessere Bildungsabschlüsse. Dieses Ergebnis gilt für Jungen und Mädchen gleichermaßen. Mischel und andere Psychologen schlussfolgerten deshalb, dass Impulskontrolle und Willensstärke relativ stabile Persönlichkeitseigenschaften sind, die sich auf viele Lebensbereiche positiv auswirken.

Es folgte eine Fülle weiterer Forschungsergebnisse, welche die langfristigen Auswirkungen des »Marshmallow-Effekts« untermauern. Beispielsweise wurde gezeigt, dass Kinder, die im Kindergartenalter die Selbstkontrolle besitzen, einer kurzfristigen Belohnung zu widerstehen, im Erwachsenenalter durchschnittlich weniger Drogen konsumieren und seltener an Übergewicht leiden.

Neuropsychologische Untersuchungen ergaben, dass sowohl beim Drogenkonsum als auch beim »Frustessen« das Belohnungssystem des Gehirns anspringt. Binnen Sekunden wird Dopamin im mesolimbischen System freigesetzt. Es scheint individuell verschieden zu sein, wie anfällig man auf eine solche kurzfristige Belohnung reagiert. Bei Kindern, die schon früh die Fähigkeit zum Belohnungsaufschub trainiert haben, scheint häufiger das kognitive Kontrollsystem im präfrontalen Kortex die Überhand zu behalten, der sich erst verhältnismäßig spät ausbildet. Dieses Experiment bei unter Dreijährigen durchzuführen ist daher sinnlos!

Oder ist Selbstbeherrschung doch nicht alles entscheidend? Wer Mischels Versuch im Internet sucht, stößt direkt auf einen wichtigen Artikel in der *Zeit:* »Selbstkontrolle. Der Marshmallow, entmachtet?« Dieser Zeitungsartikel beschreibt eine moderne Replikationsstudie von Watts und Kollegen aus dem Jahr 2018. Die Forscher kamen zu dem Ergebnis, dass die Vorhersagekraft des Belohnungsaufschubs für den späteren sozialen und beruflichen Erfolg weitaus geringer ausfällt, als dies von Mischel angenommen wurde. Der wichtigste Unterschied beider Studien liegt wohl darin, dass Watts' Arbeiten den Bildungshintergrund der Familie als Kontrollvariable berücksichtigten, während die Befunde des Forschungsteams um Mischel hauptsächlich auf Kindern aus Akademikerfamilien beruhen.

Das ist im Übrigen nicht nur ein berechtigter Vorwurf an Mischel. Akademikerfamilien stehen grundsätzlich bereitwilliger für diverse psychologische Experimente zur Verfügung. Eine große Fülle an Studien beruht sogar nur auf Daten von Psychologiestudenten, die im Rahmen ihres Studiums für allerhand Experimente zur Verfügung stehen müssen. Solche Ergebnisse lassen oft geringere Rückschlüsse auf die Allgemeinbevölkerung zu.

Watts kam nun zu der Schlussfolgerung, dass andere Wirkfaktoren eine weitaus wichtigere Rolle für soziale Kompetenzen und schulische Erfolge spielen als die Fähigkeit zum Belohnungsaufschub. Allen voran das Erziehungsverhalten der Eltern und eben auch der allgemeine Bildungshintergrund der Familie. Mischel selbst mahnte ebenfalls, den Langzeiteffekten seiner Studie nicht zu viel Bedeutung beizumessen. Wie immer in der Psychologie gilt auch hier: Die Impulskontrolle sagt zwar (zum Teil) das spätere Verhalten vorher, sie ist aber eben nur einer unter vielen Faktoren, die dazu beitragen.

Was heißt das jetzt für Eltern?

Die Suppe wurde mal wieder heißer gekocht, als sie gegessen wird. Wir können also aufatmen (nein, wir sollten grundsätzlich erst gar nicht in Panik verfallen!), falls das Kind sich für die sofortige Belohnung entscheidet – es wird nicht zwingend sozial inkompetent oder gar drogenabhängig! Vielleicht gelingt der Belohnungsaufschub auch heute mit den Süßigkeiten, morgen klappt es jedoch nicht, unser Kind kurz zu vertrösten und dafür zwei (statt sonst nur eine) der geliebten Sam-Folgen in Aussicht zu stellen.

Die Verlässlichkeit der Eltern: eine zentrale Vorerfahrung! Das Ergebnis des Experiments kann tagesformabhängig sein und verschiedenste Gründe haben. Diese reichen von »Ich bin gerade so hungrig« oder »Ich bin satt« über »Mir schmeckt Schokolade eh nicht so gut, als dass ich davon jetzt mehr bräuchte« oder »Ich liebe Schokolade, sonst bekomme ich *nie* welche, also schnell zugreifen!« bis hin zu »Meine Eltern versprechen immer irgendwas, was ich ja dann doch nicht bekomme!« oder »Ich wickle meine Eltern schon noch um den Finger und bekomme so viele Süßigkeiten, wie ich will, wenn ich nur lange genug bettle«. Letzteres will heißen: Kinder, die die Erfahrung gemacht haben, dass ein Versprechen nicht eingehalten wird, greifen lieber zur direkten Belohnung, als abzuwarten. Das ist nicht nur absolut nachvollziehbar, sondern wurde in einer Folgestudie von Celeste Kidd bestätigt. Eltern sollten sich daher grundsätzlich vor leeren Drohungen (»Dann geh ich halt allein nach Hause!«) oder nicht einhaltbaren Versprechen hüten (»Wenn du jetzt schnell nach Hause gehst, habe ich [in Wirklichkeit k]eine Überraschung für dich!«).

Wie wir die Impulskontrolle unserer Kinder trainieren. Im Zentrum von Mischels Forschung stand nicht nur die Untersuchung der Langzeitfolgen des Belohnungsaufschubs, sondern insbesondere auch die Frage, wie sich die Selbstkontrolle trainieren lässt. Fangen wir doch mal ganz einfach an: Beim Adventskalender darf jeden Tag nur *ein* Türchen geöffnet werden, und den leckeren Quetschie gibt's erst, *nachdem* die Eltern ihn an der Supermarktkasse bezahlt haben.

Mischel selbst fand heraus, dass ältere Kinder durch ihre Fortschritte in der Sprachentwicklung zunehmend verbale Selbstregulationsstrategien anwenden. Sich selbst gut zuzureden ist eine effizientere Strategie der Impulskontrolle, als einfach nur die Augen vor dem Anblick der Süßigkeit zu verschließen. Solche Strategien müssen Kinder – mithilfe ihrer Eltern – erst erlernen und im präfrontalen Kortex abspeichern. Eltern können hier co-regulierend anleiten. Beispielsweise lassen sich Kinder beim Bergaufradeln mit einem wohlwollenden »Gleich geschafft. Da oben ist schon die Ampel« oder während der anstrengenden Mathe-Hausaufgabe »Es lohnt sich, noch kurz durchzuhalten. Danach ist wieder Zeit zum Spielen« ermutigen. Auch Zählen, Singen oder »Ich-sehe-was-was-du-nicht-siehst«-Spielen während einer langen Autofahrt oder beim Warten auf den Arzt vermitteln Kindern Methoden, um abzuwarten oder unangenehme Momente gut zu überstehen.

Darüber hinaus kann wöchentlich gezahltes Taschengeld (das zuverlässig gezahlt wird und nicht an »gutes« Benehmen geknüpft ist) die Kompetenz ausbauen, Belohnungen aufzuschieben: Kinder lernen dadurch, selbst zu entscheiden: »Kaufe ich mir von meinen paar Euros sofort eine Kleinigkeit, oder spare ich zwei, drei Wochen, vielleicht sogar ein, zwei Monate, um mir dann ein neues PC-Spiel leisten zu können?«

Mischel betonte, dass es nicht darum geht, immer absolute Selbstbeherrschung an den Tag zu legen. Es geht um die Freiheit, selbst entscheiden zu können und nicht jeder Begierde ausgeliefert zu sein. Zudem waren sich Watts und Mischel einig, dass es weniger wirksam ist, konkret das Aufschieben von Belohnungen zu trainieren als vielmehr die allgemeine Fähigkeit zur Impulskontrolle und Frustrationstoleranz.

Jeder Wutanfall kann die Impulskontrolle stärken. Die Frustrationstoleranz lässt sich verbessern, wenn Eltern ihren Kindern die Möglichkeit geben, einen Wutanfall vollständig zu durchleben. Klingt paradox, ist aber so. Wird bei jeder heruntergefallenen Kugel Eis sofort eine neue gekauft oder das Kind mit Versprechen wie »Zu Hause darfst du dann aber Fernsehen« vom Spielplatz gelockt, lernt es nicht, Frustration auszuhalten. Ebenso wenig sinnvoll ist es, sein Kind absichtlich gewinnen zu lassen. Brettspiele sind eine sehr gute Übung, um die Impulskontrolle im geschützten Rahmen zu Hause zu trainieren. Natürlich sollten wir einen Fünfjährigen nicht jeden Tag schachmatt setzen, das könnte zu viel des Guten sein und sich langfristig negativ auf das Frustrationsgefühl auswirken. Dankenswerterweise gibt es jedoch genügend Spiele, bei denen das Glück entscheidet, und zwischendurch schaden auch ein paar kooperative Spiele nicht, bei denen alle beispielsweise gemeinsam gegen den gemeinen Raben antreten. Kinder, die auf diese Weise üben, mit Enttäuschungen umzugehen, werden höchstwahrscheinlich häufiger durchhalten und einem sofortigen Impuls zu widerstehen lernen.

Morgens abwarten, abends »Ich will. Jetzt. Sofort!« Die Selbstkontrolle kann übrigens nach einem anstrengenden Tag im Kindergarten auch »aufgebraucht« sein. Dies erklärt, warum ein Kind in der Kita stets gelobt wird, es sich zu Hause dann aber gefühlt »wie Rotz« aufführt. In unseren Augen machen die Kleinen abends manchmal vielleicht »aus jeder Mücke einen Elefanten«, doch geht es uns selbst schließlich manchmal nicht anders. Auch wir sind nach einem anstrengenden Arbeitstag mitunter schneller gereizt oder ertappen uns dabei, wie wir die für dieses Experiment vorgesehenen Marshmallows selbst verputzen. Unter Psychologen wird dieser Effekt »Ego-Depletion« (»Selbsterschöpfung«) genannt.

Selbstkontrolle – sind wir Eltern überhaupt noch ein gutes Beispiel? Gerade heute, in einer Zeit, in der immer alles sofort verfügbar ist und jede Nachricht auf dem Smartphone das Belohnungssystem aktiviert (klar also, dass wir diese sofort lesen wollen!), ist es eine wesentliche Kompetenz, auch mal abzuwarten oder nichts zu tun. Es ist enorm wichtig, die Selbstkontrolle zu beherrschen, nicht alles sofort haben zu müssen oder tun zu wollen. Der beste Weg, um unsere Kinder Impulskontrolle zu lehren, ist es – wie immer –, diese vorzuleben. Fassen wir uns doch mal an die eigene Nase: Brauche ich die coolen Sneakers, die meine Bekannte da anhat und die es zufällig gerade reduziert im Internet gibt, wirklich sofort? Und wie sieht es mit diesem supersüßen Fair-Trade-Öko-Spucktuch aus, das eine Mama im Babykurs dabeihatte und das nur zwei Klicks von meinem Warenkorb entfernt ist? Oder reicht es aus, wenn ich mir Schuhe oder Baby-Equipment in zwei Wochen kaufe, sobald ich mal wieder durch die Stadt bummle? Und vor allem: Ist es mir dann wirklich noch genauso wichtig, oder spare ich das Geld lieber für den Familienurlaub oder den lang ersehnten Campervan?

Take-Home Message

Mischels Marshmallow-Experiment ist eines der legendärsten in der Geschichte der Psychologie – zu Recht! Selbst wenn die Fähigkeit, abzuwarten und die eigenen Impulse zu kontrollieren, nicht alles entscheidend ist, lehrte uns Mischel eine ganze Menge für den Alltag mit Kindern. Impulskontrolle ist eine wichtige Kompetenz, die sie aktiv lernen können! Bei kleinen Kindern lassen sich alltägliche Situationen nutzen, um Frustrationstoleranz zu trainieren (etwa Verlieren bei Brettspielen) oder um einem direkten Impuls (der Süßigkeit im Supermarkt) zu widerstehen. Schulkindern hilft wöchentlich gezahltes

Taschengeld, um zu merken, dass es sich lohnt, auf einen größeren Wunsch zu sparen.

Und auch im Erwachsenenalter ist die Impulskontrolle noch trainierbar: Wer besitzt die eigene Selbstkontrolle, sich nicht jeden Wunsch durch ein paar Klicks sofort zu erfüllen oder jedem »Piep« des Handys sofort nachzugehen?

Allerdings sollen diese Erkenntnisse uns und unsere Kinder nicht zur absoluten Selbstbeherrschung animieren! Schließlich geht es im Leben nicht nur um Impulskontrolle, sondern manchmal auch um das Glück der kleinen Dinge – und wenn's das Stück Schokolade zwischendurch ist. Was soll's?

13. Kinder lernen durch das, was wir tun

Das Bobo-Doll-Experiment zur Rolle von Vorbildern

Die folgende Studie ist eine der zentralen Forschungsarbeiten der Psychologie. Albert Banduras bahnbrechendes Bobo-Doll-Experiment war nicht nur für die Erforschung von Aggressivität und Gewalt wegweisend, sondern zeigt ganz allgemein, welche zentrale Vorbildfunktion Eltern und wichtige Bezugspersonen für ihre Kinder haben. Wir sollten uns stets bewusst sein: Kinder lernen durch das, was wir ihnen vorleben (mehr als durch das, was wir sagen)!

Das Forschungsteam nahm Kinder im Alter von drei bis fünf Jahren, die einen Erwachsenen dabei beobachteten, wie sich dieser körperlich und verbal aggressiv verhielt. Ihnen wurde ein Film gezeigt, in dem eine erwachsene Person namens »Rocky« eine lebensgroße Gummipuppe – die Bobo-Doll – mit den Fäusten und einem Hammer schlug und dabei beschimpfte, teilweise auch mit Wortneuschöpfungen (zum Beispiel »Sockeroo«). Im Anschluss an diese Videosequenz wurden die Kinder in drei Gruppen eingeteilt und sahen drei unterschiedliche Szenen. Ein Teil der Kinder beobachtete, wie der Mann für sein Verhalten belohnt wurde. Nachdem er die Gummipuppe geschlagen hatte, kam eine andere Person hinzu, die ihn lobte und ihm Süßigkeiten gab. Ein anderer Teil der Kinder wurde Zeuge davon, wie der Mann im Video für sein Verhalten bestraft wurde. Die dritte Person kam und schimpfte mit erhobenem Zeigefinger. Der dritte Teil der Kinder sah kein weiteres Video. »Rockys« aggressives Verhalten hatte keinerlei Konsequenzen (die Kontrollbedingung). Im Anschluss durften die Kinder selbst für zehn Minuten in dem Raum spielen, in dem der Mann zuvor die Puppe malträtiert hatte. Neben der Bobo-Doll befand sich noch allerlei anderes Spielzeug in diesem Zimmer. Was spielten die Kinder? Und vor allem: Wie verhielten sie sich der Gummipuppe gegenüber?

Worum geht's?

Der kanadische Psychologe Albert Bandura und sein Forschungsteam zeigten Anfang der Sechzigerjahre auf eindrückliche Weise: Kinder müssen Lob oder Strafe nicht selbst erleben. Sie lernen allein aus dem, was sie beobachten! Hatten die Kinder zugesehen, wie der Mann für sein aggressives Verhalten bestraft wurde, so verhielten sie sich deutlich seltener aggressiv gegenüber der Puppe und nutzten lieber die anderen Spielangebote im Raum. Wurde der Mann für sein Verhalten belohnt oder folgte keinerlei Konsequenz, so ahmten die Kinder dessen Verhalten wesentlich häufiger nach. Anhand Banduras Forschungsarbeit lässt sich daher schlussfolgern, dass Kinder eher zu Aggression neigen, wenn sie erleben, dass Gewalt toleriert, ja sogar honoriert wird. Das stimmt und ist dennoch nur die halbe Wahrheit.

Im Anschluss an das freie Spiel wurden die Kinder des Experimentes explizit gebeten, das Verhalten des Erwachsenen nachzumachen. Und siehe da: *Alle* Kinder waren in der Lage, die Puppe auf genau die gleiche Art und Weise zu schlagen. Teilweise verwendeten die Kinder sogar den gleichen Wortlaut wie der Erwachsene im Video. Die Konsequenz – die Süßigkeiten oder die Strafe – hatten keinen Einfluss darauf, ob die Kinder das Verhalten *gelernt* hatten. Es zeigten sich nur Unterschiede darin, ob sie das Verhalten auch *anwendeten*. Soll heißen: Die Kinder *eigneten* sich in jedem Fall neue aggressive Verhaltensweisen *an* (*Akquisition* oder *Kompetenz*), auch wenn es nicht alle *ausführten (Performanz)*.

Banduras Arbeit ist damit eine zentrale Weiterentwicklung der klassischen Lerntheorien, die sich mit der klassischen und der operanten Konditionierung befasst und in den Fünfzigerjahren die Gesellschaft prägten. Bandura formulierte nun anhand seiner Beobachtungen und Experimente die *sozial-kognitive Lerntheorie*, die auf die Rolle des *Modelllernens* aufmerksam machte.

Die sozial-kognitive Lerntheorie

Neben der bereits beschriebenen Habituation sowie der klassischen und operanten Konditionierung beschrieb Bandura das »Lernen am Modell« als weiteren zentralen Lernmechanismus. Menschen lernen nicht nur durch direkte Konsequenzen, sondern auch durch das Beobachten des Verhaltens anderer *(soziales Lernen)*. Auf den Alltag mit Kindern übertragen, bedeutet dies, dass sie sich das Verhalten ihrer Eltern und weiterer wichtiger Bezugspersonen »abschauen«. Sie lernen Handlungsabläufe, aber auch soziale Konventionen, indem sie zuvor beobachtetes Verhalten nachahmen beziehungsweise imitieren (siehe auch Kapitel 2).

Bandura zeigte anhand seines Experiments eindrücklich, dass Kinder zwar neues Verhalten lernen, indem sie ihre Mitmenschen beobachten, dies aber nicht immer blind nachmachen. Sie sind auch dazu in der Lage abzuwägen, ob das Verhalten der anderen negative oder positive Konsequenzen mit sich bringt.

Neben dem Lernen am Modell beschrieb Bandura in seiner sozial-kognitiven Lerntheorie auch die wahrgenommene *Selbstwirksamkeit* als zentrale Voraussetzung, um bestimmte Verhaltensweisen zu zeigen. Die wahrgenommene Selbstwirksamkeit ist die Überzeugung, eine Aufgabe selbst bewältigen zu können.

Was heißt das jetzt für Eltern?

Nach Banduras Veröffentlichungen folgte eine Welle an Forschung, die belegte, dass Kinder durch Beobachtung nicht nur Aggressivität erlernen, sondern so gut wie jede Form menschlichen Verhaltens. Wir erziehen unsere Kinder weniger durch Worte und Anweisungen als vielmehr durch das, was wir ihnen vorleben.

Eltern sind Vorbilder – tagtäglich. Wenn Eltern ihre Kinder zu mehr Bewegung, gesünderer Ernährung und weniger Medienkonsum animieren wollen, ist Modelllernen der wirkungsvollste Lernmechanismus. Denn jeder noch so gut gemeinte Ratschlag wird wenig nützen, wenn die Kinder bemerken, dass die eigenen Eltern Bewegungsmuffel sind, die täglich mit dem Auto zur Arbeit fahren, häufig zwischendurch Schokolade naschen oder ihr eigenes Handy stets griffbereit haben. Besser funktioniert es, Freude an Bewegung und Sport selbst in den Alltag zu integrieren und möglichst oft mit dem Fahrrad zur Kita oder in die Arbeit zu fahren oder gemeinsam schwimmen zu gehen. Auch gesundes Essen kann einfach auf dem Tisch stehen, ohne groß darüber zu sprechen. Und wenn die Eltern gern naschen? Dann darf der süße Nachtisch als Selbstverständlichkeit für alle dazugehören – möglichst ohne danach vor den Kindern mit einem »Aber bitte nehmt nicht zu viel, sonst werden wir alle dick!« über die eigenen Speckröllchen zu klagen. Dadurch lernen Kinder weniger, sich gesund zu ernähren und ab und zu eine Süßigkeit zu gönnen, als vielmehr, dass der Körper etwas ist, was möglichst »perfekt« zu sein hat.

Den sozialen Umgang untereinander lernen Kinder ebenfalls größtenteils durch ihre Eltern. Sagen wir selbst »Bitte«, »Danke« und »Entschuldigung«, oder verlangen wir dies hauptsächlich von ihnen? Eltern, die freundliche Umgangsformen durch ein »Wie sagt man da?« einfordern, bringen ihren Kindern soziale Regeln weniger erfolgreich bei, als wenn sie ein kurzes »Dankeschön« – etwa an der Wursttheke oder für das Geschenk der weniger vertrauten Tante – einfach schnell selbst übernehmen.

Welche Vorbilder hatten wir als Kinder? Beim Thema »Modelllernen« lohnt sich der Blick zurück auf die eigene Kindheit ganz besonders. Nicht selten wird man sich dabei ertappen, wie man die – mitunter ungeliebten – Erziehungsmethoden (zum Beispiel das Fernsehverbot) und Floskeln (»Ich zähle jetzt bis drei«) der eigenen Eltern übernimmt. Denn diese sind oft das wichtigste Modell, wenn es um die Erziehung der Kinder geht. Es ist an der Zeit, sie kritisch zu hinterfragen, um manche Erziehungsstrategien der letzten Generation nicht blind zu übernehmen. Wie haben die eigenen Eltern Konflikte untereinander gelöst, was haben sie getan, wenn sich die Kinder nicht »regelkonform« verhielten? Und wie verhalten wir uns inzwischen, da wir selbst Eltern sind?

Gerade wenn es um Konfliktlösungen geht, ist die Beispielfunktion der Eltern für ihre Kinder zentral. Es lohnt, sich dessen bewusst zu sein und das eigene Verhalten zu prüfen: Versuche ich, Konflikte so oft wie möglich sachlich und bedacht mit meinem Partner und meinen Kindern zu lösen und Kritik konstruktiv zu äußern? Oder platzt mir selbst schnell der Kragen, und werfe ich laut mit Schimpfwörtern um mich, wenn es mir zu viel wird?

Es ist nicht von der Hand zu weisen: Kinder übernehmen in solchen Situationen oft die Verhaltensweisen ihrer Eltern. Wenn beispielsweise ein Fünfjähriger das jüngere Geschwisterchen mit »Komm jetzt. Sofort!« oder Ähnlichem herumkommandiert, können sich manche Eltern sicherlich an die eigene Nase fassen – wobei natürlich auch andere Bezugspersonen wichtige Vorbilder sind und Kinder so einige Schimpfwörter von Gleichaltrigen aufschnappen!

Kinder übernehmen nicht jedes Verhalten blind – häufig jedoch mehr als erhofft. Bandura zufolge übernehmen Kinder nicht alle Verhaltensweisen unüberlegt. Das Bobo-Doll-Experiment zeigt, dass sie auch aus den Konsequenzen des Modells lernen – das stimmt und ist dennoch in der Praxis oft komplizierter. Angenommen, ein Kind haut, tritt oder schubst seinen Bruder oder seine Schwester. Erstens heißt das mit großer Wahrscheinlichkeit nicht, dass es dieses Verhalten von den Eltern oder anderen Bezugspersonen abgeschaut hat. Jüngeren Kindern mangelt es oft an der Fähigkeit, sich in die Lage anderer zu versetzen, sowie an den sprachlichen Fähigkeiten, die eigenen Wünsche auszudrücken – ein kurzes Haudrauf ist da oft schneller und effizienter. Zweitens könnten nun die Eltern dazu tendieren, das Kind, das geschubst hat, für sein Verhalten zu bestrafen. Banduras Forschung mag fälschlicherweise nahelegen, dass man damit sogar zwei Fliegen mit einer Klappe schlagen könnte. So würde doch das Geschwisterkind, das geschubst wurde, durch die Strafe der Eltern gleich mitlernen, dass Schubsen untereinander nicht erwünscht ist, und in Zukunft körperlich aggressives Verhalten ebenfalls unterlassen? Das wäre doch zu schön, oder?

Die Sache mit der Belohnung und Bestrafung ist dabei jedoch leider komplizierter, als es scheint. Meistens lernen Kinder durch die Beobachtung vielmehr, dass das Geschwisterkind, das geschubst hat, durch sein Verhalten die volle *Aufmerksamkeit* der Eltern bekommt (also *doch* »belohnt« wird) oder die Eltern selbst durch Schimpfen versuchen, ihr Ziel (Ruhe unter den Kindern) zu erreichen. Soll heißen: Kinder lernen dadurch eben sehr wohl, dass laut zu werden oder gar körperliche Gewalt anzuwenden eine probate Methode zu sein scheint. Der bessere Weg ist hier eindeutig, nicht mit dem Kind zu schimpfen, das sich »falsch« verhalten hat. Eltern nutzen ihre Vorbildfunktion richtig, indem sie das andere Kind trösten und gemeinsam mit beiden Kindern versuchen, die zugrunde liegenden Gefühle und Bedürfnisse beider Beteiligter zu erkennen, um anschließend nach einer gemeinsamen Lösung zu suchen.

Streiten gehört dazu – und muss nicht schaden. Übrigens: Niemals streiten zu wollen und jeglichem Konflikt aus dem Weg zu gehen, also ein vermeintlich »perfektes« Vorbild zu sein, ist auch keine Lösung. Familien, die Auseinandersetzungen komplett vermeiden, laufen manchmal Gefahr, *Doppelbotschaften* zu senden.

Doppelbotschaften

Doppelbotschaften (auch *double bind* genannt) sind eine »Kommunikationsfalle«, bei der zwei widersprüchliche Informationen vermittelt werden, da die inhaltliche (verbale) Ebene von der (nonverbalen) Beziehungsebene abweicht. Beispiele hierfür sind, wenn Eltern auf die Frage »Mama, wie geht es dir?« mit einem genervten oder erschöpften »Prima!« antworten oder wenn Streit oder Probleme vor Kindern verheimlicht werden, um ihnen eine »heile Welt« vorzugaukeln, deutlich erkennbar aber »dicke Luft« herrscht.

Auch beim Langzeitstillen senden manche Mütter Doppelbotschaften. Sie stillen weiter, obwohl sie eigentlich keine Lust oder Kraft mehr haben, aber den Konflikt scheuen, konsequent das eigene Bedürfnis (Abstillen) durchzusetzen. Doch Kinder spüren, wenn Müdigkeit oder Gereiztheit in der Stimme mitschwingen und die Gestik eine abweisende Haltung vermittelt. In solchen Situationen ist es oft besser, eine klare Haltung einzunehmen und das eigene Bedürfnis zu erkennen. (»Ich möchte dich nicht mehr stillen, aber ich bleibe stets bei dir und begleite dich trotzdem sanft in den Schlaf.« Oder: »Mama und ich sind gerade unterschiedlicher Meinung. Aber wir klären das später in Ruhe.«)

Eltern, die diesen dysfunktionalen Kommunikationsstil häufig praktizieren, stellen ihre Kinder vor ein Dilemma. Auch wenn weder Eltern noch Kinder diese Doppeldeutigkeit bewusst erkennen, haben Kinder sehr feine Antennen und sind verwirrt und unsicher, wie sie sich »richtig« verhalten sollen.

Kinder sind sehr sensibel und spüren oft, wenn ein Elternteil unzufrieden ist, sich diesbezüglich aber nicht äußert. Kinder lernen meistens nicht nur aus unseren Handlungen, sondern erkennen auch, welches Gefühl wir dadurch transportieren. Machen wir etwas, aber sichtlich genervt, dann übernehmen Kinder auch diese Verhaltensweisen häufiger. Sie lernen, sich anzupassen und ebenfalls eigene Wünsche und Gefühle zu unterdrücken, oder sie verhalten sich gegenteilig und werden nur umso lauter und vehementer ihre Bedürfnisse vertreten wollen.

Deshalb keine Scheu: Streit gehört dazu! Streit ist sogar wichtig, sofern sich Eltern auch währenddessen ihrer Vorbildfunktion bewusst sind. Eltern dürfen benennen, wenn sie sich ärgern – am besten ohne große Vorwürfe und in angemessenem Ton. Und selbst wenn der Streit doch mal nicht nur konstruktiv und sachlich ist, schadet das den Kindern nicht per se. Auch in diesem Fall können Eltern ihren Kindern noch ein Vorbild sein. Ein Vorbild darin, sich im Anschluss zu entschuldigen und zu versöhnen. Ein Vorbild darin, nicht immer perfekt zu sein, sich Fehler zu verzeihen und an sich selbst zu arbeiten.

Die Pubertät: Wenn Eltern »uncool« werden, müssen neue »Vorbilder« her. Spätestens in der Pubertät nimmt die Modellrolle der Eltern ab, und Stars oder Gleichaltrige werden zu immer wichtigeren Idolen – selbst wenn (manchmal auch gerade *weil*) Eltern einige darunter so ganz und gar nicht »vorbildhaft« finden.

Bereits Banduras Arbeit entfachte eine Debatte um den Einfluss der Medien auf das Sozialverhalten und die Gewaltbereitschaft von Kindern. Es gibt Studien, die belegen, dass Kinder, die exzessiv gewaltverherrlichende Medien konsumieren, eine geringere Frustrationstoleranz haben. Allerdings ist hier die Ursache-Wirkungs-Beziehung oft unklar (siehe Längsschnittstudien, Kapitel 5). Eltern brauchen keineswegs in Panik zu verfallen, wenn ihre Kinder sich zwischenzeitlich für gewaltverherrlichende Medieninhalte interessieren oder den größten »Schwachmaten« in den sozialen Netzwerken folgen. Nicht alle Kinder, die gern »Fortnite«

und dergleichen spielen, werden zu Gewalttätern! Und auch der ein oder andere »falsche« Freund oder ein von den Eltern missbilligtes Idol schadet den Kindern oft nicht auf Dauer. Freunde, Influencer oder Videospiele, das heißt die Interessen der eigenen Kinder, zu verteufeln oder gar den Kontakt zu diesen kategorisch zu verbieten, wird sie nur noch mehr verleiten, heimlich genau das Verbot zu umgehen und sich in Abgrenzung zu ihren Bezugspersonen zu üben. Der bessere Weg ist, in Kontakt mit den Kindern zu bleiben, Interesse an ihren Freunden und Idolen zu zeigen (»Warum magst du …?«, »Was gefällt dir an …?«) und – sofern von den Kindern gefragt – die eigene Meinung kritisch zu erläutern und damit doch noch ein wenig Vorbild zu bleiben.

Take-Home Message

Karl Valentin soll um das Jahr 1900 herum gesagt haben: »Wir brauchen unsere Kinder nicht zu erziehen, sie machen uns sowieso alles nach.« Bandura zog in den Sechzigerjahren mit seinen Studien zum Modelllernen nach und hätte Valentin im Grundsatz zugestimmt. Wir erziehen unsere Kinder zu höflichen, aber auch selbstbewussten, zu friedliebenden, aber auch konfliktfähigen, zu fleißigen, aber auch selbstfürsorglichen Menschen, indem wir ihnen genau das vorleben!

14. Vorlesen ist super, über Geschichten sprechen noch besser

Studien zum dialogischen Lesen

Diese Studie zeigt, wie wichtig es ist, Kindern vorzulesen. Doch nicht nur klassisches Vorlesen ist eine gute Gelegenheit, um mit ihnen in Kontakt zu kommen und ihren Spracherwerb zu fördern. Das dialogische Lesen ist eine besonders geeignete Methode, welche die gemeinsame Vorlesesituation nutzt, um Kinder aktiv zum Sprechen anzuregen. Eltern und Erzieher stellen dem Kind beispielsweise Fragen wie »Was siehst du hier?« oder »Was ist Max vorhin passiert?«. Studien zeigen, dass (dialogisches) Vorlesen den Kleinsten nicht nur hilft, um Wortschatz und Grammatik zu entwickeln, sondern ganz nebenbei auch ihre Vorstellungskraft und Sozialkompetenz verbessert. Also nichts wie ran an die Bücher!

Das Forschungsteam nahm Kinder und Bücher. Das Alter des Kindes ist diesmal vollkommen egal – es kann sechs Monate, zwei, fünf, acht oder zehn Jahre alt sein. In der Originalstudie waren es Kinder im Vorschulalter mit sprachlichen Defiziten und deren Eltern, die in einer bestimmten Art vorzulesen geschult wurden.

Wer dieses Experiment selbst nachmachen möchte, sollte es sich mit dem eigenen Nachwuchs auf dem Sofa bequem machen und Zeit einplanen. Wen das abschreckt: Ein paar Minuten sind in jedem Fall besser, als diesen kleinen »Versuch« nicht selbst auszuprobieren. Nun nehmen Eltern ein Bilderbuch, ein Wimmelbuch, ein »Wieso?-Weshalb?-Warum?«-Buch oder ein klassisches Märchen – das Buch sollte zum Interesse und Alter des Kindes passen, der Rest ist nebensächlich – und beginnen vorzulesen. Doch nicht nur das. Ziel ist es, das Kind aktiv in den Vorleseprozess einzubinden. Etwa indem Eltern sich die Bilder auf den Buchseiten gemeinsam mit dem Kind ganz genau ansehen oder Fragen zum Inhalt des Buches stellen. Diese Fragen reichen von »Schau mal hier, was siehst du auf dieser Seite?« oder »Hast du auch das Känguru entdeckt?« über »Ach witzig, da ist Michel aber ein lustiges Missgeschick passiert. Was sein Vater wohl dazu sagen wird?« oder »Ich finde, Leo ist ganz schön mutig. Was wird er wohl als Nächstes tun?« bis hin zu »Da hat Anna bestimmt Angst bekommen. Hattest du auch schon mal solche Angst?« oder »Wie es sich für Nelly wohl anfühlen mag, wenn sie bemerkt, dass ihr Pferd verschwunden ist?«.

Worum geht's?

Diese spezielle Form des Vorlesens, »dialogisches Lesen« oder *dialogic reading* genannt, wurde von Grover J. Whitehurst und Kollegen Ende der Achtzigerjahre ursprünglich als Sprachförderprogramm für New Yorker Kinder aus sozial benachteiligten Familien konzipiert. Für seine Interventionsstudie rekrutierten Whitehurst und sein Team Kinder, die allesamt über einen deutlich unterdurchschnittlichen Wortschatz verfügten und signifikant mehr grammatikalische Fehler machten als der Durchschnitt ihrer Gleichaltrigen. Diese Defizite in der Sprachkompetenz wurden anhand verschiedener standardisierter Sprachentwicklungstests ermittelt. Im Anschluss an diesen sogenannten *Pre-Test* wurde den Eltern der Kinder erklärt, wie wichtig es ist, regelmäßig vorzulesen.

Pre- versus Post-Test

Das Studiendesign wird hauptsächlich im klinischen Bereich angewendet. Beispielsweise überprüft man so auch die Wirkweise von Medikamenten.

Bei dieser Form der Längsschnittstudien wird ein Merkmal *vor* einer Untersuchung erfasst (*Pre*-Test). In Whitehursts Studien wurden beispielsweise die sprachlichen Fähigkeiten der Kinder ermittelt. Danach wird ein bestimmtes Interventions- oder Präventionsprogramm durchgeführt. Eine *Intervention* ist übrigens eine Maßnahme, die bestimmte Defizite ausgleichen soll. In unserem Fall wird bei sozial benachteiligten Kindern mit Problemen in der Sprachentwicklung versucht, die Sprachprobleme durch das Vorleseprogramm zu verringern. Eine *Präventionsmaßnahme* wird hingegen weniger selektiv bei allen Kindern durchgeführt, um im Idealfall mögliche Risiken vorab abzupuffern.

Um zu prüfen, wie wirkungsvoll die angewandte Methode (in unserem Fall das dialogische Leseprogramm) oder auch ein bestimmtes Medikament war, wird das zu untersuchende Merkmal (etwa die Sprachkompetenz der Kinder) im Anschluss erneut erfasst und mit den Ausgangswerten verglichen.

Außerdem wurden die Eltern in mehreren Sitzungen geschult, wie sie ihr Kind aktiv in den Vorleseprozess einbeziehen können, beispielsweise durch ähnliche Fragen wie die oben genannten. Über einen Zeitraum von sechs Wochen wandten die Eltern das dialogische Lesen täglich an – und siehe da: Die Kinder zeigten im *Post-Test* signifikante Verbesserungen in ihren sprachlichen Fähigkeiten. In Folgestudien wurden ergänzend auch die Erzieherinnen und Lehrerinnen der Kinder in das *Dialogic-reading*-Programm mit einbezogen, was den Wortschatz- und Grammatikerwerb der Kinder zusätzlich förderte.

Dialogisches Vorlesen: ein wunderbarer Weg – nicht nur zur Sprachförderung. In zahlreichen Replikationen und Meta-Analysen (Zusammenfassungen verschiedener Studien) wurde der positive Effekt des dialogischen Lesens auf die Sprachentwicklung bestätigt: Die Kinder, deren Eltern das dialogische Lesen regelmäßig anwendeten, eigneten sich mehr neue Wörter an und zeigten Verbesserungen in ihrer Grammatik. Doch nicht nur das. Nach der Studie schnitten die Kinder im Allgemeinen auch mit Blick auf ihr Sozialverhalten besser ab als vor der Studie. Sie verhielten sich prosozialer gegenüber Gleichaltrigen, zeigten mehr konstruktive Konfliktlösungen anstelle vorherigen aggressiven Verhaltens und konnten sich besser in die Lage anderer versetzen.

Doch liegt das nur am dialogischen Vorlesen? Könnte es nicht auch sein, dass die Eltern durch die Teilnahme an dieser Intervention schlichtweg mehr Zeit mit ihren Kindern verbrachten, was sich grundsätzlich positiv auf deren Sprach- und Sozialentwicklung auswirkt? Dies scheint zwar ein weiterer positiver Effekt zu sein, der den Sprachfortschritt jedoch nicht hinreichend erklären kann. Denn natürlich hatten die Forscher eine Studie nach den Standards guter wissenschaftlicher Praxis durchgeführt und genau deshalb eine Vergleichsgruppe einbezogen. Diese Kontrollgruppe bestand aus Kindern mit analogem sozialem Hintergrund und ähnlichen sprachlichen Defiziten. Die Eltern der Kontrollgruppe erhielten allerdings kein Training zum dialogischen Lesen, sondern ihnen wurden »lediglich« allgemeinere Erziehungstipps vermittelt. Diese Form der Intervention hatte keinen derart positiven Effekt auf die Entwicklung der Kinder.

Was heißt das jetzt für Eltern?

Herzlichen Glückwunsch! Sie halten ein Buch in den Händen und gehören damit vermutlich zu den Eltern, die ihren Kindern regelmäßig und gern vorlesen. Auch mit Blick auf die Lesemotivation dienen wir Eltern als positives Rollenmodell: Indem Eltern selbst lesen, leben sie ihren Kindern das Interesse an Büchern vor und machen ihnen das Lesen im besten Fall schon allein dadurch schmackhafter.

Vorlesen – eine geniale Sache. Vorlesen bietet tausend Möglichkeiten, um mit Kindern in Kontakt zu kommen und ihnen eine Zeit lang die ungeteilte Aufmerksamkeit zu schenken. Indem Eltern gemeinsam mit ihren Kindern in einem Wissensbuch über Dinos, Pferde oder das Weltall schmökern, zeigen sie Interesse an dem, wofür sich ihr Kind gerade begeistert – und bilden sich mitunter nebenbei selbst weiter. Ich zumindest kannte vor der Geburt meiner Söhne weder den Unterschied zwischen einem Löschgruppen-, einem Tanklösch- und einem Drehleiterfahrzeug, noch wusste ich um die Existenz von Velociraptor und Pachycephalosaurus.

Beim Vorlesen von Märchen tauchen wir gemeinsam ab in eine magische Welt aus Hexen, Feen und Fantasiewesen und fördern die Vorstellungskraft: Kinder, denen häufig vorgelesen wird, scheinen besonders kreativ und fantasievoll in der Gestaltung ihrer Rollenspiele zu sein. Da kann es schon mal passieren, dass unser Kind den Wohnzimmerteppich besetzt, da dieser »fliegt«, oder wir nur noch über Kissen durchs Wohnzimmer laufen dürfen, da der Fußboden aus heißer Lava besteht.

Anhand von Geschichten setzen Kinder sich mit Themen wie »Freundschaft« und »Moral« auseinander. Zudem eignen sich Bücher – im Sinne des dialogischen Vorlesens – hervorragend, um über Gefühle zu sprechen (»Warum ist der Regenbogenfisch traurig?«, »Wie finden die anderen Fische wohl sein Verhalten?«) und gemeinsam mit den Protagonisten nach kooperativen und prosozialen Problemlösefähigkeiten zu suchen (»Was könnte der Regenbogenfisch denn tun …?«, »Ah siehst du, er ist erst richtig glücklich, nachdem er seine Schuppen geteilt hat«). Ganz nebenbei fördert dies auch die Fähigkeit zur Perspektivenübernahme.

Bilderbücher und Vorlesegeschichten bieten außerdem eine perfekte Grundlage, um Kinder auf Veränderungen wie den bevorstehenden Umzug, die nahende Einschulung oder die Geburt eines Geschwisterchens vorzubereiten oder um kindgerecht über unangenehme Themen wie »Trennung«, »Tod« oder »Krankheiten« zu sprechen. Anhand immer mehr moderner Kinderliteratur lernen die Kleinen andere Kulturen und Gesellschaftsformen jenseits der klassischen Vater-Mutter-Kind-Beziehung kennen.

Ganz egal, was vorgelesen wird, Kinder schaffen es hierbei meistens, ziemlich lange bei der Sache zu bleiben. Sie sind ganz im »Flow« – sie gehen auf im Hier und Jetzt –, was ihren Aufmerksamkeitsfokus und die Konzentration fördert (siehe auch Kapitel 16). Kein Wunder, dass nicht nur die Kinder aus Whitehursts dialogischem Leseprogramm enorm profitieren, oder?

Wie Geschichten die Sprachentwicklung anregen. Zurück

zu Whitehursts Interventionsprogramm: Sein oberstes Ziel war die Förderung der Sprachentwicklung. Wenn wir uns die Texte aus Kinderbüchern durchlesen, ist das nicht erstaunlich. Denn sie haben schon einen hochwertigen Sprachinput mit komplexen Sätzen und sogenanntem *bildungssprachlichem* Wortschatz. Selbst wenn die Kinder beim ersten Vorlesen noch nicht alle diese mitunter komplexen Wörter (wie »Fossilien«, »Kreaturen«, »Knappe« oder »Elfenbeinturm«) verstehen, nach und nach lernen sie, sich diese aus dem Zusammenhang zu erschließen. Dank der Methode des dialogischen Lesens merken sie: Ich darf nachfragen, wenn ich etwas nicht verstanden habe (»Mama, was ist eine Pirouette?«). Ganz nebenbei erlernen die Kinder beim Vorlesen die Regeln der Grammatik sowie komplexe Sätze zu verstehen (denn es macht einen großen Unterschied, ob Jana glücklich ist, *weil* oder *obwohl* Max heute keine Zeit hat). Nicht zuletzt, da das dialogische Leseprogramm darauf setzte, die Aussagen der Kinder *indirekt* zu verbessern. Indirekt, da wir am besten einfach den Satz des Kindes grammatikalisch korrekt wiederholen, statt es bewusst auf seinen Fehler aufmerksam zu machen (siehe auch Kapitel 18).

Nicht ohne Grund reimen sich viele Geschichten – insbesondere in den Bilderbüchern für die Kleinsten. Dadurch bekommen Kinder ein Gespür für den Klang und den Rhythmus der Sprache (die *Prosodie*). Das erleichtert die Abspeicherung im Gehirn und den Spracherwerb. Genau deshalb ist es auch schon vor dem eigentlichen Sprechenlernen so wichtig, dass wir den Kleinsten vorlesen. Klar, sechs Monate alte Kinder waren noch nicht Teil des klassischen dialogischen Leseprogramms, und sie werden noch nicht antworten, dennoch können wir schon unsere Unter-Einjährigen fragen: »Wo ist der Hund?« Und später auch: »Wie macht der Hund?« Nicht zu verachten bleibt, dass das gemeinsame Bilderbuchanschauen auch den *passiven Wortschatz* der Kinder trainiert.

Kleinkinder können vielleicht noch nicht »Hund« sagen, verstanden haben sie das Wort aber allemal. Deshalb lautet die oberste Devise beim dialogischen Lesen mit Kleinkindern: »Benennen, benennen, benennen. Immer und immer wieder.« Denn durch das hundertste Zeigen auf den Hund kann sich das Kind sicher sein: Das da ist ein Hund (und eben keine Katze und auch kein Wolf). Außerdem lernen die Kleinen immer genauere Differenzierungen. Erst wenn das Kind den Begriff für »Hund« genau kennt, versteht es, dass nun die Rede von »Schnauze« oder »Schwanz« sein muss.

Bis Kinder die Geschichte auswendig können ... Übrigens, nicht nur Kleinkinder lieben es, immer wieder die gleichen Bilderbücher anzusehen. Auch ältere Kinder haben ein Faible für Wiederholungen. Wir sind es vielleicht leid, die Geschichte von »Conni« oder »Käpt'n Sharky« vorzulesen, unser Kind möchte diese aber heute Abend zum zehnten Mal in Folge vorgelesen bekommen? Kein Problem. Mitunter haben die Kleinen die Geschichte erst nach dem x-ten Mal ganz verstanden – das ist völlig normal. Und genau dieses Erschließen der Geschichte fördern wir, indem wir konkrete Nachfragen stellen (»Weißt du eigentlich, was eine Harpune ist?«) und unser Kind aktiv in den Vorleseprozess einbeziehen. Beispielsweise indem wir es Teile der Geschichte nacherzählen lassen (»Worüber hat sich Conni mit Julia gestritten?«). Dadurch wird das dialogische Vorlesen indirekt gleich zu einem tollen Training fürs Gedächtnis. Aber nehmt euch in Acht, tricksen und heimlich ein bisschen abkürzen wollen ist dann nicht mehr. Es ist verblüffend, wie schnell es Kindern auffällt, wenn wir einfach ein paar Absätze überspringen oder rasch in unseren eigenen Worten zusammenfassen!

Nun kennt das Kind die Geschichte irgendwann wirklich auswendig und kann uns Phrasen mitunter schon wörtlich wiedergeben. Warum will es die Geschichte dennoch immer wieder vorgelesen bekommen? Ganz klar. Die immer wieder gleiche, kuschelig abends im Bett vorgelesene Gutenachtgeschichte oder die Geschichte, mit der wir es uns jeden Tag nach dem Kindergarten erst mal auf dem Sofa gemütlich machen, erzielt mittlerweile eine ganz andere Wirkung. Sie wird zur Routine, spendet Sicherheit und Geborgenheit und wird bestenfalls zum festen Ritual! Das Experiment zur Konditionierung (siehe Kapitel 8) verdeutlichte, dass dies ein ausgesprochen guter Weg ist, um die Kleinen ins Land der Träume zu schicken oder um das Stresslevel nach einem langen Tag zu senken.

Fernsehen, Tiptoi & Co statt Vorlesen? Wie man merkt, schlägt das Vorlesen gleich mehrere Fliegen mit einer Klappe und ist deshalb absolut nicht mit dem Fernsehen gleichzusetzen. Was Kindern beim Fernsehen verloren geht, ist die Vorstellungskraft. Genau das hat eine aktuelle Studie der Universität Regensburg jüngst gezeigt: Der Medienkonsum von etwa einer Stunde täglich hat einen negativen Einfluss auf die Imaginationsfähigkeit und das abstrakte Denken von Kindergartenkindern. Die schnellen Bilder im TV oder am Computer geben bereits alles vor – und genau das macht den Unterschied. Beim (Vor)lesen braucht es eine Menge an Vorstellungsvermögen und Fantasie, um voll und ganz in eine Geschichte einzutauchen.

Dennoch muss ein absolutes Fernsehverbot nicht die logische Konsequenz sein. Bewusst eingesetzt, kann auch der gemeinsame TV-Abend eine kuschelige Atmosphäre schaffen oder den Eltern zu einer wohlverdienten Auszeit verhelfen. Kindersendungen lassen sich ebenfalls nutzen, um mit den Kleinen über die gleichen Themen wie beim Vorlesen ins Gespräch zu kommen und um uns über Freundschaft und Rivalität, Mut und Angst, Trauer und Freude zu unterhalten.

Was aber, wenn ein Kind absolut keine Lust aufs Vorlesen hat?

Da hat die Spielzeugindustrie besonderen Einfallsreichtum bewiesen. Nicht ohne Grund boomen Tiptoi- und Ting-Hörstifte, und auch für eine Leseeule macht so manch einer viel Geld locker. Deshalb noch mal: Beim Vorlesen geht es um weit mehr als ums Vorlesen. Tiptoi und dergleichen nehmen die Chance auf das *dialogische* Vorlesen. Die so wichtige zwischenmenschliche Interaktion kann ein sprechender Stift nicht ersetzen! Ja, diese Kassenschlager leisten mitunter gute Dienste, damit sich Kinder kurz allein beschäftigen, oder vertreiben Langeweile während einer langen Autofahrt. Vielleicht helfen sie auch, um Kindern den Kontakt zu Büchern wieder schmackhafter zu machen. Es sollte aber klar sein, dass diese Wunderstifte weder eine direkte Rückmeldung auf das Gesagte der Kinder geben, und deshalb nicht wirklich den Spracherwerb fördern, noch einen liebevollen Interaktionspartner ersetzen, mit dem sich die Kinder über den Inhalt der Geschichte austauschen oder an den sie sich einfach nur ankuscheln können.

Eins ist gewiss, erzwungen wird Vorlesen – ob mit oder ohne Hilfe neuester Technik – keinen Spaß machen. Vielleicht brennt das Kind gerade mehr fürs Legospielen oder will sich in seine Playmobil-Fantasiewelt vertiefen. In solchen Fällen können wir uns entspannt zurücklehnen und abwarten. Am besten selbst mit einem Buch in der Hand, denn – ich wiederhole mich – wir sind Vorbild und bringen unseren Kindern mit etwas Glück auch so den Sinn fürs Lesen bei.

Take-Home Message

Rund 32 Prozent der Eltern lesen ihren Kindern nie oder nur selten vor. Das fand jüngst eine Studie der Stiftung Lesen heraus (Börsenblatt 2020). Keine Lust, keine Zeit, Aufgabe des Kindergartens – so argumentieren viele. Eine folgenreiche Entscheidung, denn das Vorlesen fördert nicht nur den Spracherwerb der Kinder, sondern auch ihre Konzentration, ihre Kreativität und ihr Sozialverhalten. Es ist nicht (alleinige) Aufgabe der Erzieher und Erzieherinnen, Kindern vorzulesen. Im turbulenten Kita-Alltag ist es oft schier nicht umsetzbar, eine liebevolle Eins-zu-eins-Vorlesesituation zu schaffen, in der das Kind Zeit und Raum bekommt, um mit dem pädagogischen Fachpersonal über eine Geschichte ins Gespräch zu kommen. Wir Eltern hingegen sollten uns so oft wie möglich diese wertvolle Zeit nehmen, um gemeinsam mit unseren Kindern tief in die Fantasiewelt einer Geschichte einzutauchen.

15. Warum es für ein Kind spricht, wenn es eine zerstörte Tasse schlimmer findet als fünfzehn

Ein Versuch zur Moralentwicklung

Dieser Versuch von Jean Piaget gilt als klassisches Beispiel dafür, dass Kindergartenkinder ein grundlegend anderes Verständnis von Moral haben als Erwachsene. Sie beziehen noch nicht die Hintergründe einer Tat in ihr Urteil mit ein, sondern beschränken sich stark auf naheliegende Aspekte, etwa das Ausmaß kaputten Geschirrs – egal, ob es versehentlich oder mit Absicht zerstört wurde. Nachfolgende Forscher interessierten sich zudem dafür, wie sich das moralische Denken und Handeln von Kindern weiterentwickelt. Damit Kinder nicht mehr nur »gut« und »schlecht« unterscheiden, sondern lernen, verschiedene Motive einer Handlung in ihre Schlussfolgerung mit einzubeziehen, brauchen sie Eltern, die ihnen die Werte und Normen der Gesellschaft vorleben und den Sinn von Regeln erklären. Auch durch die Interaktion mit Gleichaltrigen lernen Kinder, einen Sinn für Gerechtigkeit und soziale Konventionen zu entwickeln.

Das Forschungsteam nahm Kinder im Vorschul- oder Grundschulalter und erzählte ihnen folgende zwei Geschichten: »*Ein kleiner Junge namens Hans ist in seinem Zimmer. Man ruft ihn zum Essen. Er geht ins Speisezimmer. Aber hinter der Tür stand ein Stuhl. Auf dem Stuhl war ein Tablett, und auf dem Tablett standen fünfzehn Tassen. Hans konnte nicht wissen, dass all dies hinter der Tür war. Er tritt ein: Die Tür stößt an das Tablett und bums!, die fünfzehn Tassen sind zerbrochen.*« Direkt im Anschluss folgt eine zweite Geschichte: »*Es war einmal ein kleiner Junge, der hieß Heinz. Eines Tages war seine Mama nicht da, und er wollte Marmelade aus dem Schrank nehmen. Er stieg auf einen Stuhl und streckte den Arm aus. Aber die Marmelade war zu hoch, und er konnte nicht darankommen. Als er doch versuchte daranzukommen, stieß er an eine Tasse. Die Tasse ist heruntergefallen und zerbrochen.*« Im Anschluss stellt der Forscher folgende Frage: »Welcher Junge hat sich schlimmer verhalten?« (Piaget 1983).

Worum geht's?

Kinder unter sieben Jahren antworteten in diesem klassischen Experiment von Piaget typischerweise, dass sich Hans – der Junge, der versehentlich gegen das Tablett stieß – schlimmer verhalten habe als Heinz. Bei Hans gingen mehr Tassen zu Bruch. Das scheint in den Augen der Kinder ausschlaggebend für ihr Urteil zu sein. In diesem Alter beschränken sie sich folglich in ihrem moralischen Urteil häufig auf einen naheliegenden Aspekt wie hier die Anzahl der Tassen. Erst in der Mitte der Grundschulzeit erkennen sie, dass es Heinz war, der sich »schlimmer« verhielt. Obwohl er nur eine Tasse zerstörte, hatte er dies in Kauf genommen, während er etwas »Unerlaubtes« tat.

Genauere Nachfragen lassen erkennen, wie Kinder zu ihrem

moralischen Urteil kommen. Auf die Frage »Warum findest du, dass sich Hans schlimmer verhalten hat?« argumentiert ein Fünfjähriger in etwa: »Weil er mehr Tassen kaputt gemacht hat.« Fragt man dann, ob es in Ordnung sei, heimlich Marmelade zu stibitzen, antworten dennoch die meisten Kinder in diesem Alter mit »Nein«. Erklärt man nun, dass Hans die Tassen versehentlich umwarf, wohingegen Heinz eine Regel brach, zeigen sich die meisten Kinder verständig – von allein kommen sie dennoch erst mit circa sieben Jahren zu diesem Urteil.

Gemäß Piaget befinden sich Kindergartenkinder in der Stufe der *heteronomen Moral*. Erst im Schulalter gelingt es Kindern, die Hintergründe einer »Tat« in ihre Schlussfolgerung mit einzubeziehen und so in die Stufe der *autonomen Moral* zu gelangen.

»Moral« – eine Frage des Zeitgeistes. Ohne tiefer in die philosophische Diskussion einzusteigen, wird Moral häufig definiert als »Werte und Normen im zwischenmenschlichen Verhalten, die in einer Gesellschaft anerkannt sind«. Moral kann folglich nur im Kontext der Zeit und der Kultur betrachtet werden. Deshalb ist es besonders wichtig, Piagets Theorie in dessen historischen Hintergrund einzuordnen. Während seines Wirkens wurden die meisten Kinder autoritär erzogen. Kinder der Siebzigerjahre hinterfragten Regeln sicherlich seltener, sondern handelten häufiger aus Angst vor Strafe oder um Lob zu erhalten. Doch nur wenn Regeln nicht willkürlich vorgegeben und lediglich aufgrund von Lob oder Strafe eingehalten werden, sondern deren Sinn erklärt wird, lernen Kinder, dass Regeln gerechtfertigt sind und in begründeten Ausnahmesituationen verändert werden können. Ein autoritativer Erziehungsstil scheint daher auch mit Blick auf die Moralentwicklung besonders wichtig zu sein.

»Gut« oder »böse« – wenn das so einfach wäre. Kindergar-

Heteronome versus autonome Moral

Piaget setzte sich in seiner Theorie der kognitiven Entwicklung mit dem moralischen Denken von Kindern auseinander. Er ging davon aus, dass Kinder etwa bis zum achten Lebensjahr Regeln und Pflichten als unveränderbare, von Erwachsenen vorgegebene Tatsachen ansehen. Sie orientieren sich überwiegend daran, ob sie für ein Verhalten gelobt oder bestraft werden, und hinterfragen diese vorgegebenen Regeln kaum. Sie befinden sich noch in der Stufe der *heteronomen Moral* (gr. *héteros* [der andere]).

In der Stufe der *autonomen Moral* erkennen Kinder, dass Regeln gesellschaftliche Abkommen sind, die verändert werden können und zum Wohl der Allgemeinheit gelten (gr. *autónomos* [nach eigenen Gesetzen lebend]). Kinder berücksichtigen die Absichten und Motive hinter einer Handlung.

Der Übertritt in die autonome Phase vollzieht sich nicht plötzlich, weshalb Piaget eine sogenannte Übergangsphase in seiner Theorie aufzeigte. Piaget beobachtete seine eigenen Kinder und kam zu der Erkenntnis, dass die Fähigkeit, sich in andere hineinzuversetzen, eine wesentliche Voraussetzung für moralisches Urteilen ist. Außerdem empfand er die Interaktion mit Gleichaltrigen als zentral, um zu erkennen, dass Regeln gemeinsam aufgestellt werden und nicht grundlos gelten.

tenkinder unterteilen Verhalten häufig in zwei simple Kategorien: »Gut« oder »Schlecht«. Sie selbst handeln aber noch lange nicht nach ihren moralischen Überzeugungen, so zeigt es folgendes Beispiel: Fast alle vierjährigen Kinder sind sich einig, dass man Süßigkeiten nicht stehlen darf. Als die befragten Kinder jedoch in einem Versuch selbst die Möglichkeit dazu hatten, Süßigkeiten zu stibitzen oder beim Spiel zu mogeln, nutzten viele von ihnen diese Chance dennoch. Allerdings trauten sie sich nur, wenn sie nicht zu befürchten hatten, dass sie ein Erwachsener ertappt. Das zeigt: Die Angst vor Strafe scheint bei Kindergartenkindern auch heute noch eines der wichtigsten Motive zu sein, um sich »moralisch gut« zu verhalten. Und: Die Diskrepanz zwischen moralischem Wissen und moralischem Handeln ist in diesem Alter noch groß! Das liegt vor allem daran, dass es für Moral eben nicht nur das rationale Verständnis von Regeln braucht, sondern auch ein hohes Maß an Empathie und Perspektivenübernahme. Wie dieses Buch bereits gezeigt hat, lügen oder täuschen die meisten Kinder nicht absichtlich und nehmen Dinge nicht aus bösem Willen weg, sondern weil ihre Impulskontrolle und Perspektivenübernahmefähigkeit noch nicht vollständig ausgebildet sind und sie sich Sachverhalte grundlegend anders erklären (zum Beispiel weil sie zu sehr auf die Anzahl zerbrochener Tassen fixiert sind).

Ähnlich wie beim Tassenversuch handeln Kindergartenkinder auch mit Blick auf Fairness und Gerechtigkeit noch nach einer allgemeingültigen oder absoluten Gerechtigkeit und berücksichtigen weniger die Motive und Bedürfnisse jedes Einzelnen. Beispielsweise teilt die Mehrzahl der Kindergartenkinder Kirschen gerecht nach deren Anzahl auf. Erst im Schulalter erkennen Kinder, dass es jedoch gerechter sein kann, einem Kind die größte Portion Kirschen zu geben, das kein Mittagessen hatte, während einem anderen weniger Kirschen zugeteilt werden, weil es kurz vorher eine große Portion Eis gegessen hat.

Moralentwicklung als vielschichtiger Lernprozess. Moralisch zu urteilen ist also eine komplexe Auseinandersetzung mit Regeln und Normen, aber auch ein Lernprozess, der Empathie und Perspektivenübernahme benötigt. Deshalb interessieren sich die meisten Wissenschaftler weniger für Antworten, die eine einfache Entscheidung nach »schlimm« und »weniger schlimm« fordern, wie es in Piagets Beispiel der Fall ist. Vielmehr versuchten Forschende wie Lawrence Kohlberg zu ergründen, weshalb Kinder und Erwachsene ein Verhalten als »moralisch« oder »unmoralisch« beurteilen. Daher wird die Moralentwicklung häufig anhand sogenannter *moralischer Dilemmata* erforscht. Dies sind Geschichten wie die folgende: *»Paula kann sehr gut auf Bäume klettern. Dennoch stürzt sie eines Tages vom Baum, was ihr Vater beobachtet. Er sorgt sich um seine Tochter, weshalb sie ihm verspricht, nicht mehr auf Bäume zu klettern. Wenig später spaziert Paula am Garten ihrer Freundin vorbei. Diese weint, da ihre Katze auf einen Baum geklettert ist und nun nicht mehr von diesem herunterkommt. Da Paula viel besser klettern kann, bittet die Freundin sie um Hilfe, das Kätzchen zu retten – was soll Paula tun?«* (in Anlehnung an Lickona 1989). Im Fokus der Forschung steht hier weniger, *für welche* der beiden Möglichkeiten (auf den Baum klettern und die Katze retten oder das Versprechen einhalten) sich das Kind entscheidet, sondern insbesondere, *wie* das Kind zu seinem Urteil gelangt.

Kohlbergs Weiterentwicklung der Piaget'schen Moraltheorie beschreibt die Moralentwicklung in sechs Stufen. Er zeigte ähnlich wie Piaget, dass jüngere Kinder ein Verhalten häufig danach begründen, ob sie dafür Ärger oder Anerkennung durch andere bekommen (»Sonst schimpft der Papa« oder »… damit sich Paulas Freundin freut«). Jugendliche und Erwachsene hinterfragen Regeln hingegen immer häufiger und erkennen gut begründete Ausnahmen an (»Eigentlich sollte Paula ihr Versprechen nicht brechen. Ihr Vater verlässt sich auf sie. Aber sie kann die Katze ihrer Freundin auch nicht im Stich lassen«).

Was heißt das jetzt für Eltern?

Die Theorien von Piaget und Kohlberg bilden wichtige Grundlagen für die Auseinandersetzung mit der Moralentwicklung. Die Ausbildung von Moral ist sehr vielschichtig und dauert bis ins Erwachsenenalter – vermutlich sogar ein Leben lang.

Kinder müssen nicht nur lernen, einen bestimmten Sachverhalt in ihre Überlegung mit einzubeziehen (zum Beispiel die Anzahl der zerbrochenen Tassen), sondern auch die Hintergründe einer Handlung zu erkennen, sich mit den Regeln und Konventionen der Gesellschaft auseinanderzusetzen und einen Sinn für Gerechtigkeit zu entwickeln. Kinder und Jugendliche sollen dabei die Fähigkeit erwerben, verschiedene rationale Überlegungen abzuwägen und vor allem Gegebenheiten und Handlungen aus mehreren Blickwinkeln zu betrachten.

Warum sich kleine Kinder unmoralisch verhalten. Moralisches Schlussfolgern bedeutet folglich weit mehr, als eine Unterscheidung zwischen »Lieb« und »Böse« oder »Gut« und »Schlecht« zu treffen. Es geht immer darum, die Motive augenscheinlich guten oder schlechten Verhaltens zu hinterfragen. Wenn Kinder beginnen, zu tricksen oder bewusst zu schwindeln, ist das für ihre Moralentwicklung nicht zwingend schlecht. Sie erkennen Regeln und begehen Regelbrüche, was ein wichtiger Prozess auf dem Weg zur Ausbildung moralischen Denkens und Handelns ist. Strenge Strafen helfen Kindern auf diesem Weg wenig, denn dadurch lernen sie lediglich, sich weiterhin an Strafe und Gehorsam zu orientieren. Sie handeln dann vielleicht »moralisch« und hören auf, zu mogeln oder andere zu schubsen, aber sie tun dies nur aus Angst vor negativen Konsequenzen.

Was also tun, wenn ein Kindergartenkind etwas kaputt macht oder gar heimlich fremde Spielsachen einsteckt? Klar passt dieses

Verhalten nicht zu unserer eigenen Moralvorstellung – hoffentlich. Dennoch sollten wir unsere Messlatte bei Kindergartenkindern nicht zu hoch legen. Sie brauchen keine »Moralpredigt«. Sie brauchen vertrauenswürdige Erwachsene, die sich die Zeit nehmen, ein solches Verhalten nachzubesprechen, die ihnen die Perspektive des anderen erklären (»Anna ist sicherlich traurig und sucht ihre Puppe nun überall«) und ihnen anschließend liebevoll Regeln und moralische Konventionen vermitteln (»Man darf anderen Dinge nicht wegnehmen, ohne zu fragen,«). Hilfreich ist es auch, gemeinsam das Motiv hinter einer »unmoralischen« Tat herauszufinden (»Warum hast du denn heute im Kindergarten gelogen? Hattest du Angst, dass sonst jemand mit dir schimpft?«) und zu überlegen, wie man es wiedergutmachen kann (»Wir müssen Anna ihre Puppe zurückgeben«).

Eltern können moralisches Verhalten nicht nur fördern, indem sie die Konventionen der Gesellschaft erklären. Noch besser ist es, wenn sie moralisches Handeln vorleben und zu eigenen »Fehltritten« stehen. Denn Modelllernen ist auch mit Blick auf die Moralentwicklung einer der wichtigsten Einflussfaktoren.

Moral ist schwer zu erklären, aber einfach vorzuleben! Sicherlich sind wir uns fast alle einig, dass es niemand verdient hat, obdachlos zu werden oder Leid zu erfahren. Beim Thema »Moral« stellt sich allerdings mehr denn je die Frage, ob wir diese gesellschaftlichen Werte nur vertreten oder auch aktiv danach handeln und Zivilcourage oder ehrenamtliches Engagement vorleben. Wir sollten uns fragen: Lebe ich die Werte, die ich meinem Kind mit auf den Weg geben möchte?

Um Kindern nicht nur moralisches Denken, sondern auch moralisches Handeln zu vermitteln, lautete die oberste Regel: *Tun, was man sagt!* Dieser Leitsatz gilt für alle alltäglichen Situationen. Als wichtigste Grundlage moralischen Handelns sollten Kinder von ihren Bezugspersonen lernen, dass Versprechen und Regeln einzuhalten sind. Wird beispielsweise angekündigt, dass man mit dem Kind sofort nach Hause geht, wenn es noch einmal mit Sand wirft, dies aber nur eine Drohung ohne Folgen ist, lernt das Kind, dass Abmachungen nichts als leere Floskeln sind und Sätze wie »Dann bist du nicht mehr meine Freundin« ohne jegliche Konsequenz dahergesagt werden können.

Regel Nummer zwei: *Ausnahmen bestätigen die Regel!* Regelbrüche sind erlaubt, wenn sie einen guten Grund haben. Wie im Beispiel von Paula ist es grundsätzlich wichtig, Versprechen einzuhalten. Mit komplexen moralischen Urteilen setzen sich Kinder noch besser auseinander, wenn ihnen der Sinn von Regeln erklärt wird. Werden Regeln als allgemeingültig angepriesen, lernen Kinder nur zu gehorchen, statt sie zu hinterfragen. Es kann beispielsweise durchaus gerechtfertigt sein, schnell bei Rot über die Straße zu rennen, wenn kein Auto kommt, um einer alten Frau auf der anderen Straßenseite zu helfen, deren umgefallene Krücke aufzuheben.

Regel Nummer drei: *Niemals Wasser predigen und Wein trinken.* Nicht nur mit Blick auf die Moralentwicklung ist es sinnlos, wenn Eltern sagen, dass es so viele arme Kinder auf der Welt gibt, sie sich de facto aber wenig für deren Wohl interessieren. Welches Ziel verfolgen Eltern mit einer solchen Aussage? Möchten sie auf die ungerechte Ressourcenverteilung der Welt aufmerksam machen oder bewirken, dass das Kind dankbarer seinem Spielzeug gegenüber sein soll oder dass es seinen Teller aufisst?

Natürlich können wir nicht jeden Obdachlosen retten, dennoch zeugt es eher von »Doppelmoral«, wenn wir uns nicht wirklich für andere interessieren, obwohl wir unseren Kindern dies vorhalten. Selbstverständlich sei es jedem selbst überlassen, ob er Aktionen wie die Tafel unterstützt, Einkäufe spendet oder vor Weihnachten einen Schuhkarton für bedürftige Kinder packt. Dennoch sind dies gute Wege, um mit Kindern zu besprechen, wie man anderen helfen kann und dass unser Besitz keine Selbstverständlichkeit ist. Der Effekt wird größer, wenn wir nicht nur unsere Kinder auffordern, eigene Spielsachen zu spenden, sondern wenn wir uns selbst für einen guten Zweck von ein paar unserer Lieblingsstücke trennen oder Spenden sammeln.

Regel Nummer vier: *Vermeide vornerum hui, hintenrum pfui!* Kinder bekommen oft mehr mit, als wir denken. Was vermitteln wir unserem Nachwuchs, wenn wir über eine Bekannte lästern, mit der wir uns vordergründig gut zu verstehen scheinen? Wäre es nicht besser, unseren Kindern eine Einstellung »Leben und leben lassen« zu vermitteln, indem wir selbst nicht petzen, mobben und tolerant anderen Meinungen gegenüber sind?

Regel Nummer fünf: *Keine (Not)lügen!* Kinder merken früher oder später, wenn wir schwindeln – selbst wenn es Notlügen sind, weil wir unangemessenes Verhalten verhindern möchten oder sie vor dem »Schrecken der Welt« bewahren wollen. Mal ehrlich, wer hat schon mal ein Kind mit viereckigen Augen nach zu viel Fernsehkonsum gesehen oder eines, dem ein Kirschbaum im Magen wächst? Früher oder später durchschaut jedes Kind solche Flunkereien und begreift, was wirklich in der Wurst steckt oder dass es Kriege auf der Welt gibt – besser also, wir vermitteln unseren Kleinen all das auf kindlich angemessene Weise und geben Raum für Fragen und mögliche negative Gefühle.

Moral lernen durch Gleichaltrige. Neben der Vorbildfunktion Erwachsener und dem Erziehungsstil ist es auch die Auseinandersetzung mit Gleichaltrigen, was die Ausbildung von Fairness und moralischen Urteilen fördert – das erkannte bereits Piaget. Kinder müssen soziale Erfahrungen mit Altersgenossen sammeln, um ein Bewusstsein über gesellschaftliche Konventionen und Regeln zu bekommen. Dabei geht es nicht zwingend darum, wie oft Kinder mit Freunden spielen, sondern wie gut sie am Anfang dabei angeleitet werden. Zweijährige wären meistens noch überfordert, wenn sie einen Streit eigenständig lösen müssten. Hier braucht es wachsame Erwachsene, die in klaren Sätzen für beide Kinder eintreten und Regeln benennen (»Das Spielzeug gehört Max. Er möchte es gerade nicht teilen«). Mit zunehmendem Alter sollten Kinder dann immer wieder auch die Möglichkeit bekommen, mit Gleichaltrigen in Verhandlungen zu treten und selbstständig nach Kompromissen zu suchen. Solange ein Streit nicht eskaliert, müssen Erwachsene bei Vier- bis Fünfjährigen nicht mehr sofort eingreifen. Im schlimmsten Fall verhindern sie dadurch sogar, dass die Kinder selbst lernen, sich mit verschiedenen Regeln auseinandersetzen und diese kooperativ aushandeln.

Take-Home Message

Bereits Kindergartenkinder sind kleine »Moralapostel«, wenn es darum geht, dass sich andere unfair benehmen oder nicht an Regeln halten. Sie wissen meist schon eine Menge über Regeln und Konventionen. Das heißt allerdings nicht, dass sie sich immer selbst nach diesen Moralvorstellungen verhalten! Das Handeln nach sozialen Regeln sowie komplexe moralische Urteile wachsen langsam – durch soziale Rückmeldung, das Erklären von Regeln, die Auseinandersetzung mit Gleichaltrigen und nicht zuletzt durch gute Vorbilder.

16. Verringern Belohnungen die Eigenmotivation?

Der Korrumpierungseffekt zur Erklärung von Motivation

Das Ergebnis dieses Experiments mag vorerst paradox wirken: Kinder, die für das Malen mit schönen Glitzerstiften Geld erhielten, malten nicht etwa noch häufiger mit diesen, sondern seltener! Dieser Motivationsverlust ging als »Korrumpierungseffekt« in die Lehrbücher der Psychologie ein: Wir machen Dinge, mit denen wir uns ursprünglich freiwillig beschäftigen, weniger gern, wenn wir dafür eine Belohnung erhalten. Eine wichtige Erkenntnis – auch mit Blick auf das Lern- und Leistungsverhalten unserer Kinder.

Das Forschungsteam nahm Kinder und ließ sie Bilder mit besonders schönen Glitzerstiften malen. Die Kinder dieser Studie hatten – das ist das A und O – große Freude daran. Deshalb wurden in einer Vortestung nur die Kinder ausgewählt, die grundsätzlich gern malten, Interesse an den dargebotenen bunten Stiften zeigten und in etwa gleichaltrig waren. Im Idealfall sollten die Kinder einer Studie zudem eine ähnliche Intelligenz und einen vergleichbaren familiären Hintergrund haben; denn das sind alles Störvariablen, die Ergebnisse psychologischer Experimente beeinflussen. Wer ein Grundverständnis in Statistik mitbringt, weiß allerdings auch, dass sich dieser Einfluss im Nachhinein zumindest teilweise herausrechnen lässt.

Nun wurden die Kinder in ein Versuchslabor eingeladen, in dem sichergestellt wurde, dass sie durch nichts anderes abgelenkt waren, und in drei Gruppen aufgeteilt. Die eine Gruppe der Kinder wurde explizit darüber informiert, dass sie in Zukunft immer eine Belohnung bekäme, wenn sie wieder mit den Stiften malte (»*Expected-award*-Gruppe« genannt). Die andere erhielt zwar eine Belohnung, wusste vorher aber nichts davon (das war die *Unexpected-award*-Gruppe). Und die dritte Gruppe – die Kontrollbedingung, die bei keinem psychologischen Experiment fehlen sollte – erhielt keinerlei Belohnung für das Malen. Die Forschungsfrage lautete: Welche Kinder würden in Zukunft am häufigsten mit den Stiften malen?

Worum geht's?

Marc Lepper, David Greene und Richard Nisbett konzipierten dieses Experiment im Jahr 1973, um folgender Forschungsfrage nachzugehen: Üben wir eine Tätigkeit, der wir ursprünglich freiwillig nachgegangen sind, noch lieber oder eher seltener aus, wenn wir dafür einen externen Anreiz (zum Beispiel Geld) erhalten?

Die Forschergruppe kam zu folgendem verblüffendem Ergebnis: Die Kinder, die schon vorher wussten, dass sie eine Belohnung erhalten würden (die *Expected-award*-Gruppe), malten im Folgeversuch nicht nur für eine kürzere Dauer, sondern auch schlampigere Bilder, denn sie taten es nicht mehr aus Freude an der Sache, sondern des Geldes wegen. Die Gruppe, die nicht mit der Belohnung rechnete oder überhaupt keine erhielt, widmete sich hingegen noch genauso vergnügt den neuen Stiften. Woran liegt das? Bevor wir dieses spezielle Ergebnis genauer betrachten können, folgt ein kurzer Exkurs in die *Motivationspsychologie*.

Motivation

Motivation ist »ein innerer Zustand, der Verhalten aktiviert, ihm die Richtung weist und es aufrechterhält« (Woolfolk 2008). Die Ergründung der Motivation ist nicht nur im Kindesalter relevant, sondern betrifft Psychologen in den verschiedensten Arbeitsfeldern: Therapeutinnen, deren Patienten sich zu nichts mehr ermutigen lassen. Personalentwicklerinnen, die Manager coachen, um ihre Mitarbeiter zu Höchstleistungen anzutreiben. Oder auch Marktforscher, die das Konsumverhalten bestimmter Bevölkerungsgruppen analysieren. Um die Motivation zu erforschen, befassten sich Wissenschaftler verschiedener Teildisziplinen der Psychologie deshalb hauptsächlich mit folgenden Fragen: »Warum widme ich mich einer Aufgabe?«, »Welches Ziel verfolge ich?«, »Wie lange brauche ich, bis ich mich zu dieser Aufgabe aufraffen kann?«, »Wie lange befasse ich mich dann auch wirklich intensiv damit?« und »Was denke und fühle ich, während ich eine Aufgabe ausführe?«.

In der Motivationsforschung werden grundsätzlich zwei Arten von Motivation unterschieden: die *intrinsische* und die *extrinsische*. Erstere erfolgt aus eigenem Antrieb (lat. *intrinsecus* [innerlich]), durch Interesse an der Sache, Letztere aufgrund äußerer Antriebe (lat. *extrinsecus* [von außen her]).

Wie wir Kindern ihre Begeisterung nehmen. Welche Motivation zeigten die Kinder dieses Experiments? Zu Beginn widmeten sie sich der Aufgabe, weil sie ihnen Spaß machte. Ihr Ziel war es, ein schönes Bild mit neuen Stiften zu malen oder einfach »um der Sache willen« mit schönen Stiften zu experimentieren. Sie begannen sofort zu malen und legten dabei große Ausdauer an den Tag. Sie hatten Freude an der Aufgabe, widmeten sich dieser mit Neugier und Begeisterung und erfüllten sie aus freien Stücken. Die Kinder waren *intrinsisch motiviert*. Sie benötigten keinen Anreiz von außen, die Tätigkeit selbst war »Belohnung« genug. Intrinsisch motivierte Kinder erleben sich häufig im »Flow« – dem beflügelnden Gefühl, sich ganz einer Sache hinzugeben und sich durchweg in sie zu vertiefen und in ihr aufzugehen (siehe auch Kapitel 14).

Was passiert nun aber, wenn diese schöne Tätigkeit einfach belohnt wird – und zwar so, dass die Kinder schon vorher darüber Bescheid wussten? Sehen wir uns das Verhalten der Kinder in der *Expected-award*-Gruppe an: Sie widmeten sich der Aufgabe, weil sie dafür Geld bekamen, ihr Ziel veränderte sich also grundlegend. Sie wurden *extrinsisch motiviert*. Vielleicht wollten sie ihr Taschengeld aufbessern oder dem Versuchsleiter beziehungsweise den Eltern gefallen. Sie rafften sich nun langsamer auf, bis sie anfingen zu malen, und beschäftigten sich kürzer damit, denn sie *mussten* das nun tun, um einen Zweck zu erreichen, und hatten aller Wahrscheinlichkeit nach weniger positive Gedanken und Gefühle während ihrer Tätigkeit.

Leppers Studienergebnis ging wie gesagt als sogenannter *Korrumpierungseffekt* (häufig auch *overjustification effect* oder »Überrechtfertigungseffekt« genannt) in die Geschichte der Psychologie ein: Eine primäre Motivation (das war die intrinsische Motivation), die man durch einen materiellen Anreiz belohnt, wird von einer sekundären Motivation (die sogenannte extrinsische Motivation) verdrängt, da es zu einer *kognitiven Neubewertung* kommt.

In seinem Beispiel verfolgten die Kinder nun ein bestimmtes, extrinsisch motiviertes Ziel (Geld zu erhalten) und waren nicht mehr intrinsisch an der Sache selbst (dem Malen) interessiert. Sie mögen etwa gedacht haben: »So großartig können die Stifte ja nicht sein, wenn ich Geld bekomme, um sie auszuprobieren.«

Was heißt das jetzt für Eltern?

Der erste Impuls beim Lesen des Experiments von Lepper und Kollegen war vielleicht folgender: Wenn ich etwas sowieso schon gern mache, ist es doch umso besser, nun auch noch mein Geld damit zu verdienen – ist das nicht der Anspruch vieler bei der Berufswahl: eine erfüllende Tätigkeit? Doch in der Realität sieht es häufig anders aus, sobald die Leidenschaft zum Beruf wird, oder? Kann nicht Schreiben, Tanzen, Schauspielern, Bloggen oder Yoga – also ein eigentliches Hobby – gelegentlich zur Qual werden, sobald man damit seinen Lebensunterhalt stemmen muss? Oder wie wäre es, wenn unser Partner uns plötzlich für Sex mit ihm bezahlte? Würde eine solche materielle Belohnung wirklich dazu führen, dass wir häufiger kuschelten? Vor allem: Hätten wir dann noch dieselbe Freude dabei? Vermutlich wird es uns im Prinzip nicht anders als den Kindern im geschilderten Experiment gehen, die deutlich nachlässiger in ihrem Tun wurden. Und auch dem leidenschaftlichen Matheknobler oder Bücherwurm wird es ähnlich gehen, wenn die intrinsische Motivation durch extrinsische Anreize ersetzt wird.

Warum wir Kinder nicht zum Teilen zwingen sollten. Wer sein Kind zum Teilen zwingt, erzielt übrigens einen vergleichbaren Effekt: Kinder teilen dann nicht mehr aus freien Stücken (intrinsisch motiviert), sondern weil sie dies müssen (extrinsisch motiviert). Wie oft gehen Eltern Sätze wie »Ach komm schon, jetzt gib doch mal deine Sandspielsachen ab« oder »Teilen muss sein; sei nicht so egoistisch« über die Lippen. Kinder, die nicht das Gefühl haben, frei darüber entscheiden zu dürfen, ob sie teilen oder nicht, teilen weniger gerne als Kinder, denen es selbst überlassen wird.

Lob fürs Lernen, für Leistung oder besser ganz aufs Loben verzichten? Für Wissenschaftler der Psychologie ist die Erforschung der intrinsischen und extrinsischen Motivation nicht nur an sich interessant, sondern sie wird auch mit der *Lern-* und *Leistungsmotivation* in Verbindung gebracht. Kinder, die lernmotiviert sind, widmen sich einer Tätigkeit, weil ihnen eine Sache Spaß macht, weil sie sie spannend finden oder weil sie wissbegierig und neugierig sind. Dieses intrinsisch motivierte Verhalten findet man häufig bei Schulanfängern und (leider immer seltener) bei Grundschülern der höheren Klassen. Sie knobeln vertieft an Matheaufgaben, wollen unbedingt lesen lernen, finden alles zu den Themen »Dinos«, »Ballett« oder »Fußball« faszinierend und verschlingen daher alle Bücher dazu, um sich mehr und mehr Wissen im jeweiligen Bereich anzueignen. Kinder, die hingegen leistungs- und damit extrinsisch motiviert sind, verfolgen meistens einen bestimmten Zweck: Sie lernen, weil sie sich nicht vor der Klasse blamieren wollen, sie für eine gute Note von der Lehrerin gelobt oder für eine schlechte Note von den Eltern getadelt werden, vielleicht sogar Hausarrest oder Fernsehverbot bekommen.

Fragt man ältere Schulkinder, worauf sie stolz sind, antworten viele: »Dass ich gut in der Schule bin« oder »Dass ich die beste Note in Mathe geschrieben habe« und nicht etwa »Dass ich mich stun-

Hilfsbereitschaft versus Pflichtbewusstsein

Hilfsbereitschaft und Pflichtbewusstsein sind zwei wichtige, jedoch relativ unterschiedliche Tugenden. Ersteres ist im Idealfall intrinsisch, letzteres meistens eher extrinsisch motiviert. Die Fähigkeit zur Hilfsbereitschaft lässt sich fördern, indem Kinder bei manchen Aufgaben ernst gemeinte Wahlfreiheit bekommen (»Würdest du mir bitte beim Tischdecken helfen? Nein? Okay, dann mache ich es heute selbst«). Ein Kind, das frei entscheiden darf, wird sich beim nächsten Mal mit größerer Wahrscheinlichkeit zum Helfen entscheiden, denn seine intrinsische Motivation bleibt erhalten. Pflichtbewusstsein hingegen ist eher mit extrinsischer Motivation zu vergleichen: Es gibt Tätigkeiten, die keinen Spaß machen, aber erledigt werden müssen! Auch das sollten Kinder von klein auf lernen. Das heißt: Die Mischung macht's.

Empfehlenswert ist daher eine kleine feste Aufgabe im Haushalt (ab dem Vorschulalter zum Beispiel jeden Abend das Zimmer selbstständig aufräumen), die auch mit Lob oder einer kleinen Belohnung gekoppelt werden kann in Verbindung mit genügend wirklichen Wahlmöglichkeiten, um die intrinsische Motivation am Helfen zu erhalten (»Hilfst du mir bei …?«).

denlang in ein Thema vertiefen kann« oder »Dass ich ein Experte in Sachen ›Pferde‹ bin«.

Woran könnte das liegen? Eltern tendieren häufig dazu, in erster Linie die Leistung ihrer Kinder zu loben, denn sie ist deutlich leichter messbar als das Lernverhalten. Dennoch können Eltern genauso stolz auf ihre Kinder sein, wenn diese selbstständig einen Konflikt unter Geschwistern gelöst haben oder bei einem Streit auf dem Pausenhof dazwischengegangen sind und Zivilcourage gezeigt haben. Und warum nicht auch, wenn sie sich ins Zeug gelegt haben und stundenlang für die Englischklausur büffelten – dass es am Ende »nur« eine Drei wurde, sollte eigentlich nebensächlich sein, oder?

Aus weiteren Forschungsarbeiten der pädagogischen Psychologie wird ersichtlich, dass beim Belohnen von Leistung die intrinsische Motivation sinkt. Wird hingegen die Anstrengungsbereitschaft des Kindes belohnt, bleibt die intrinsische Motivation meist bestehen. Zwei Beispiele zur Veranschaulichung: Wir können mit unserem Kind vereinbaren, dass wir ihm für jede Eins im Zeugnis fünf Euro und für jede Zwei drei Euro schenken. Oder aber wir loben unser Kind dafür, dass es heute stundenlang, ohne zu murren, Englischvokabeln gepaukt hat. Was lernt das Kind wohl aus der jeweiligen Situation? Ist es wichtiger, zu lernen oder Leistung zu erbringen?

Vielleicht fragt sich nun der ein oder andere, ob es nicht einfach das Beste sei, seine Kinder überhaupt nicht mehr zu loben oder gar zu belohnen. Etwa aus Angst davor, die Kinder würden dann vieles nur noch tun, um ihren Eltern zu gefallen. Es gibt tatsächlich viele Situationen, in denen Kinder nicht unbedingt ein Lob von außen benötigen. Sie sind stolz auf sich selbst, weil sie etwas aus eigener Kraft geschafft haben. Sie erleben ohnehin Selbstwirksamkeit. Oft überkommt es Eltern aber nun mal: Wir freuen uns einfach zu sehr mit, wenn die Kleine einen großartigen Auftritt auf der Bühne hinlegt oder eine Supernote mit nach Hause bringt – und das dürfen wir unsere Kinder ruhig wissen lassen!

Wann ist Loben dennoch okay? Zur Beantwortung dieser Frage sei erneut das Studienergebnis von Lepper und Kollegen sowie eine Meta-Analyse zitiert. Beide fanden, dass Belohnung die intrinsische Motivation nur unter drei Bedingungen zerstört. Erstens: Die Tätigkeit muss zunächst gern ausgeführt worden sein. Wer nie Spaß an Mathe hatte, dem kann dennoch ein kleiner Anreiz helfen, um sich zu motivieren und vielleicht doch noch Interesse an der Sache zu wecken. Zweitens: Die Belohnung war im Experiment materieller Art! Das heißt also, ein kleines verbales Lob als Anerkennung der Kompetenz schadet keineswegs. Dennoch entscheidet die Wortwahl, ob ein Kind für seine grundsätzliche Fähigkeit (»Du bist einfach der Tollste!«, »Du bist ein Mathegenie«) oder die spezielle Erfolgssituation gelobt wird (»Heute hast du richtig klasse gespielt!« oder »Schön, wie sehr du dich für Mathe begeistern kannst!«). Im ersten Fall kann es dazu führen, dass das Kind es mitunter für gar nicht nötig hält, sich anzustrengen (»Ich bin so begabt und kann das ja sowieso«). Im zweiten Fall merkt es, dass sich Anstrengung lohnt, und wird in Zukunft wahrscheinlich wieder versuchen, sein Bestes zu geben. Drittens: Die Belohnung muss vorhersehbar gewesen sein. Denn Leppers Ergebnis zeigte kaum einen Unterschied zwischen den Kindern, die keine Belohnung erhielten, und denen, die zwar Geld bekamen, damit aber nicht gerechnet hatten. Das heißt also: Ab und an ist auch ein kleiner materieller Anreiz in Ordnung – am besten ohne Vorankündigung. Die intrinsische Motivation lässt sich mit der geschickten Auswahl einer auf das Interesse abgestimmten Belohnung sogar noch verstärken: Es spricht absolut nichts dagegen, einer Leseratte noch mehr Bücher zu schenken oder einem Fußballspieler beim Aufstieg in die nächste Liga neue Fußballschuhe zu spendieren. Eine Belohnung, die in jedem Fall gut ankommt, ist es, gemeinsame Zeit zu verbringen und Interesse an dem zu zeigen, wofür sich ein Kind gerade so sehr begeistern kann.

Korrumpierung umgekehrt gedacht. Andersrum lässt sich anhand des Korrumpierungseffekts eine clevere Überlegung anstellen: Ist es möglich, einem Heranwachsenden, der ununterbrochen zockt, die Freude am Computerspiel zu nehmen, indem das Zocken einfach belohnt wird? Eine gewagte Idee, die in der Verhaltenstherapie allerdings tatsächlich manchmal zum Einsatz kommt und »paradoxe Intervention« genannt wird. Die Pflicht, einen Tag von acht Uhr früh bis spät in die Nacht zocken zu *müssen*, sich einen ganzen Tag *ausschließlich* von Süßigkeiten zu ernähren oder eine ganze Packung Zigaretten hintereinander zu rauchen, kann in manchen Fällen zu einer »Spontanheilung« führen – eine Garantie auf Erfolg gibt es aber leider nicht.

Take-Home Message

1. *Verbales Lob ist viel mehr wert als materielles.* Es vermittelt Kindern Interesse und Bestätigung (»Eine Zwei in Mathe – super! Ich freue mich mit dir. Wie war dein Schultag denn sonst so?«). Kleine (!) materielle Anreize sollten lieber nur eingesetzt werden, wenn ein Kind keinerlei Motivation aufbringen kann. Ideal ist es, wenn der materielle Anreiz zum zu fördernden Interesse passt (etwa ein lustiges Buch, um Lesen zu üben, oder neue Turnschuhe für den Sportverein).
2. *Fortschritte zu loben ist immer besser, als das Ergebnis zu loben* (»Du hast dich in Mathe verbessert! Großartig, wie gut du gelernt hast!«).
3. *Beschreibendes Lob geht mit den vorherigen Regeln guten Lobens einher.* Ein unspezifisches »Super« hilft Kindern nicht, um sich mit ihren Interessen und ihrer Lernbe-

reitschaft auseinanderzusetzen. Je präziser der Prozess gelobt wird, umso besser (»Schön, jetzt kannst du schon ganz allein dieses Haus mit drei Fenstern und einer Tür malen«).

4. *Echtes Interesse zeigen ist besser als ein plumpes und oft voreiliges »Super!«.* Ein Kind, das auf der Rutsche steht, die es schon zigmal gerutscht ist, oder das zehnte Strichmännchen gemalt hat, erwartet kein »Toll! Großartig«. Es wünscht sich vielmehr eine soziale Referenz (siehe Kapitel 6), um sich sicher zu sein, dass die Eltern Notiz von ihm nehmen. Kinder wollen spüren, dass die Eltern das, was sie tun, wertschätzen. Ein »Das Rutschen macht sicher Spaß« oder ein »Es freut mich, wie du dich dafür begeisterst« ist in solchen Fällen viel angebrachter. Das vermittelt dem Kind Wertschätzung, denn sich miteinander zu freuen ist das schönste »Lob«.

17. Vom Optimisten zum Realisten

Die Studie zum Fähigkeitsselbstkonzept

In dieser Längsschnittstudie wurden Schulkinder während der Grundschulzeit begleitet und befragt, wie sie ihre eigenen Fähigkeiten im Vergleich zu denen ihrer Klassenkameraden einstuften. Erstklässler zeigten im Durchschnitt eine Überschätzung ihrer Kompetenzen im Lesen und Rechnen – doch das ist nicht schlimm! Die Forscher dieser Studie fanden heraus, dass eine »maßvolle« Überschätzung der eigenen Kompetenzen förderlich ist, da sie den Kindern hilft, die Freude am Lernen beizubehalten.

Das Forschungsteam nahm Kinder, die über einen längeren Zeitraum hinweg mehrmals ihre schulischen Fähigkeiten einschätzen sollten, und begleitete sie während der ersten Schuljahre. Mit Eintritt in die erste Klasse wurden den an der Studie teilnehmenden Kindern Brettspielfiguren gezeigt. Diese Figuren wurden in einer senkrechten Reihe platziert und symbolisierten die Leistungsrangordnung einer Schulklasse. Das Forschungsteam erklärte die Aufstellung wie folgt: »Stell dir mal vor, das sind die Kinder deiner Schulklasse. Dieser hier oben kann am besten von allen Kindern lesen (beziehungsweise rechnen). Der darunter ist auch sehr gut, aber es gibt noch bessere Schüler. Dieser hier unten ist das Kind, das am schlechtesten von allen lesen kann, und darüber sind Kinder, die weder sehr gut noch sehr schlecht lesen können.« Nach dieser Erklärung sollten die Schüler auf die Figur zeigen, die sie selbst darstellt. Wo ordneten sich die meisten Kinder ein, und änderte sich diese Einschätzung im Verlauf der Schulzeit?

Worum geht's?

Andreas Helmke und weitere Forscher interessierten sich in diesem Teil der sogenannten LOGIK-Studie für die Entwicklung des *Fähigkeitsselbstkonzepts* (das Akronym LOGIK steht für »Longitudinal-Studie zur Genese individueller Kompetenzen«). Das *Selbstkonzept* umfasst Vorstellungen über sich selbst hinsichtlich körperlicher (»Ich kann gut tanzen«, »Ich habe schöne Haare«), sozialer (»Ich bin hilfsbereit«, »Ich habe viele Freunde in der Klasse«) und eben auch schulischer Aspekte (»Ich bin gut im Kopfrechnen, aber mit Französischvokabeln tue ich mich schwer«). Letzteres wird als das »Fähigkeitsselbstkonzept« bezeichnet und unterteilt sich wiederum in die verschiedenen schulischen Bereiche wie Deutsch, Mathematik und die Fremdsprachen. Während der *Selbstwert* eher Gefühle in Bezug auf die eigene Person sind, geht es beim Selbstkonzept stärker um beschreibende und beurteilende Gedanken über sich selbst – ganz trennen lassen sich beide jedoch nicht.

Viele Schulanfänger überschätzen ihre Fähigkeiten – gut so! Helmke und Kollegen fanden, dass sich die meisten Erst- und Zweitklässler zu den besten Schulkindern der Klasse zählten – noch relativ unabhängig davon, wie gut ihre Leistungen im Lesen oder Rechnen tatsächlich waren. Die Schulanfänger neigten zu einer optimistischen Selbstüberschätzung. In der dritten und vierten Klasse wurden die Einschätzungen etwas realistischer. Die Kinder erkannten, ob sie tatsächlich zu den Besten oder den Schlechteren der Klasse gehörten.

Allerdings fasste Helmke die Ergebnisse seiner Studie folgendermaßen zusammen: »Die Entwicklung vom Optimisten zum Realisten ist … viel differenzierter und komplexer, als es die griffige Titelzeile erwarten lässt.« Damit verdeutlichte er, dass es sich bei diesem Entwicklungstrend nur um den Durchschnitt aller Kinder der Studie handelt. Im Einzelfall können die Ergebnisse ganz anders ausfallen. Da gibt es zum Beispiel Schulkinder, die bereits in der ersten Klasse denken, sie wären schlechter als andere, und solche, die noch in der vierten Klasse dazu neigen, die eigenen Fähigkeiten vollkommen unrealistisch zu überschätzen.

Ist es denn nun schlecht, dass die meisten Kinder ihre schulischen Fähigkeiten etwas zu gut bewerten? Auch dazu konnte Helmke anhand seiner Studienergebnisse eine Antwort geben: Nein! Ein maßvoller Optimismus zu Beginn der Grundschulzeit war sogar sehr hilfreich für die psychosoziale Entwicklung. Die Kinder, die sich etwas überschätzten, zeigten selbst bei schwierigen Aufgaben mehr Motivation und Durchhaltevermögen, was sich positiv auf ihre tatsächliche Schulleistungen auswirkte.

Kinder, die sich hingegen sehr stark selbst überschätzten und mit der Grundeinstellung »Ich kann sowieso alles« durchs Schulleben gingen, zeigten deutlich weniger Anstrengung und letztendlich schlechtere Leistungen. Und die Kinder, die sich für die Schlechtesten unter ihren Klassenkameraden hielten, hatten häufig mehr Ängste in Bezug auf Leistungstests und ebenfalls eine geringere Motivation, was sich auch ungünstig auf ihren schulischen Werdegang auswirkte.

Wie Kinder lernen, ihre schulischen Fähigkeiten einzuschätzen. Als Erklärung für die Überschätzung schulischer Fähigkeiten führten die Forscher eine »starre« Denkweise an, die bereits

Piaget in seiner Entwicklungstheorie beschrieb und »Zentrismus« nannte: Jüngeren Kindern gelingt es noch nicht, alle verfügbaren Informationen in ihr Denken einzubeziehen, bevor sie zu einer Schlussfolgerung kommen.

In den bisherigen Kapiteln zeigte sich eine ähnliche Denkweise auch mit Blick auf die Moralentwicklung (»Je mehr Tassen zerbrochen sind, desto schlimmer«) oder die eingeschränkte Perspektivenübernahme. Bei der Ausbildung des Fähigkeitsselbstkonzepts verhält es sich ähnlich: Kinder müssen erst lernen, Rückmeldungen der Eltern sowie der Lehrer und den Vergleich mit Gleichaltrigen zu integrieren und daraus ein realistisches Selbstkonzept zu entwickeln. Außerdem fällt es Kindern bis etwa zum achten Lebensjahr noch schwer, Wunsch und Wirklichkeit zu unterscheiden. Kinder, die sich für den Klassenbesten halten, wünschen sich dies vermutlich eher, als dass sie selbst davon überzeugt sind. Demnach ist es ein komplexer Prozess, sich vom »Wunschdenken« zu trennen und zu lernen, Rückmeldungen – auch in Form von Noten – in das eigene Selbstbild zu integrieren.

Neben der Rückmeldung durch Lehrkräfte und Eltern scheint der soziale Vergleich mit den Klassenkameraden ausschlaggebend zu sein. Dass es sich hierbei um einen subjektiven Vergleich handelt, zeigt der *Big-fish-little-pond*-Effekt (auch »Fischteicheffekt« genannt) besonders anschaulich: Ein Schulkind *(big fish)* zeigt in der schwächeren Klasse oder im »kleinen Teich« *(little pond)* ein höheres Fähigkeitsselbstkonzept als dasselbe Schulkind *(little fish)* in einer leistungsstarken Klasse *(big pond)*. Daher kann ein Fähigkeitsselbstkonzept niemals unbeeinflusst von den äußeren Umständen sein. Es formt sich stets im Vergleich mit anderen.

Immer auf der Suche nach Gründen ... Nicht nur mit Blick auf die eigenen Fähigkeiten, sondern hinsichtlich jeglichen Verhaltens sind wir permanent – bewusst und unbewusst – auf der Suche nach Erklärungen für unser eigenes Verhalten und das der Menschen aus unserem Umfeld. Wir alle sind »Alltagspsychologen« und fragen uns permanent nach Ursachen (»Woran liegt es, dass ich eine Zwei in Mathe habe?«, »Wie konnte es mir passieren, dass ich das Referat vermasselt habe?«, aber eben auch »Warum spielt mein Freund gerade nicht mit mir?« oder »Weshalb musste ich während des gesamten Fußballspiels als Auswechselspieler auf der Ersatzbank sitzen?«).

Fritz Heider war der wegweisende Forscher, der mit seiner *Attributionstheorie* verschiedene Erklärungsmöglichkeiten unterteilte. Bleiben wir beim Beispiel der Zwei in Mathe. Heider unterschied einerseits zwischen internen und externen Überzeugungen. Das ist die Schlussfolgerung, ob ein bestimmtes Resultat an der Person selbst oder den Umständen liegt. Andererseits spielt es eine Rolle, ob die Ursachen dafür stabil oder variabel sind, das heißt, dauerhaft oder veränderbar. Ein Schüler kann eine Zwei in Mathe erreicht haben, weil er besonders begabt in diesem Fach ist (internal/stabil), diesmal besonders viel gelernt hat (internal/variabel) oder aber auch weil der Lehrer allgemein sehr einfache Schulaufgaben stellt (external/stabil) oder weil der Schüler Glück hatte und genau die Aufgaben drankamen, die er zufällig lösen konnte (external/variabel).

	Internal	External
Stabil	Fähigkeit (»Ich bin klug/dumm.«)	Aufgabenschwierigkeit (»Die Klausur war schwierig/einfach.«)
Variabel	Anstrengung (»Ich war fleißig/faul.«)	Glück (»Ich hatte Glück/Pech.«)

Die vier verschiedenen Möglichkeiten der Ursachenzuschreibung

Martin Seligman ergänzte Heiders Theorie und zeigte, dass Optimisten Erfolge eher ihren eigenen Fähigkeiten zuschreiben (»Ich habe mich richtig gut vorbereitet und daher ein super Referat gehalten«) und Misserfolge auf ungünstige Umstände zurückführen (»Heute war einfach nicht mein Tag«). Bei pessimistischen Menschen verhält es sich genau umgekehrt: Sie schreiben Erfolge den Umständen zu (»Da hatte ich wohl einmal Glück«) und Misserfolge führen sie auf persönliches Versagen zurück (»Ich bin einfach zu dumm dafür«).

Doch nicht nur der Attributionsstil, sondern auch der damit verbundene Umgang mit Erfolgen und Misserfolgen ist essenziell für die Entwicklung des Fähigkeitsselbstkonzepts. Werden Erlebnisse als kontrollierbar wahrgenommen (»Wenn ich fleißig bin, bekomme ich bessere Noten«), so hat dies einen positiven Einfluss auf die Erwartungen an die eigenen Fähigkeiten und dadurch auf die Lernmotivation und das Durchhaltevermögen. Wenn Ereignisse hingegen als unkontrollierbar und als eine Folge der eigenen mangelnden Fähigkeiten wahrgenommen werden (»Ich bin so dumm, egal, wie viel ich lerne, es reicht sowieso nicht«), neigen Kinder und Erwachsene nicht nur dazu, ein geringes Selbstkonzept zu entwickeln, sondern sich als wenig selbstwirksam zu erleben, was bis hin zur Resignation gehen kann. Seligman nannte dieses Phänomen die »erlernte Hilflosigkeit«, die auch für die Entstehung und Aufrechterhaltung von Depressionen eine Rolle spielt.

Was heißt das jetzt für Eltern?

Die meisten Schulanfänger neigen dazu, ihre eigenen Fähigkeiten zu überschätzen. Sie denken häufiger, dass sie zu den Klassenbesten gehören, als dass sie es tatsächlich sind. Dieser Optimismus ist dabei nicht abträglich, sondern sogar förderlich für die weitere schulische Entwicklung. Schulkinder, die sich maßvoll überschätzen, nehmen Aufgaben schneller in Angriff, haben weniger Selbstzweifel und lassen sich seltener bei Schwierigkeiten entmutigen. Auch wenn die Leistungen natürlich nicht nur von der eigenen Einschätzung, sondern auch von den tatsächlichen Kompetenzen in einem Fach und der Intelligenz abhängen, kann eine positive Einstellung hinsichtlich der eigenen Fähigkeiten letztendlich bessere Schulleistungen begünstigen.

Wie werden Kinder zu »maßvollen Optimisten«? Helmke fasst zusammen, dass sich ein sogenannter maßvoller Optimismus am günstigsten auf die Entwicklung des Fähigkeitsselbstkonzepts auswirkt. »Maßvoll« bedeutet, dass Schulkinder sich ein wenig besser einschätzen, als sie tatsächlich sind, ohne sich vollkommen unrealistisch zu überhöhen.

Wenn Eltern bemerken, dass sich ihre Schulanfänger einbilden, besser zu sein, als sie tatsächlich sind, können sie in aller Regel die Füße stillhalten, denn das ist ganz normal! Wenn man bedenkt, was Kinder alles in der Schule lernen müssen, ist es durchaus verständlich, dass sie dieses optimistische Selbstbild brauchen, um nicht von Grund auf demotiviert zu sein. Kindern permanent nur ihre Fehler aufzuzeigen und zu besseren Leistungen anzutreiben (»Ach komm, du bist doch ein Erstklässler und kannst noch nicht richtig schreiben. Da musst du aber noch viel üben, bis du das kannst«), hilft beim Aufbau eines realistischen Selbstbildes kaum weiter und kann sich langfristig eher negativ auf die schulische Entwicklung auswirken. Ebenso wenig hilfreich ist es allerdings, die Kinder in ihrer Selbstüberschätzung zu bestätigen (»Ja, das stimmt. Du bist der Tollste!«).

Was sollten Eltern stattdessen tun? Ziehen wir die verschiedenen Attributionsstile heran in Verbindung mit dem vorangegangenen Kapitel, das sich mit Motivation und Lob beschäftigt. Auch wenn sich Eltern grundsätzlich mit ihren Bewertungen zurückhalten sollten (und viele auch möchten), wird es in der Realität ohne jeglichen Kommentar kaum funktionieren. Zudem wünschen sich die meisten Kinder nicht nur eine Einschätzung ihrer Eltern, sie brauchen diese auch, um ein Gefühl für die eigenen Stärken und Schwächen zu entwickeln. Es kommt also maßgeblich auf die Art der Rückmeldung an. Diese hat einen großen Einfluss darauf, ob sich Kinder bei Misserfolgen entmutigen lassen oder nicht.

Seligmans Forschung zeigte hier, dass es förderlich ist, kleine Niederlagen eher auf die Umstände zurückzuführen und nicht auf mangelnde Fähigkeiten (»Die Schulaufgabe war aber auch schwierig. Beim nächsten Mal klappt es sicherlich besser, wenn du wieder gut lernst«). Erfolge dürfen hingegen gern den Fähigkeiten des Kindes zugeschrieben werden – besser ist es hier jedoch, nicht die grundsätzliche Begabung (»Du bist so klug!«), sondern eher das Lernverhalten und die damit verbundene Anstrengung zu würdigen (»Klasse, da hast du aber gut gelernt«).

Das Kind hat jedoch absolut nicht gelernt – was tun? Dann hilft zwar eine positive Formulierung, um die grundsätzliche Lernbereitschaft aufrechtzuerhalten (»Die Aufgaben waren ganz schön schwierig« statt »Du bist zu faul«), dennoch ist es wichtig, nicht einfach pauschal alles auf die Umstände zu schieben, etwa indem die Lehrkraft für jeden Misserfolg verantwortlich gemacht wird. Denn genauso wichtig ist es, die Selbstreflexion anzuregen (»Woran könnte es denn liegen, dass du das nicht so gut konntest? Hattest du Pech, weil genau das drankam, was du nicht vorbereitet hast, oder hast du dich dieses Mal vielleicht nicht genug vorbereitet?«).

Selbstüberschätzer und Selbstunterschätzer. Gerade bei Kindern, die ihre schulischen Fähigkeiten noch zum Ende der Grundschulzeit stark überschätzen, ist es wichtig, ihnen bei der Selbstreflexion behilflich zu sein und ihnen ein realistisches Selbstbild zu vermitteln – ohne sie abzuwerten. Floskeln mit wenig Inhalt (»Toll gemacht!« oder »Du bist so klug!«) helfen kaum weiter. Auch hier gilt: Es ist immer besser, die Anstrengung zu loben und zu würdigen, in welchen Bereichen ein Kind Stärken hat. Aber eben auch zu überlegen, worin die Schwächen liegen. Denn auch die sind »in Ordnung«. Niemand kann alles können – eine wichtige Erkenntnis.

Was ist mit den Kindern, die sich bereits zu Beginn der Schulzeit wenig zutrauen und das Gefühl haben, nicht so gut zu sein wie andere? Diese Schulkinder gilt es in ihrem Selbstbild zu stärken. Auch schüchterne Kinder, denen der Schuleintritt schwerfällt, werden ihren Weg gehen, wenn sie Eltern an der Seite haben, die in ihre Fähigkeiten vertrauen und die sich weder übermäßig sorgen noch ihre Kleinen zusätzlich abwerten.

Aller Anfang kann schwer sein – das gilt auch für viele Grundschulkinder. Mit den richtigen Strategien an der Hand lässt sich das Selbstkonzept dieser Kinder aufbessern. Solche Tipps fangen nicht erst bei schulischen Themen an. Hilfreich kann es etwa sein, das Selbstwirksamkeitsgefühl zu stärken, indem die Kinder möglichst viele eigene Entscheidungen treffen dürfen (zum Beispiel »Magst du zuerst Lesen oder Rechnen üben?«) und nach ihrer Meinung gefragt werden. Auch lässt sich ihr Mut fördern, indem sie kleine Aufgaben selbst übernehmen (zum Beispiel die Lehrkraft selbstständig fragen, was zum Schulausflug mitzunehmen ist). Diese Selbstständigkeit wirkt sich meistens positiv auf das Selbstkonzept aus. Außerdem erleben sich Kinder kompetent, wenn sie Experte in einem Themengebiet sind und den Eltern oder Geschwistern etwas erklären können.

Zudem drei wichtige Grundhaltungen. Erstens: Fehler gehören

dazu, aus Fehlern lernt man. Zweitens: Wie immer gilt es, die Gefühle der Kinder ernst zu nehmen. Ein Kind geht ungern in die Schule oder hat Angst vor Referaten? Dann sollten Eltern dieses Gefühl spiegeln (»Ich verstehe gut, dass dir da etwas mulmig zumute ist!«), statt diese kleinzureden (»Ach, stell dich nicht so an, die anderen schaffen das doch auch!«). Keine Option ist es jedoch, das Kind aus solchen Gründen krankzumelden, denn das verstärkt nur die Angst (siehe auch Kapitel 8). Drittens: Liebe darf niemals an Bedingungen geknüpft sein! Egal, ob ein Kind gut oder schlecht in der Schule ist, es sollte immer das Gefühl haben, genau richtig zu sein, wie es ist.

»Mein Kind kann …« – Der Vergleich mit anderen. Eine »objektive« oder neutrale Bewertung der eigenen Person ist nicht möglich. Wir definieren uns zu einem Großteil durch den Vergleich mit anderen. Daher entwickelt sich auch das schulische Selbstkonzept hauptsächlich durch den sozialen Vergleich. Dieses Vergleichen der eigenen Schulleistungen mit denen der Klassenkameraden nutzen die Kinder von sich aus früher oder später als Referenz. Gerade deshalb raten Fachkräfte aus Pädagogik und Psychologie dazu, den *individuellen* Lernerfolg eines Kindes zu fokussieren und zu würdigen, statt seine Leistung mit derjenigen der Klassenkameraden zu vergleichen. Ist es nicht eigentlich egal, ob ein Kind die Beste, der Schlechteste oder im Mittelfeld der Klasse ist? Die Klassenkonstellation sagt nur bedingt etwas darüber aus, wie gut ein Kind Mathematik, Englisch oder Deutsch tatsächlich kann, sondern viel mehr darüber, wie der »Fischteich« zusammengesetzt ist. In manchen Fällen kann es sogar sinnvoll sein, diesen *pond* zu wechseln. Warum muss ein Kind unbedingt das Gymnasium besuchen, um dort immer das Gefühl zu haben, dass es zu den Schlechten zählt? In vielen Fällen verbessert sich das Selbstkonzept durch einen Wechsel in eine andere Schulform. Beispielsweise ist es für die Lernmotivation der Kinder oft förderlicher, wenn sie das Gefühl haben, auf der Realschule der *big fish* zu sein, denn als *little fish* am Gymnasium einen Misserfolg nach dem nächsten zu kassieren.

Abschließend noch ein absolutes No-Go zum Thema sozialer Vergleich: der Vergleich der Leistungen zwischen Geschwistern. Denn das kann nur zu Konkurrenzgedanken, Eifersucht und Neid führen!

Das Selbstkonzept – weit mehr als nur schulische Fähigkeiten. Neben dem Fähigkeitsselbstkonzept gibt es weit mehr Aspekte, aus denen sich das Selbstbild zusammensetzt. Viel wichtiger als die Note, die ein Kind nach Hause bringt, sollte es doch sein, ob es sich grundsätzlich in der Schule wohlfühlt, sich kooperativ und fair anderen gegenüber verhält oder auch ob es selbstständig den Weg zur Schule geht, an das Pausenbrot denkt und gelernt hat, kleine Niederlagen einzustecken.

Und noch ein kleiner Denkanstoß für uns Eltern: Studien zufolge neigen selbst noch die meisten Erwachsenen zu einem gewissen Grad an Selbstüberschätzung – in leichter Ausprägung hilft auch dies oft zum Erfolg. Damit sie jedoch nicht zu einer übertrieben positiven Fehleinschätzung wird, kann es sehr hilfreich sein, andere um ehrliches Feedback zu bitten – je präziser, desto besser.

Take-Home Message

Die eigenen Fähigkeiten ein wenig zu überschätzen ist förderlich für die schulische und psychische Entwicklung. Neben den Lehrkräften können Eltern einiges dazu beitragen, dass ihre Kinder »in Maßen optimistisch« bleiben – indem sie Anstrengung und Durchhaltefähigkeit loben, Fehler als menschlich ansehen und den Fokus nicht zu sehr auf Schule und Leistung legen. Denn das Fähigkeitsselbstkonzept ist nur ein Teil des Selbstbildes, wobei Einfühlungsvermögen, soziales Engagement und sportliches oder künstlerisches Talent mindestens genauso wichtig wie schulische Fähigkeiten sind.

18. Fehler machen verboten?

Die Monster-Studie über die Macht der Worte

Die folgende Studie wurde nie in einer wissenschaftlichen Fachzeitschrift veröffentlicht, denn sie ist eine der dunkelsten der Psychologie. In den Dreißigerjahren ging man davon aus, dass Stottern vererbt und somit kaum therapierbar sei. Diese Annahme wollten eine junge Wissenschaftlerin und ihr Professor widerlegen. Kinder ohne Sprachprobleme wurden bei jeder falschen Äußerung kritisiert, und sämtliche ihrer noch so kleinen Fehler wurden verbessert, was dazu führte, dass die Kinder zu stottern begannen. Diese Studie ging als »Monster Study« in die Geschichte der Psychologie ein, denn sie hatte weitreichende negative Folgen für die Kinder.

Das Forschungsteam nahm Kinder im Alter zwischen fünf und fünfzehn Jahren. Die Versuchsleitung ermahnte sie nun, dass sie auf ihre Sprache achten müssten, da sie sonst Gefahr liefen zu stottern – unabhängig davon, wie flüssig die Kinder wirklich sprachen.

Die Kinder der Originalstudie wuchsen Ende der 1930er in einem amerikanischen Waisenhaus auf und wussten nicht, dass sie an einem psychologischen Experiment teilnahmen. Sie und die Mitarbeitenden des Kinderheims dachten, es handle sich um eine Sprachtherapie, obwohl nur etwa die Hälfte der Kinder wirklich Auffälligkeiten in der sprachlichen Entwicklung zeigte. Die angebliche Sprachtherapeutin verbesserte nun die Kinder bei jedem kleinen sprachlichen Fehler und forderte sie auf, vor jedem schwierigen Wort tief Luft zu holen und sich voll und ganz auf ihre Aussprache zu konzentrieren. Bei Fehlern in einem Satz sollten die Kinder diesen unbedingt noch einmal korrekt wiederholen. Mehr noch: Sie wurden beschimpft, wenn sie sich versprachen, und angehalten, sich stets genau zu überlegen, was sie sagten.

Worum geht's?

Mary Tudor wollte in ihrer Abschlussarbeit unter der Anleitung von Johnson belegen, dass Stottern (Dysarthrie) entsteht, wenn Eltern harmlose Sprachfehler übermäßig korrigieren und ihre Kinder dadurch verunsichern. Vor ihrer Zeit ging man davon aus, dass Stottern vererbt werde und dadurch kaum zu beeinflussen sei. Dieser Annahme widersprachen Tudor und ihr Professor Wendell Johnson. Sie vertraten die Meinung, dass Kinder durch negative Rückmeldung zu stottern beginnen, weshalb sie ihr Experiment starteten – ungeachtet der immensen Folgen für die Kinder.

Der Fokus auf Fehler verstärkt die Angst vor Fehlern. Einen Monat nachdem sie ständig belehrt und ermahnt worden waren, begannen einige der Kinder – die allesamt unwissend an der Studie teilnahmen – tatsächlich zu stottern. Sie wussten oft nicht mehr, was sie sagen wollten, oder verhaspelten sich häufig, da sie sich so sehr auf ihre Aussprache konzentrierten. Andere neigten nun dazu, allgemein kaum noch zu sprechen oder nur noch kurze und einfache Sätze zu verwenden. Doch nicht nur das: Viele der Waisenkinder entwickelten sogar Verhaltensauffälligkeiten. Sie wurden schüchtern und mieden den Kontakt zu ihren Mitmenschen. Sie hatten große Angst, etwas falsch zu machen, fühlten sich allgemein schnell verunsichert und schuldig oder entwickelten depressive Symptome.

Obwohl Tudor und Johnson ihre Forschungshypothese bestätigt sahen, hätten sie wohl selbst nicht mit diesen weitreichenden Konsequenzen gerechnet. Augenzeugen berichteten, Tudor habe sich noch lange nach Abschluss des Experiments um die Kinder gekümmert. Dies könnte auch der Grund gewesen sein, weshalb die Studie nie in einer wissenschaftlichen Fachzeitschrift veröffentlicht wurde und erst Jahre später als »Monster Study« von Franklin Silverman publik gemacht wurde.

Der Publikationsbias

Viele Forscher neigen dazu, Studien, die nicht zum gewünschten Ergebnis führen, direkt in einer Schublade verschwinden zu lassen. Für den *Publication Bias* (ebenso »Publikationsbias« oder »Publikationsverzerrung« genannt) wird deshalb auch der Begriff »Schubladenproblem« verwendet. In Fachzeitschriften werden also wissenschaftliche Studien deutlich häufiger veröffentlicht, wenn sich ein gewünschtes Ergebnis auch tatsächlich bestätigen lässt. Dies kann aufgrund der erhöhten Häufigkeit positiver Ergebnisse zum Beispiel zu einer verzerrten Einschätzung der Auswirkungen einer Therapie führen.

In Tudors und Johnsons Fall ist es sehr wahrscheinlich, dass sie ihre Forschungsarbeit nicht in der Fachpresse veröffentlichten, da ihnen ihre Studie – zu Recht – viel Kritik eingebracht hätte und sie sich vor der Ethikkommission hätten verteidigen müssen.

Stottern ist ein Paradebeispiel für das Zusammenspiel aus Anlage und Umwelt ... Mittlerweile sind sich Fachpersonal für Wissenschaft, Therapie und Logopädie relativ einig darüber, wie es dazu kommt, dass Kinder stottern. Etliche Studien zeigen, dass Stottern in manchen Familien häufiger vorkommt, was eine erbliche Grundlage nahelegt. Allerdings ist Stottern bei kleinen Kindern eher die Regel als die Ausnahme. Wenn Kinder im Kindergartenalter manchmal zum Stottern neigen, spricht man daher vom »Entwicklungsstottern«. Sie wollen in der Aufregung zu viel auf einmal erzählen und verhaspeln sich dadurch häufig – das ist kein Grund zur Beunruhigung.

Legen Eltern nun aber den Fokus zu sehr auf das Stottern und ermahnen sie ihren Nachwuchs, »langsam und ordentlich« zu sprechen und sich auf die Aussprache zu konzentrieren, kann dieser gut gemeinte Ratschlag ins Gegenteil umschlagen. Die Kleinen achten mitunter genauso wie Tudors Studienteilnehmer zu sehr auf ihre eigene Aussprache, werden umso nervöser und stottern noch häufiger – ein Teufelskreis beginnt. Bei gut drei Vierteln der Kinder, die zum Entwicklungsstottern neigen, verläuft sich diese Störung des Redeflusses allerdings wieder – insbesondere dann, wenn Eltern das Stottern nicht bestrafen oder sich dadurch selbst nicht großartig verunsichern lassen oder in Sorge geraten.

... und kein »Erziehungsfehler«! Dennoch sollte die Schlussfolgerung aus Tudors Studie keinesfalls lauten, dass Stottern am Fehlverhalten der Eltern liegt! Genauso wenig, wie stotternde Kinder etwas »falsch« machen, sollte Eltern die Schuld für ihre stotternden Kinder gegeben werden.

Stottern wird den psychischen Störungen zugeordnet, genauer gesagt den *Verhaltens- und emotionalen Störungen mit Beginn in der Kindheit*. Wie bei jeder psychischen Erkrankung gibt es nicht *die eine* Ursache für deren Entstehung. Vielmehr handelt es sich um ein komplexes Zusammenspiel aus ungünstigen Risikofaktoren wie der genetischen Veranlagung, belastenden Lebensereignissen, dem Temperament des Kindes sowie einem zu strengen oder zu antiautoritären Familienklima.

Aus diesem Grund sollte den »Monstern« Tudor und Wendell nicht die alleinige Schuld an der Entstehung der psychischen Probleme ihrer Probanden gegeben werden. Ihre Arbeit muss auch in den historischen Kontext eingeordnet werden. Vermutlich waren Kinder, die in den Dreißigerjahren in einem Waisenhaus aufwachsen mussten, einer Vielzahl von Risikofaktoren ausgesetzt und hatten wenige Schutzfaktoren (allen voraus eine sichere Bindung), die den Einfluss des verhängnisvollen Sprachtrainings hätten abmildern können.

Die Therapie von Störungen des Redeflusses ist aufgrund der Komplexität nicht nur das Arbeitsfeld der Logopädie, sondern auch das der Verhaltenstherapie. Stottern ist für Betroffene sehr belastend und führt oft zu einem hohen Leidensdruck. Die Angst vor dem Stottern führt zu noch mehr Nervosität und Anspannung und dadurch zu häufigerem Stottern. Nicht selten sind deshalb sozialer Rückzug und Unsicherheit die Konsequenz. Wichtige Ziele der Therapie sind daher, die emotionale Anspannung zu reduzieren und soziale Kompetenzen zu fördern.

Was heißt das jetzt für Eltern?

Wer hat sie noch nicht selbst erlebt, Momente, in denen wir uns vor lauter Aufregung direkt zu Beginn eines wichtigen Vortrags versprechen? Diese Situationen zeigen: Stammeln, Stottern oder Verhaspeln passieren häufiger unter emotionaler Anspannung. Sie zeigen im Umkehrschluss aber auch: Fehler lassen sich verringern, wenn wir ruhig und gelassen bleiben – sowohl in stressigen Situationen uns selbst gegenüber als auch bei unseren Kindern. Doch vor allem hilft es, sich den Druck zu nehmen, perfekt sein zu müssen, und nicht nur sich selbst, sondern auch seinen Kindern »Fehler« zuzugestehen. Jeder macht Fehler. Aus Fehlern kann man lernen.

Fehler machen erlaubt! Die Monster-Studie liefert weniger *die* Erklärung, weshalb Kinder stottern. Vielmehr zeigt Tudors Experiment, welche fatalen Auswirkungen es hat, Kindern ihre »Fehler« ständig vorzuhalten, sie permanent zu kritisieren oder sogar zu bestrafen.

Beim Sprechenlernen ist es daher wichtig, die Kinder nicht explizit zu korrigieren (»Fahrrads ist falsch! Es heißt Fahrräder!«). Das kann demotivieren. Besser ist es, Wörter oder Sätze einfach korrekt wiederzugeben (»Ah, ich sehe die Fahrräder auch«). Eltern sind die beste Unterstützung, wenn sie sich Zeit für die Kommunikation mit ihren Kindern nehmen. Nicht nur falls ein Kind zum Stottern oder unsauberen Sprechen neigt, hilft es enorm, wenn wir selbst ruhig bleiben, Blickkontakt aufnehmen, aufmerksam zuhören und unser Kind ausreden lassen.

Zudem lehrt Tudors Studie unabhängig vom Stottern ganz allgemein: Strafen hilft nicht! Die Monster-Studie verdeutlicht, dass der Fokus auf Fehler die Angst vor weiteren Fehlern nur noch erhöht. Kindern, denen häufig gesagt wird, was sie noch nicht können, besser wissen müssten oder was sie falsch machen, entwickeln häufig ein negatives Selbstkonzept. Dabei gehören Fehler wie gesagt zum Leben dazu. Eltern, die diese Haltung sich selbst gegenüber vertreten, sind ihren Kindern ein gutes Vorbild. Fehler sind wichtig. Sie bieten die Möglichkeit, für Konsequenzen einzustehen und es beim nächsten Mal besser zu machen.

Nicht zuletzt deshalb sollten Kinder nicht vor »Fehlern« bewahrt werden, etwa indem man ihnen alle Unannehmlichkeiten abnimmt. Bei einem stotternden oder ängstlichen Kind wäre das etwa, den Satz schnell selbst fertig zu sprechen oder unangenehme Situationen grundsätzlich zu vermeiden (zum Beispiel durch Krankschreibungen bei Referaten). Damit nehmen Eltern ihren Kindern eine wichtige Chance: die Erkenntnis, dass Angst geringer wird, wenn wir uns ihr stellen (»Stottern? Macht nichts!«), und die Möglichkeit, dank Fehlern Neues zu lernen und dadurch Selbstwirksamkeit zu entwickeln.

Die Macht der Worte. Die Monster-Studie zeigt eindrücklich, dass Gewalt nicht körperlich sein muss. Auch Worte können sehr verletzend sein und Kinder zutiefst verunsichern. Mit der Art, wie wir mit unseren Kindern sprechen, üben wir oft unbewusst enorme Macht aus.

Beschuldigungen (»Immer machst du das falsch!«), Drohungen (»Dann kannst du was erleben!«, »Ich gehe sonst ohne dich!«), Entwertungen (»Bist du zu blöd dafür?«), Manipulationen (»Du willst doch, dass Mama glücklich ist«) oder das Kleinreden von Gefühlen (»Jetzt hab dich mal nicht so!«) erzeugen bei Kindern Beschämung und das Gefühl, mit der eigenen Person sei etwas nicht in Ordnung.

Würden wir einen Tag ein Tonband mitlaufen lassen, wären wir vermutlich entsetzt, wie oft uns solche Verallgemeinerungen und Anschuldigungen – zu erkennen an Wörtern wie »du«, »immer«, »nie« oder »endlich« – herausrutschen und dass uns diese Art des Sprechens viel häufiger unseren Kindern als allen anderen gegenüber unterläuft.

Neue Wege gehen: mit der Gewaltfreien Kommunikation. Die *Gewaltfreie Kommunikation* (GFK) sensibilisiert dafür, was Worte anrichten können. Ihr Begründer, der Psychologe Marshall B. Rosenberg, lehrte eine empathische Kommunikation im Alltag sowie einen friedlichen Umgang mit Konflikten, die sich hervorragend im Familienalltag anwenden lassen.

Der erste Schritt ist hiermit getan: Wesentlich für die GFK ist es, die Macht der Worte zu erkennen. Sprache kann verletzen, aber auch verbinden – es kommt immer auf die Wortwahl an. Mit den richtigen Worten können wir Kinder beruhigen, ermutigen und freundlich begleiten. Eine einfühlsame und respektvolle Ansprache brauchen alle Kinder, um sich wahr- und angenommen zu fühlen. Je jünger Kinder sind, desto sensibler reagieren sie auf den Teil der Sprache, der nicht mit der Bedeutung einzelner Begriffe vermittelt wird. Kinder erkennen meistens durch die Wirkung der Stimme, durch Mimik und Gestik, welche Botschaft wir vermitteln wollen und welche Haltung wir ihnen gegenüber einnehmen.

Eine weitere Botschaft der GFK ist es, präsent bei sich selbst zu sein. Gefühle und Bedürfnisse können nicht falsch sein – sie haben immer eine Berechtigung. Genau deshalb ist es so wichtig, die eigenen Gefühle anzuerkennen und die Bedürfnisse dahinter zu benennen, um gut für sich selbst zu sorgen. Dadurch ist es möglich, Empathie für sein Gegenüber zu entwickeln, um sich gegenseitig mit Würde und Respekt anzusprechen. Wem ein »Hört auf, immer so zu schreien!« auf der Zunge liegt, der sollte sich im Sinne der GFK nach dem zugrunde liegenden Bedürfnis fragen und dieses benennen (»Ich brauche gerade Ruhe. Könntet ihr bitte etwas leiser sprechen«). Nur wenn wir einen guten Zugang zu unseren eigenen Bedürfnissen kultivieren, laufen wir nicht Gefahr, *Doppelbotschaften* zu senden (siehe Kapitel 13).

Ein wichtiger Grundsatz der GFK ist es, dass wir authentisch und ehrlich uns selbst gegenüber bleiben, das eigene Bedürfnis benennen und versuchen, das Bedürfnis anderer zu verstehen. Dafür ist es notwendig, sich zu fragen: »Was will ich wirklich? Warum ist es mir gerade wichtig, das anzusprechen?«, um adäquat klar in der Ich-Form zu reden, statt Anschuldigungen in der Du-Form zu formulieren.

Die Anwendung der GFK bedeutet nicht, Kinder im »Schongang« mit weichgespülter Stimme anzusprechen. In vielen alltäglichen Situationen sind Durchsetzungsvermögen und Bestimmtheit gefragt. »Hört auf! Ich will nicht, dass ihr mit Spielsachen schmeißt, ihr könnt euch gegenseitig wehtun«: Auch solche Aussagen sind für Kinder eindeutig und klar und verletzen ihre Gefühle nicht. Natürlich nur, wenn nicht hinterherkommt: »Schämt ihr euch nicht? Jetzt seid ihr schon so groß und macht immer noch …«

Ebenso wenig müssen wir nun jedes unserer Worte auf die Goldwaage legen. Auch GFK zu lernen ist ein langer Weg. Ein Weg, auf dem »Fehler« erlaubt sind!

Take-Home Message

Die berühmt-berüchtigte Monster-Studie zeigt anhand des Beispiels vom Stottern einmal mehr deutlich, welche Macht Worte haben können. Mit unserer Sprache können wir Botschaften senden, die Kindern suggerieren, »fehlerhaft« zu sein.

Gewaltfreie Kommunikation ist ein Schlüssel, der den Blick auf die Auswirkungen unserer Worte verbessert und dazu verhilft, eine möglichst neutrale Beobachterperspektive einzunehmen, Gefühle zu würdigen und Bedürfnisse zu erkennen. Anstelle von Anschuldigungen (»Müsst ihr immer streiten?«) oder Drohungen (»Wenn ihr nicht gleich aufräumt, dann könnt ihr was erleben!«) folgt die GFK vier Schritten:

1. Wir benennen eine »wertfreie« *Beobachtung* (»Ich sehe, ihr möchtet gerade beide mit der Puppe spielen« be-

ziehungsweise »Hier liegt überall Spielzeug auf dem Boden«).

2. Wir sagen, welches *Gefühl* dies in uns auslöst (»Das macht mich unruhig« beziehungsweise »Das stresst mich«).
3. Wir benennen das eigene *Bedürfnis* (»Es ist mir zu laut« beziehungsweise »Mich stört diese Unordnung«).
4. Wir formulieren eine möglichst konkrete *Bitte* (»Könntet ihr bitte leiser sein?« beziehungsweise »Bitte räumt die Legosteine in die grüne Box«).

Im Anschluss bietet es sich oft an, einen *Lösungsvorschlag* zu formulieren (»Möchtet ihr meine Hilfe, um gemeinsam nach einer Lösung zu suchen?« beziehungsweise »Soll ich euch beim Aufräumen helfen?«).

Wie immer gilt: Wir sind die »Lehrer« unserer Kinder. Wir können nicht erwarten, dass unsere »Schüler« die GFK »fehlerfrei« beherrschen. Wir sind es aber, die die Bedürfnisse unsere Kinder hinter einer Aussage (»Du bist doof!«) im Sinne der GFK übersetzen können (»Ich habe den Fernseher ausgeschaltet [Beobachtung]. Das macht dich wütend [Gefühl]. Ich glaube, du hättest gern noch weitergeschaut [Bedürfnis]«). Danach können wir unsere Bitte formulieren (»Jetzt ist die Folge vorbei, und wir hatten vereinbart, dass du danach Zähne putzen gehst. Bitte tue das jetzt«) oder einen Lösungsvorschlag unterbreiten (»Du magst noch fernsehen. Ich möchte, dass wir ausschalten. Was machen wir denn nun? ... Wie wäre es, wenn ich dir eine Geschichte vorlese, statt eine weitere Folge zu gucken?«).

19. Was Kinder stark macht!

Die Kauai-Studie über die Entwicklung von Resilienz

Mehr als vierzig Jahre lang begleitete ein Forschungsteam Kinder der Insel Kauai, die zahlreichen Risikofaktoren ausgesetzt waren. Doch diese Studie lehrt uns weniger, welche negativen Auswirkungen Armut, Vernachlässigung, Trennung oder gar Tod eines Elternteils auf die kindliche Entwicklung haben. Vielmehr zeigen die Ergebnisse auf, was Kinder zu starken und widerstandsfähigen Persönlichkeiten macht.

Das Forschungsteam nahm sage und schreibe 698 Kinder, die im Jahr 1955 auf der hawaiianischen Insel Kauai zur Welt kamen (Gleichaltrige aus derselben Region). Diese Kinder wurden in einer bisher einzigartigen Längsschnittstudie mehrere Jahrzehnte lang begleitet und hinsichtlich ihrer Leistung, Persönlichkeit und Sozialkompetenz untersucht. Ein großes Team aus unzähligen Forschern befragte nicht nur die Kinder und ihre Eltern, Fachpersonal aus Kindergarten und Schule, sondern bezog auch Informationen von Krankenhäusern, Gesundheitsämtern und des Familiengerichts mit ein. Dadurch erhielten die Wissenschaftlerinnen ein umfassendes Bild über die Entwicklung der Kinder von der Schwangerschaft bis zum vierzigsten Geburtstag und verbesserten unser Verständnis über die Auswirkungen früher und später Schutz- und Risikofaktoren.

Worum geht's?

Die Kauai-Längsschnittstudie unter der Leitung der Entwicklungspsychologin Emmy Werner (gemeinsam mit Ruth Smith) ist die wohl bekannteste Untersuchung zur Resilienzforschung.

So gut wie alle der Kauai-Kinder wuchsen in bitterer Armut auf, viele von ihnen verloren ihre Eltern früh oder wurden von ihnen vernachlässigt. Nicht wenige hatten Eltern, die mit eigenen gesundheitlichen oder psychischen Problemen und Alkoholerkrankungen kämpften, und einige hatten aufgrund der schlechten gesundheitlichen Versorgung Komplikationen während der Schwangerschaft oder Geburt erlitten. Dennoch ging es dem Forschungsteam nicht primär darum herauszufinden, was alles in der Entwicklung von Kindern schiefgehen kann. Vielmehr interessier-

Resilienz

Resilienz ist die Fähigkeit, auf Probleme und Veränderungen mit einer angemessenen Anpassung des Verhaltens zu reagieren, beispielsweise trotz negativer Umstände und Einflüsse die physische und psychische Gesundheit aufrechtzuhalten (lat. *resilire* [zurückspringen, abprallen]), auch »seelische Widerstandskraft« oder »-fähigkeit« genannt. Der Begriff wurde in den Fünfzigerjahren von dem Psychologen Jack Block geprägt, der zum ersten Mal in einer Langzeitstudie (bis 1971) die Resilienz bei Kleinkindern feststellte. Die Etablierung des Begriffs wird meist mit Emmy Werner und Ruth Smith in Verbindung gebracht.

ten sie sich für die Frage, wie sie trotz widriger Umstände zu widerstandsfähigen Erwachsenen werden – denn genau das gelang etwa einem Drittel der Probanden, die zuvor als Kinder mit besonders vielen Risikofaktoren eingestuft worden waren.

Der Blick auf das Positive. Emmy Werner und ihr Team veränderten durch ihre wissenschaftliche Arbeit den Blick vieler zukünftiger Forschung grundlegend. Es geht nicht nur um die Suche nach Risikofaktoren für das Auftreten von Depressionen, Alkoholerkrankungen und Straffälligkeiten. Ergebnisse der Resilienzforschung und der sogenannten *Positiven Psychologie* lehren, dass es sich mindestens genauso lohnt, die wichtigsten Schutzfaktoren herauszufinden, die dazu beitragen, negative Einflüsse abzupuffern. Diese Forschungsergebnisse helfen, Kinder möglichst frühzeitig zu stärken – vor allem solche, die unter schwierigen Bedingungen aufwachsen.

Emmy Werner fasste das ermutigende Ergebnis ihrer Studie folgendermaßen zusammen: Die meisten Teilnehmenden der Kauai-Studie »loved well, worked well, and played well«. Trotz aller Hindernisse und Stolpersteine gelang es vielen Kauai-Kindern später, beständige Freundschafts- und Liebesbeziehungen zu führen und eine eigene Familie zu gründen, einen Schulabschluss zu erlangen und einer Arbeit nachzugehen sowie Hobbys auszuüben und eine grundsätzlich optimistische Lebenseinstellung einzunehmen.

Einer der Hauptbefunde der Kauai-Längsschnittstudie ist, dass insbesondere die Kinder Resilienz erlangten, denen zweierlei mit auf ihren steinigen Weg gegeben wurde – unabhängig davon, ob sie in Armut lebten oder wie krank einer ihrer Elternteile war –: Die resilienten Kinder hatten erstens mindestens eine Person in ihrem Leben, von der sie *wohlwollende Fürsorge* erhielten, ohne dafür Leistung oder »gutes Benehmen« zeigen zu müssen, und zweitens das Bewusstsein, ihre Ziele aus eigener Kraft erreichen zu können.

Was heißt das jetzt für Eltern?

Wie kann es sein, dass manche Kinder nach einem schweren Schicksalsschlag – wie Trennung der Eltern oder Tod eines Elternteils – schnell wieder Licht am Ende des Tunnels sehen, während andere bereits nach einer kleineren Niederlage lange mit sich hadern und hoffnungslos in die Zukunft blicken? Die Frage danach, was genau Menschen stark und widerstandsfähig macht, ist eines der großen Rätsel der Psychologie. Dank Emmy Werner sind wir der Lösung dieses Rätsels ein kleines bisschen näher gekommen. Ihr einmaliges Forschungsprojekt kann uns Eltern helfen, unsere Kinder stark zu machen. Es kann gelingen, ihnen eine optimistische Sicht auf die Welt, Vertrauen in die eigenen Fähigkeiten und die Gewissheit mit auf den Weg zu geben, dass sie Krisen aus eigener Kraft zu meistern vermögen.

Zwei Schlüssel zur Resilienz: Bindung und Selbstvertrauen. Die erste Kernbotschaft der Kauai-Studie lautet also: Eine *sichere Bindung* ist *der* Schutzfaktor, der viele Risikofaktoren abfedert. Bindung verhilft zu Resilienz. Resilienz ist das Fundament, um gut gewappnet durchs Leben zu gehen. Im besten Fall sind wir Eltern diese Bindungspersonen. Am Beispiel der Kauai-Kinder zeigte sich aber auch, dass andere wichtige Bezugspersonen die Rolle ebenfalls einnehmen können. Egal, ob Lehrer, Nachbarin oder Großmutter – ein Kind braucht das Gefühl, von mindestens einem Menschen gemocht zu werden, und zwar genau so, wie es ist. Bedingungslos. Ein Kind, welches das Gefühl hat, einer anderen Person etwas zu bedeuten, ihr vertrauen zu können, aber auch Vertrauen von ihr geschenkt zu bekommen, hat das wichtigste Rüstzeug für ein Leben, in dem Niederlagen überwindbar erscheinen.

Wenn es eine liebevolle Beziehung ist, die den besten Puffer gegen psychische Erkrankungen, Pessimismus und das Gefühl von Hoffnungslosigkeit bietet, sollten Eltern dann nicht möglichst immer und überall für ihre Kinder verfügbar sein und ihnen jeden Wunsch von den Lippen ablesen? Nein! Darum geht es nicht! Denn die zweite wichtige Botschaft der Kauai-Studie ist, dass ein Gefühl von *Selbstwirksamkeit* Kinder positiv durch das ganze Leben zu tragen vermag. Dieses Vertrauen darauf, auch schwierige Situationen und Herausforderungen aus eigener Kraft meistern zu können, fördern Eltern eben nicht durch permanente Fürsorge und ein Leben wie »in Watte gepackt«. Viel wichtiger scheint es zu sein – und das lehrt nicht nur die Kauai-Studie, sondern viele Folgestudien, an denen auch deutsche Kinder teilnahmen –, in die Fähigkeiten der eigenen Kinder zu vertrauen und ihnen nicht alle Schwierigkeiten vom Leib zu halten. Für die Ausbildung von Resilienz hat es sich sogar als hinderlich erwiesen, den eigenen Kindern alles Negative zu ersparen und sie möglichst lange im Glauben an eine »heile Welt« zu lassen.

Krisen als Chance. Wo könnten Kinder besser lernen, mit Frustration und kleinen Niederlagen umzugehen, als im geschützten Umfeld der Familie? Kleine Niederlagen und Enttäuschungen sind eine enorme Chance. Hierzu gehören beispielsweise unbedeutende Streitigkeiten unter Geschwistern oder Meinungsverschiedenheiten zwischen Eltern und ihren Kindern. Ein gewisses Maß an Stress scheint sich langfristig positiv auf die Entwicklung auszuwirken – vorausgesetzt, dass Kinder lernen, wie man sich nach jedem Streit wieder versöhnt, und dass die bedingungslose Liebe der Eltern trotzdem bestehen bleibt. Eltern sollten sich daher darin üben, den Kindern Freiräume zu lassen, um sich selbst auszuprobieren. Eltern müssen nicht jeden »Sandkastenstreit« für ihre Kinder lösen, sofern dieser nicht eskaliert oder die Kleinen im Krippenalter sind und daher ihre Bedürfnisse noch nicht in Worte fassen können. Es ist auch nicht die Aufgabe der Eltern, nach einem misslungenen Referat beim Lehrer um eine zweite Chance zu bitten. Ebenso wenig hilft es dem Nachwuchs langfristig, wenn Eltern ihre Kinder absichtlich beim Spielen gewinnen lassen oder den Nachwuchs immer bespaßen, um ihn vor Langeweile zu bewahren. Im Gegenteil, es hat sich sogar gezeigt, dass Langeweile wichtig für die Entwicklung ist und die Selbstwirksamkeit fördert. Langeweile verbessert die Kreativität, gibt Zeit, um zu denken und um achtsam und aufmerksam zu sein. Eine Kindergartengruppe, die im Rahmen eines »Spielzeugfasten«-Experiments wenig Spielsachen zur Verfügung hatte, war besonders kreativ im Rollenspiel, erkundete die Natur ausgiebiger oder nutzte Alltagsgegenstände zum Spielen und Experimentieren.

Kinder, die lernen, Streitigkeiten unter Gleichaltrigen selbst zu lösen, ihren Mut zusammennehmen und ihre schulischen Angelegenheiten selbst klären oder bemerken, dass sie Frust aushalten und ihnen auch bei Langeweile doch noch eine Beschäftigung einfällt, erleben sich als selbstwirksam. Nur wenn Kinder erfahren, dass sie negative Gefühle und kleine Niederlagen aus eigener Kraft überwinden können, erlangen sie auch die Grundüberzeugung, dass selbst der größte Kummer nicht ewig währt.

Natürlich sollten wir Eltern uns nun nicht komplett aus der Verantwortung ziehen und nur noch stille Beobachter jeder Situation werden. Wie die Studien zur sozialen Bezugnahme (siehe Kapitel 7) verdeutlichten, benötigen Klein- und Kindergartenkinder häufig präsente Eltern, um auf deren Hilfe zurückzugreifen, wenn sie diese brauchen. Ab Mitte des Kindergartenalters reicht es meistens aus einzugreifen, kurz bevor (oder zur Not auch: wenn) die Situation eskaliert, oder zu fragen, ob unsere Hilfe gerade erwünscht ist (»Mensch, jetzt wollt ihr beide unbedingt mit diesem Bagger spielen. Soll ich euch helfen, eine Lösung zu finden?«).

Once again: Eltern sind Vorbild. Auch mit Blick auf die Entwicklung von Widerstandskraft sind Eltern ihren Kindern das beste Vorbild: Resiliente Eltern haben meistens resiliente Kinder. Eltern dürfen sich zu Hause untereinander austauschen, wenn etwas in der Arbeit nicht nach den eigenen Wünschen lief oder sie enttäuscht über das Verhalten anderer sind. Allerdings ist es wichtig, dass Kinder nicht zu den »Seelentröstern« ihrer Eltern werden. Das passiert, wenn Eltern selbst nicht weiterwissen und Ehe- oder Arbeitsprobleme mit ihren Kindern besprechen. Eine echte Überforderung für Kinder! Daher sollten Eltern größere Probleme immer mit anderen Erwachsenen und nie mit ihren Kindern besprechen. Nur dann sind sie ihren Kindern ein Vorbild darin, dass sie ihre Konflikte lösen können oder diese manchmal sogar eine gute Wendung nehmen und Hindernisse kein Grund sein müssen, sich von den eigenen Zielen abhalten zu lassen.

Immer fröhliche und fehlerfreie Eltern sind kein realistisches Vorbild. Es geht nicht darum, Kindern eine möglichst heile Welt vorzugaukeln, denn sie ist es einfach nicht. Aber Mutter oder Vater zu erleben, die mit Zuversicht die Hürden des Lebens angehen und diese mal mehr – oder auch mal weniger – meistern, das ist sicher ein sehr wertvolles Handwerkszeug im »Krisenkoffer« fürs Leben.

Ein reflektierter Umgang mit den Idealbildern der Medien, sowohl was ihre Geschichten als auch ihre Bilder betrifft, gehört auch in diesen Zusammenhang. Eltern, die eine überzeugende »Gut-genug«-Einstellung vorleben, sorgen damit für die Verbreitung eines wirksamen Entspannungsfaktors.

Doch wie optimistisch wir als Eltern auch sind, es bleibt wichtig, die Nöte der Kinder als solche wahrzunehmen und nicht kleinzureden. Grundsätzlich hilft es, die Probleme der eigenen Kinder – und mögen sie uns noch so geringfügig erscheinen – anzuerkennen und zu benennen. Das Kind wurde von anderen geärgert? Ein

»Ach, das war sicher nicht so gemeint« hilft Kindern weniger, als wenn wir sie ernst nehmen und Verständnis für ihre Gefühle haben (»Das war gemein! Da wäre ich auch traurig gewesen«). Danach können wir gemeinsam versuchen, eine Lösung zu finden (»Was kannst du denn das nächste Mal in so einer Situation tun?«).

Auch die Kauai-Kinder waren nicht unverwundbar, sie mussten so manch eine Niederlage einstecken. Doch sie sind daran gewachsen. Sie erkannten: »Ich schaffe das aus eigener Kraft!« Sie lernten, dass in jeder *Krise* auch eine *Chance* liegt – was im Chinesischen nicht grundlos ein und dasselbe Schriftzeichen ist.

Take-Home Message

Bindung und Selbstwirksamkeit sind der Schlüssel zu innerer Widerstandskraft. Damit unsere Kinder an den kleinen Herausforderungen des Alltags wachsen und gut gewappnet für größere Niederlagen sind, brauchen sie vor allem zweierlei: Eltern, die sie bedingungslos lieben und auf die sie sich verlassen können – aber auch Eltern, die ihnen etwas zutrauen und ihnen Möglichkeiten geben, Fehler zu machen und zu lernen, wie sie diese aus eigener Kraft meistern können.

Eine einfache *Dankbarkeitsübung* kann helfen, gemeinsam den Blick auf die kleinen positiven Dinge im Leben zu lenken. Denn es geht nicht um die Suche nach dem ganz großen Glück: Jeden Abend vor dem Einschlafen nennen Mama, Papa und jedes Kind drei Kleinigkeiten, für die sie heute dankbar waren, was Schönes passiert ist oder worüber sie sich gefreut haben.

20. Anstelle eines Schlussworts: Kevin oder Friedrich?

Der Rosenthal-Effekt über die innere Erwartungshaltung

Dieses Schusskapitel widmet sich der Macht der inneren Erwartungshaltung. Beispielhaft zeigt der Rosenthal-Effekt, dass sich Lehrkräfte durch ihre Vorurteile beeinflussen lassen. Schulkinder, die von ihren Lehrenden für intelligenter gehalten werden, erzielen im Durchschnitt tatsächlich etwas bessere Noten! Solche Vorannahmen können zu sich selbsterfüllenden Prophezeiungen werden. Diese wichtige Botschaft läutet den Abschluss dieses Buches ein: Leiten Sie aus einer einzelnen Studie oder einer tagesform-abhängigen Beobachtung Ihres Kindes nicht zu viel ab. Kinder entwickeln sich durch ein komplexes Zusammenspiel von genetischen Grundlagen und verschiedensten Umweltfaktoren. Kein Experiment der Welt kann eine hundertprozentige Prognose abgeben!

Das (fiktive) Forschungsteam nehme zwei gleichgeschlechtliche Geschwister. Noch besser sind zwei eineiige Zwillinge, die beide bei den gleichen Eltern aufwachsen. Das heißt, die Kinder sollten die identischen Erbanlagen besitzen und möglichst gleiche Umwelteinflüsse haben. Nun gebe man einem der beiden Kinder einen sehr akademisch anmutenden Namen, dem anderen Kind einen Namen, der häufiger von Familien mit geringerem Bildungshintergrund gewählt wird (vielleicht fallen auch Ihnen spontan solche Namen ein und Sie können mit Ihren eigenen »Vorurteilen« experimentieren), und warte ab, was passiert. Welches der beiden Geschwisterkinder wird sich besser in Schule und Kindergarten integrieren? Wird vielleicht sogar eines der beiden einen besseren Schulabschuss absolvieren und eine steilere Karriere machen? Und das alles wegen des Vornamens?

Worum geht's?

Natürlich ist dieser Vorschlag nicht ernsthaft zur Anwendung vorgesehen, sondern leitet sich als überspitzte Folgerung aus einem prominenten Experiment der *Sozialpsychologie* ab.

Sozialpsychologie

Die Sozialpsychologie ist ein Teilgebiet der Soziologie und der Psychologie, eine Disziplin, die zu erklären versucht, wie das Erleben und Verhalten der Menschen durch die Gesellschaft und den sozialen Kontext geformt wird. Die Quintessenz der meisten Sozialpsychologen lautet: Wie wir denken, handeln und fühlen, geschieht im sozialen Vergleich! Unser Erleben und Verhalten wird durch unsere zwischenmenschlichen Beziehungen beeinflusst.

Der *Rosenthal-Effekt*, auch »Pygmalion-Effekt« genannt, ist eines der berühmtesten Phänomene der Sozialpsychologie. Benannt wurde dieser Effekt nach Robert Rosenthal, der im Jahr 1965 gemeinsam mit Lenore F. Jacobson erforschte, inwieweit die Leistungen von Kindern durch die Vorannahmen und Projektionen ihrer Lehrkräfte beeinflusst werden. Die beiden Sozialpsychologen führten ein *Feldexperiment* an US-amerikanischen Grundschulen durch (sie nutzten das natürliche Um*feld* der Kinder, deren Schule, und konzipierten keine *Labor*situation). Den Lehrkräften wurde vor Schulbeginn das Ergebnis eines angeblichen Leistungstests ihrer Klassenmitglieder mitgeteilt. In Wahrheit waren diese Ergebnisse jedoch erfunden, und die Kinder wurden völlig willkürlich in die Gruppe der »guten« oder »schlechten« Schulkinder eingeordnet! Dennoch schnitten diejenigen, denen zu Beginn des Schuljahres eine besonders hohe Intelligenz attestiert wurde, am Ende des Schuljahres deutlich besser ab als diejenigen, die (grundlos!) als »schlechte« Schulkinder eingestuft worden waren.

Das Forschungsteam folgerte, dass die positive oder negative Einschätzung der Lehrkräfte insofern Einfluss auf die Leistungsentwicklung der Kinder nimmt, als sich die Überzeugung der Lehrkräfte im Verlauf des ersten Grundschuljahres bestätigte. Im Klartext heißt das: Obwohl die Schulkinder nicht tatsächlich schlauer oder dümmer waren als die anderen, wurden sie von den Lehrenden zu »besseren« oder »schlechteren« Schulkindern gemacht!

Erwartungen beeinflussen Verhalten. Erklären lässt sich dieser Effekt dadurch, dass die Lehrkräfte die angeblich schlauen Kinder den angeblich dümmeren Kindern gegenüber bevorzugten und unterschiedlich förderten. Beispielsweise lobten sie die vermeintlich intelligenten häufiger oder riefen bei Meldungen eher die »guten« auf, da sie der Annahme waren, die »dümmeren« würden schwierige Fragen ohnehin falsch beantworten. Angeblich übersahen manche der Lehrkräfte sogar Fehler im Diktat der »schlauen« Schulkinder! Durch ebendieses Verhalten bestätigte sich die implizite Vorannahme. Ihre Einschätzung wurde zu einer *sich selbsterfüllenden Prophezeiung* oder *self-fulfilling prophecy*.

Replikationen und Meta-Analysen warnen allerdings davor, dieser Studie zu viel Bedeutung beizumessen. Glücklicherweise sagen die Überzeugungen und Einstellungen der Lehrkräfte über die Fähigkeiten ihrer Schulkinder nur einen geringen Anteil der tatsächlichen Leistung vorher. Die Intelligenz scheint weiterhin entscheidender zu sein!

Dennoch wird die Einstellung eines Lehrenden gegenüber seinen Klassenmitgliedern nicht nur durch eine vorherige (wenn auch falsche) Leistungsbeurteilung beeinflusst sein – so wie dies in der Rosenthal-Studie gezeigt wurde –, sondern sogar der Vorname eines Kindes kann ausreichen, um bei Lehrkräften besonders positive oder negative Assoziationen zu wecken. In Deutschland wurde dieses Phänomen als der »Kevin-Effekt« bekannt, nachdem ein *Spiegel*-Artikel aus dem Jahr 2009 für Furore gesorgt hatte. Unter dem Titel »Kevin ist kein Name, sondern eine Diagnose« wurden die Ergebnisse der Masterarbeit einer Oldenburger Lehramtsstudentin vorgestellt. Die angehende Lehrerin fand, dass die Mehrzahl der Lehrerinnen und Lehrer Vorurteile gegenüber bestimmten Vornamen hat. Sage und schreibe 90 Prozent der Befragten gaben sogar zu, dass sie ihre Einstellung gegenüber bestimmten Schülernamen nicht wirklich reflektieren. Und genau dies könnte etwa bewirken, dass Kinder mit »bildungsfernen« Vornamen schneller als weniger intelligent und verhaltensauffällig eingestuft werden – explizit überprüft wurde dies anhand jener Masterarbeit allerdings nicht!

Was heißt das jetzt für Eltern?

Nicht nur die Erbanlagen, die Persönlichkeit eines Kindes sowie der Erziehungsstil der Eltern scheinen die Entwicklung von Kindern zu beeinflussen. Auch die Entscheidung für einen bestimmten Vornamen (teilweise in Kombination mit einem bestimmten Nachnamen) prägt Kinder. Es ist nicht von der Hand zu weisen, Vornamen wecken bestimmte Assoziationen und häufig stereotype Überzeugungen. In diesem Sinne *denken* nicht nur *Kinder einfach anders,* sondern jeder Mensch! Denn jeder hat seine individuellen Vorerfahrungen gemacht, welche die eigene Wahrnehmung und Sicht auf die Welt prägen.

Wir sollten uns nicht nur darüber bewusst sein, dass jeder Mensch *anders* denkt, sondern auch, dass wir alle stereotype Überzeugungen haben. Mit Blick auf die Vornamenswahl sollten wir nicht aus einer Laune heraus wählen, sondern verschiedene Optionen ausgiebig abwägen. Werdende Eltern sollten sich fragen: Möchten wir, dass sich unser Kind den Vornamen mit Königen und Gelehrten des 19. Jahrhunderts teilt, oder lieber, dass sich unter den berühmten Namensvertretern vorzugsweise die Kinder von Filmstars finden? Wollen wir die Einzigartigkeit unseres Nachwuchses durch einen ausgefallenen Namen unterstreichen oder wählen wir lieber einen gängigen Vornamen? Dieser birgt zwar die Gefahr, dass in derselben Schulklasse noch ein zweiter oder gar dritter dieser Sorte sitzt, die meisten Menschen haben aber deutlich positivere Assoziationen einem geläufigen Vornamen gegenüber. Auch für dieses Phänomen hat die Psychologie einen Fachbegriff parat. Der *mere-exposure effect* oder *Effekt der Darbietungshäufigkeit* (engl. wörtlich etwa »Effekt des bloßen Ausgesetztseins«) besagt, dass wir Dinge (so auch Namen) umso besser finden, je öfter wir sie sehen (oder hören).

Vermutlich ist es beim Lesen dieses Kapitels »zu spät«. Die Geburtsurkunde hat bereits ihren Platz im Stammbuch der Familie gefunden, und der Vorname ist nicht nur auf der Schnullerkette eingraviert. Sollte nun der ein oder andere mit der Vornamenswahl seines Kindes hadern, besteht dennoch kein Grund zur Panik!

Entwicklung von Kindern – ein Geflecht aus tausend Einflüssen. Wenn dieses Buch eine Quintessenz vermitteln möchte, dann folgende: Es gibt ein Zusammenspiel aus einer Vielzahl an individuellen Faktoren, welche die Entwicklung von Kindern prägen. Da ist die Art, wie Eltern mit den Temperamentsunterschieden ihrer Kinder umgehen, welche Werte und Normen in einer Familie vertreten werden, welchen Erziehungsstil die Eltern (versuchen zu) pflegen, wie präsent die Großeltern sind, ob es ältere oder jüngere Geschwister gibt, welchen Beruf die Eltern ausüben und wie zufrieden oder eingespannt wir mit diesem sind. Aber auch die Tatsache, ob ein Kind zu genau dieser Zeit in genau dieser Stadt (oder diesem Dorf) zur Welt kam, was dazu führt, dass es genau diesen Kindergarten und später genau diese Schulklasse besucht, in dem sich zu dieser Zeit genau diese anderen Kinder befinden. Der Vorname ist nur einer unter vielen, vielen Faktoren, welche die Entwicklung des Kindes beeinflussen könnten – und zwar eher dann, wenn er sich nicht unter den Top 100 der beliebtesten Vornamen befindet oder er in Kombination mit dem Nachnamen besonders im Kopf bleibt!

Konkrete Tipps zur Vornamenswahl? Daher Fehlanzeige! Ich möchte weder für bestimmte Vornamen plädieren noch Eltern von bestimmten Namen abraten. Denn Vornamen sind in allererster Linie eines: Geschmackssache! Man wird nie einen Namen finden, der allen gefällt. Denn Einstellungen bezüglich eines bestimmten Namens entwickeln sich nicht nur in der Gesellschaft, sondern jeder hat ganz individuelle Erfahrungen mit verschiedenen Namensträgern gemacht, die eine bestimmte positive oder negative Assoziation wecken.

Vielmehr habe ich dieses Schlusskapitel aus einer anderen Intention geschrieben:

Vorurteile im Kopf? Bitte hinterfragen! Dieses Kapitel soll einen Denkanstoß geben, sich über die eigene Sicht auf die Welt mit all ihren Stereotypen und Überzeugungen bewusst zu werden und sie zu hinterfragen. Vor allem aber sollten wir im Hinterkopf behalten, dass Überzeugungen zu sich selbsterfüllenden Prophezeiungen werden können, wenn wir etwa bei einem Kevin oder Friedrich vorzugsweise die Aspekte wahrnehmen, die unserer Meinung nach eher zu einem Kevin oder Friedrich passen, und dann wiederum unser Verhalten gegenüber diesen beiden Namensträgern (selbst wenn es eineiige Zwillinge wären) an unsere Vorannahme anpassen.

Eines ist gewiss, Menschen suchen permanent (wenn auch oft unbewusst) nach Erklärungen für das eigene Verhalten und das ihrer Mitmenschen. Diese Erklärung ist allerdings häufig verzerrt von den eigenen Voreinstellungen. Wir denken häufig in Schubladen. Dieses »Schubladendenken« ist Fluch und Segen zugleich. Es kann uns die Welt erleichtern. Denn die Tatsache, dass wir stereotype Vorstellungen haben, ist normal und nicht grundsätzlich verwerflich. Wir alle verfügen nicht über genügend kognitive Kapazität, um uns in *jedem* Moment mit *allen* Möglichkeiten einer Situation immer wieder aufs Neue auseinanderzusetzen. Und genau deshalb greifen wir häufig auf unsere impliziten Vorannahmen zurück. Die Krux ist, dass sich diese Überzeugungen sehr oft bestätigen und wir deshalb höchstwahrscheinlich auch in Zukunft wieder in dieselbe Schublade greifen! Der Rosenthal-Effekt zeigte: Das ist auch deshalb der Fall, weil wir uns unseren Mitmenschen gegenüber so verhalten, dass diese auch weiterhin in unsere Schublade passen. Und genau dann besteht die Gefahr, dass unser Vorurteil zur sich selbsterfüllenden Prophezeiung wird!

Genau diese *Take-Home Message* soll das »wirkliche Schlusswort« dieses Buches einleiten. Beginnend mit einem Phänomen, das augenscheinlich noch nichts mit dem Buch zu tun hat und doch perfekt geeignet ist, um die Macht der inneren Erwartungshaltung zu erklären: dem *Placebo-Effekt* (lat. *placebo* [ich werde gefallen]). Wodurch um alles in der Welt lässt sich erklären, dass Medikamente ohne jegliche Inhaltsstoffe zu einer deutlichen Symptomverbesserung führen? Und das selbst bei Kindern? Ganz genau, mithilfe der Macht der inneren Erwartungshaltung. Von klein auf haben wir die Assoziation gelernt: »Wenn ich eine Pille schlucke, wird es mir bald besser gehen.« Mitunter hat zwar noch nicht einmal das Kind selbst eine innere Erwartung in Bezug auf ein Medikament, wohl aber dessen Eltern! Und damit sind wir beim springenden Punkt: Unsere Erwartung wird häufig zu einer sich selbsterfüllenden Prophezeiung. Durch unsere Erwartungshaltung erhöhen wir in vielen, wenn auch nicht in allen Situationen die Wahrscheinlichkeit, dass ein bestimmtes Verhalten auftritt! Mit Blick auf die Medizin, die wir unserem kränkelnden Kind verabreichen, denken *wir* etwa: »Was für ein Glück, gleich geht es meinem armen Zwerg besser.« Wir entspannen, atmen durch und … unser Kind beruhigt sich gleich mit. Das Medikament (ohne Wirkstoff) wirkt.

Und nun zum wirklichen Schlusswort: Liebe Leserin, lieber Leser, hinterfragen Sie wissenschaftliche Studien! Lassen Sie sich nicht zu sehr von Forschungsergebnissen im Allgemeinen und den hier dargestellten Experimenten im Speziellen beeinflussen!

Dank psychologischer Forschung können wir lernen, die menschliche Entwicklung besser zu verstehen. Die Wissenschaft der Psychologie bietet eine faszinierende Möglichkeit, den Blick auf unsere Kinder zu schärfen. Dieses Wissen kann zu einem entspannten Umgang mit unseren Kleinen beitragen, indem es das Verständnis für ihre Sicht auf die Welt verbessert. Das möchte dieses Buch vermitteln. Das Letzte, worauf es jedoch abzielt, ist es, weitere (unreflektierte) Vorannahmen über die Entwicklung von Kindern zu schüren. Eine Zweijährige hat nicht geholfen, als sich jemand den Fuß angestoßen hat, nicht einmal mitfühlend geschaut? Ein »O weh! Hoffentlich wird mein Kind jetzt nicht ein empathieloser Soziopath« führt mit Sicherheit nicht in die richtige Richtung. Ein Vierjähriger hat sich entschieden, sofort das eine Marshmallow zu essen, und wollte nicht abwarten, bis er zwei bekommt? Wer infolgedessen nur auf die ADHS-Diagnose wartet, wird eher dazu neigen, Hinweise darauf zu finden (wobei wir kraft unserer Gedanken natürlich auch nicht alles in der Hand haben!). Daher gewöhnen wir uns besser ein entspanntes »So what?« an, denn diese eine Beobachtung wird die Zukunft unserer Kinder nicht maßgeblich beeinflussen. Vor allem nicht, wenn wir daraus keine »schlimmen« Folgen ableiten.

Das Wichtigste, was wir unseren Kindern mit auf den Weg geben können, ist es, als Eltern ein positives Vorbild zu sein, unsere Kinder in ihren Gefühlen und Bedürfnissen ernst zu nehmen und ihre Selbstwirksamkeit zu fördern. Sehr gut möglich, dass die »anteilnahmslose« Zweijährige dann mit vierzehn Jahren Spenden für Kinder in Not sammelt und der »impulsive« Vierjährige mit neun Jahren doch noch zum vorausschauenden Taschengeldsparer wird.

Literaturverzeichnis

Einleitung

Bandura, A. (1976): *Einfluss der Verstärkungskontingenzen des Modells auf den Erwerb der Nachahmungsreaktionen.* In: Bandura, A. (Hrsg.): *Lernen am Modell. Ansätze zu einer sozialkognitiven Lerntheorie.* Stuttgart: Klett, 115–129

Belsky, J., Caspi, A., Moffitt, T. E., und Poulton, R. (2020): *The Origins of You: How Childhood Shapes Later Life.* Cambridge: Harvard University Press

Graf, D., und Seide, K. (2019): *Das gewünschteste Wunschkind aller Zeiten treibt mich in den Wahnsinn. Der entspannte Weg durch Trotzphasen.* Weinheim, Basel: Beltz

Imlau, N. (2018): *So viel Freude, so viel Wut – gefühlsstarke Kinder verstehen und begleiten.* München: Kösel

Juul, J. (2016): *Leitwölfe sein: Liebevolle Führung in der Familie.* Weinheim, Basel: Beltz

Piaget, J. (1974): *Der Aufbau der Wirklichkeit beim Kinde.* Stuttgart: Klett

Reischer, E. (2020): *Was Eltern von tollen Kindern richtig machen.* Stuttgart: Trias

Retz, E., und Bongertz, C. S. (2021): *Wild Child. Entwicklung verstehen, Kleinkinder gelassen erziehen, Konflikte liebevoll lösen.* München: Piper

Interview mit Nora Imlau: https://mutterkutter.de/nora-imlau-entscheidend-ist-letztlich-das-was-unsere-kinder-fuehlen/.

1. Das Baby hört mit!

Originalstudie

DeCasper, A. J., und Spence, M. J. (1986): Prenatal maternal speech influences newborns' perception of speech sounds. *Infant Behavior and Development, 9,* 133–150

Weiterführende Studien und Bücher

Grimm, H., und Weinert, S. (2002): Sprachentwicklung. In: Oerter, R., und Montada, L. (Hrsg.): *Entwicklungspsychologie.* Weinheim, Basel: Beltz

Haug-Schnabel, G., und Bensel, J. (2017): *Grundlagen der Entwicklungspsychologie.* Freiburg i. Br.: Herder

Siegler, R., DeLoache, J., und Eisenberg, N. (2011): *Entwicklungspsychologie im Kindes- und Jugendalter.* Heidelberg: Spektrum

2. Wie du mir, so ich dir

Originalstudie

Meltzoff, A. N., und Moore, K. (1977): Imitation of facial and manual gestures by human neonates. *Science, 198*, 75–78

https://www.researchgate.net/figure/Abb-11-Imitation-bei-Neugeborenen-Meltzoff-u-Moore-1977_fig4_315828516, abgerufen am 10.10.2021

Weiterführende Studien und Bücher

Bandura, A. (1976): *Die Analyse von Modellierungsprozessen*. In: Bandura, A. (Hrsg.): *Lernen am Modell. Ansätze zu einer sozial-kognitiven Lerntheorie*. Stuttgart: Klett, 9–67

Meltzoff, A. N. (1995): Understanding the intentions of others: Re-enactment of intended acts by 18-months-old children. *Developmental Psychology, 31*, 838–850

Meltzoff, A. N., Waismeyer, A., und Gopnik, A. (2012): Learning about causes from people: Observational causal learning in 24-month-old infants. *Developmental Psychology, 48* (5), 1215–1228

Oostenbroek, J., et al. (2016): Comprehensive longitudinal study challenges the existence of neonatal imitation in humans. *Current Biology, 26*, 1334–1338

Paulus, M. (2019): *Schlüsselexperimente der Entwicklungspsychologie*. München: Reinhardt

Rizzolatti, G., Fadiga, L., Fogassi, L., und Gallese, V. (1996): Premotor cortex and the recognition of motor actions. *Cognitive Brain Research, 3*, 131–141

3. Babys lernen aus positiven Konsequenzen

Originalstudie

Rovée-Collier, C. K., und Bhatt, R. S. (1993): Evidence of long-term memory in infancy. *Annals of Child Development, 9*, 1–45

https://www.youtube.com/watch?v=ZgOu_Ucooao, abgerufen am 10.10.2021

Weiterführende Studien und Bücher

Godden, D. R., und Baddeley, A. D. (1975): Context-dependent memory in two natural environments: On land and underwater. *British Journal of Psychology, 66*, 325–331

Juul, J. (2014): *Nein aus Liebe. Klare Eltern – starke Kinder*. Weinheim, Basel: Beltz

Juul, J. (2016): *Leitwölfe sein: Liebevolle Führung in der Familie*. Weinheim, Basel: Beltz

Juul, J. (2019): *Grenzen, Nähe, Respekt. Auf dem Weg zur kompetenten Eltern-Kind-Beziehung*. Reinbek: Rowohlt

Reischer, E. (2020): *Was Eltern von tollen Kindern richtig machen*. Stuttgart: Trias

Schmidt, N. (2020): *Erziehen ohne Schimpfen*. München: Gräfe und Unzer

Siegler, R., DeLoache, J., und Eisenberg, N. (2011): *Entwicklungspsychologie im Kindes- und Jugendalter*. Heidelberg: Spektrum

4. Aus den Augen, aus dem Sinn?

Originalstudie

Baillargeon, R., Spelke, E. S., und Wassermann, S. (1985): Object permanence in five-month-old infants. *Cognition, 20* (3), 191–208

Weiterführende Studien und Bücher

Spelke, E., und Kinzler, K. D. (2007): Core knowledge. *Developmental Sciences,* 10 (1), 89–96

Piaget, J. (1974): *Der Aufbau der Wirklichkeit beim Kinde.* Stuttgart: Klett

Bischof-Köhler, D. (2011): *Soziale Entwicklung in Kindheit und Jugend. Bindung, Empathie, Theory of Mind.* Stuttgart: Kohlhammer

Paulus, M. (2019): *Schlüsselexperimente der Entwicklungspsychologie.* München: Reinhardt

5. Smartphone aus – Baby an(schauen)

Originalstudie

Tronick, E., Als, H., Adamson, L., Wise, S., und Brazelton, T. B. (1978): The infant's response to entrapment between contradictory messages in face-to-face interaction. *Journal of American Academy of Child Psychiatry, 17,* 1–13

https://www.youtube.com/watch?v=apzXGEbZhto, abgerufen am 10.10.2021

Weiterführende Studien und Bücher

BLIKK-Medien (2018): Kinder und Jugendliche im Umgang mit elektronischen Medien, https://www.bundesgesundheitsministerium.de/fileadmin/Dateien/5_Publikationen/Praevention/Berichte/Abschlussbericht_BLIKK_Medien.pdf, abgerufen am 20.8.2021

Graham, K. A., Blissett, J., Antoniou, E. E., Zeegers, M. P., und McCleery, J. P. (2018): Effects of maternal depression in the Still-Face Paradigm: A meta-analysis. *Infant Behavior and Development, 50,* 154–164

Imlau, N. (2018): *So viel Freude, so viel Wut – gefühlsstarke Kinder verstehen und begleiten.* München: Kösel

Kagan, J. (2010): *The Temperamental Thread. How genes, culture, time and luck make us who we are.* Chicago: University of Chicago Press

Kagan, J., und Saudino, K. J. (2001): Behavioral inhibition and related temperaments. In Emde, R. N., und Hewitt, J. K. (Hrsg.): *Infancy to early childhood: Genetics and environmental influences on developmental changes.* New York: Oxford University Press, 111–119

Nadel, J., und Tremblay-Leveau, H. (1999): Early perception of social contingencies and interpersonal intentionality: Dyadic and triadic paradigms. In: Rochat, P. (Hrsg.): *Early social cognition: Understanding others in the first months of life.* Mahwah, N. J.: Lawrence Erlbaum, 189–212

Siegler, R., DeLoache, J., und Eisenberg, N. (2011): *Entwicklungspsychologie im Kindes- und Jugendalter.* Heidelberg: Spektrum

Thomas, A., und Chess, S. (1985): *Temperament und Entwicklung. Über die Entstehung des Individuellen.* Stuttgart: Ferdinand Enke

6. Wenn Mama lächelt, komme ich weiter

Originalstudie

Gibson, E. J., und Walk, R. D. (1960): The »visual cliff«. *Scientific American, 202,* 64–71

https://www.youtube.com/watch?v=p6cqNhHrMJA, abgerufen am 10.10.2021

Weiterführende Studien und Bücher

Adolph, K. E., Karasik, L. B., und Tamis-LeMond, C. S. (2010): Using social information to guide action: Infants' locomotion over slippery slopes. *Neural Networks, 23,* 1033–1043

Bertenthal, B. I., und Campos, J. J. (1984): A reexamination of fear and its determinants on the visual cliff. *Psychophysiology, 21,* 413–417

Haug-Schnabel, G., und Bensel, J. (2017): *Grundlagen der Entwicklungspsychologie.* Freiburg i. Br.: Herder

Siegler, R., DeLoache, J., und Eisenberg, N. (2011): *Entwicklungspsychologie im Kindes- und Jugendalter.* Heidelberg: Spektrum

7. Was eine kurze Trennung über die Eltern-Kind-Bindung sagt – und was nicht

Originalstudie

Ainsworth, M. D. S., und Witting, B. A. (1969): Attachment and exploratory behavior of one-year-olds in a strange situation. In: Foss, B. M. (Hrsg.): *Determinants of infant behavior* (Vol. IV). London: Methuen, 111–136

https://www.youtube.com/watch?v=QTsewNrHUHU, abgerufen am 23.8.2021

Weiterführende Studien und Bücher

Ahnert, L. (2015): *Wie viel Mutter braucht ein Kind? Bindung – Bildung – Betreuung: öffentlich und privat.* Berlin: Springer

Becker-Stoll, F. (2018): Entwicklungspsychologische Grundlagen pädagogischer Interaktionsqualität in Kita und Schule, https://paedagogische-beziehungen.eu/wp-content/uploads/2019/01/BeckerStoll2018_Interaktionsqualit%C3%A4t.pdf, abgerufen am 18.8.2021

Bowlby, J. (1975): *Bindung.* München: Kindler

Grossmann, K., und Grossmann, K. E. (2012): *Bindungen – das Gefüge psychischer Sicherheit.* Stuttgart: Klett-Cotta

Harlow, H. F. (1972): Das Wesen der Liebe. In: Ewert, O. M. (Hrsg.): *Entwicklungspsychologie.* Köln: Kiepenheuer und Witsch, 128–138

Juul, J. (2014): *Nein aus Liebe. Klare Eltern – starke Kinder.* Weinheim, Basel: Beltz

Siegler, R., DeLoache, J., und Eisenberg, N. (2011): *Entwicklungspsychologie im Kindes- und Jugendalter.* Heidelberg: Spektrum

Winnicott, D. (2017): *Familie und individuelle Entwicklung.* Gießen: Psychosozial

8. Nicht nur Pawlows Hund lässt sich konditionieren

Originalstudie

Watson, J., und Rayner, R. (1920): Conditioned emotional reactions. *Journal of Experimental Psychology, 3* (1), 1–14

https://www.youtube.com/watch?v=9hBfnXACsOI, abgerufen am 12.10.2021

Weiterführende Studien und Bücher

Graf, D., und Seide, K. (2019): *Das gewünschteste Wunschkind aller Zeiten treibt mich in den Wahnsinn. Der entspannte Weg durch Trotzphasen.* Weinheim, Basel: Beltz

Graff, B. (2014): Was geschah mit Baby B.?, 15.7.2014, http://www.sueddeutsche.de/wissen/psychologie-was-geschah-mit-baby-b-1.1998684, abgerufen am 18.8.2021

Harris, B. (1979): Whatever Happened to Little Albert? *American Psychologist,* 34 (2), 151–160

Mazur, J. E. (2003): *Lernen und Gedächtnis.* München: Pearson, 93–121

Siegler, R., DeLoache, J., und Eisenberg, N. (2011): *Entwicklungspsychologie im Kindes- und Jugendalter.* Heidelberg: Spektrum

9. Spieglein, Spieglein an der Wand, wer ist das Kind, das da schaut so gebannt?

Originalstudie

Amsterdam, B. (1972): Mirror self-image reactions before age two. *Developmental Psychobiology,* 5 (4), 297–305

https://www.youtube.com/watch?v=M2IokwSua44, abgerufen am 12.10.2021

Weiterführende Studien und Bücher

Bischof-Köhler, D. (1988): Über den Zusammenhang von Empathie und der Fähigkeit, sich im Spiegel zu erkennen. *Schweizerische Zeitung für Psychologie,* 47, 147–159

Haug-Schnabel, G., und Bensel, J. (2017): *Grundlagen der Entwicklungspsychologie.* Freiburg i. Br.: Herder

Lago, R. (2019): *Babyjahre. Entwicklung und Erziehung in den ersten vier Jahren.* München: Piper

Retz, E., und Bongertz, C. S. (2021): *Wild Child. Entwicklung verstehen, Kleinkinder gelassen erziehen, Konflikte liebevoll lösen.* München: Piper

10. Das Kleinkind – dein Freund und Helfer?

Originalstudie

Zahn-Waxler, C., Radke-Yarrow, M., Wagner, E., und Chapman, M. (1992): Development of concern of others. *Developmental Psychology, 28*, 126–136

Weiterführende Studien und Bücher

Bischof-Köhler, D. (2011): *Soziale Entwicklung in Kindheit und Jugend. Bindung, Empathie, Theory of Mind.* Stuttgart: Kohlhammer

Eisenberg, N. (Hrsg.) (1982): *The Development of Prosocial Behavior.* London u. a.: Academic Press

Imlau, N. (2018): *So viel Freude, so viel Wut – gefühlsstarke Kinder verstehen und begleiten.* München: Kösel

Kienbaum, J. (2012): Zur Entwicklung und Förderung von Mitgefühl in der Kindheit. *Karlsruher Pädagogische Beiträge, 81*, 65–75

Knafo, A., und Plomin, R. (2006): Prosocial behavior from early to middle childhood: Genetic and environmental influences on stability and change. *Developmental Psychology*, 42 (5), 771–786

Malti, T., und Perren, S. (2008): *Soziale Kompetenzen bei Kindern und Jugendlichen – Entwicklungsprozesse und Fördermöglichkeiten.* Stuttgart: Kohlhammer

Paulus, M. (2019): *Schlüsselexperimente der Entwicklungspsychologie.* München: Reinhardt

Rizzolatti, G., und Sinigaglia, C. (2008): *Empathie und Spiegelneurone. Die biologische Basis des Mitgefühls.* Frankfurt a. M.: Suhrkamp

Siegler, R., DeLoache, J., und Eisenberg, N. (2011): *Entwicklungspsychologie im Kindes- und Jugendalter.* Heidelberg: Spektrum

11. Ich weiß was, was du nicht weißt

Originalstudie

Perner, J., Leekam, S. R., und Wimmer, H. (1987): Three-year-old's difficulty with false belief: The case for a conceptual deficit. *British Journal of Developmental Psychology*, 5 (2), 125–137

https://www.youtube.com/watch?v=8hLubgpY2_w, abgerufen am 12.10.2021

Weiterführende Studien und Bücher

Astington, J. W., und Pelletier, J. (1996): The language of mind: Its role in teaching and education. In: Olson, D. R., und Torrance, N. (Hrsg.): *The Handbook of Education and Human Development.* Oxford, UK: Blackwell

Bretherton, I., und Beeghly, M. (1982): Talking about internal states: The acquisition of an explicit theory of mind. *Developmental Psychology, 18* (6), 906–921

Piaget, J., und Inhelder, B. (1956): *The Child's Conception of Space.* London: Routledge & K. Paul

Repacholi, B. M., und Gopnik, A. (1997). Early reasoning about desires: Evidence from 14- and 18-month-olds. *Developmental Psychology, 33* (1), 12–21

Siegler, R., DeLoache, J., und Eisenberg, N. (2011): *Entwicklungspsychologie im Kindes- und Jugendalter.* Heidelberg: Spektrum

Wimmer, H., und Perner, J. (1993): Beliefs about beliefs: Representation and constraining function of wrong beliefs in young children's understanding of deception. *Cognition, 13,* 103–128

12. Wer abwarten kann, ist klar im Vorteil?

Originalstudie

Mischel, W., Shoda, Y., und Peake, P. K. (1988): The nature of adolescent competencies predicted by preschool delay of gratification. *Journal of Personality and Social Psychology, 54,* 678–696

https://www.youtube.com/watch?v=QX_oy9614HQ, abgerufen am 12.10.2021

Weiterführende Studien und Bücher

Kidd, C., Palermi, H., und Aslin, R. N. (2013): Rational snacking: Young children's decision-making on the marshmallow test is moderated by beliefs about environmental reliability. *Cognition, 126,* 109–114

Mischel, W. (2016): *Der Marshmallow-Effekt: Wie Willensstärke unsere Persönlichkeit prägt.* München: Pantheon

Mischel, W., Ebbesen, E. B., und Raskoff Zeiss, A. (1972): Cognitive and attentional mechanisms in delay of gratification. *Journal of Personality and Social Psychology, 21* (2), 204–218

Simmank, J. (2018): Selbstkontrolle. Der Marshmallow, entmachtet?, 8.6.2018, https://www.zeit.de/wissen/2018–06/selbstkontrolle-marshmallow-test-psychologie-experiment-selbstbeherrschung?utm_referrer=https%3A%2F%2Fwww.google.de%2F, abgerufen am 25.8.2021

Watts, T. W., Duncan, G. J., und Quan, H. (2018): Revisiting the marshmallow test: A conceptual replication investigating links between early delay of gratifiction and later outcomes. *Psychological Sciences, 29* (7), 1159–1177

13. Kinder lernen durch das, was wir tun

Originalstudie

Bandura, A. (1965): Influence of models' reinforcement contingencies on the acquisition of imitative response. *Journal of Personality and Social Psychology, 1,* 589–595

https://www.youtube.com/watch?v=dmBqwWlJg8U, abgerufen am 12.10.2021

Weiterführende Studien und Bücher

Bandura, A. (1976): Die Analyse von Modellierungsprozessen. In: Bandura, A. (Hrsg.): *Lernen am Modell. Ansätze zu einer sozial-kognitiven Lerntheorie.* Stuttgart: Klett, 9–67

Bandura, A. (1976): Einfluss der Verstärkungskontingenzen des Modells auf den Erwerb der Nachahmungsreaktionen. In: Bandura, a. a. O., 115–129

Bandura, A., Ross, D., und Ross, S. A. (1961): Transmission of aggression through imitation of aggressive models. *Journal of Abnormal and Social Psychology, 63* (3), 575–582

Kühn, S. Kugler, D. T., Schmalen, K., Weichenberger, M., Witt, C., und Gallinat, J. (2018): Does playing violent video games cause aggression? A longitudinal intervention study. *Molecular Psychiatry,* 24 (8), 1220–1234

Paulus, M. (2019): *Schlüsselexperimente der Entwicklungspsychologie.* München: Reinhardt

Siegler, R., DeLoache, J., und Eisenberg, N. (2011): *Entwicklungspsychologie im Kindes- und Jugendalter.* Heidelberg: Spektrum

14. Vorlesen ist super, über Geschichten sprechen noch besser

Originalstudie

Whitehurst, G. J., Arnold, D. S., Epstein, J. N., Angell, A. L., Smith, M., und Fischel, J. E. (1994): A picture book reading intervention in day care and home for children from low-income families. *Developmental Psychology, 30* (5), 679–689

Weiterführende Studien und Bücher

Aram, D., und Aviram, S. (2009): Mothers' storybook reading and kindergartners' socioemotional and literacy development. *Reading Psychology,* 30, 175–194

Börsenblatt (Hrsg.) (2020): Vorlesestudie 2020. Vorlesen als Überforderung, 27.10.2020, https://www.boersenblatt.net/news/maerkte-und-studien/vorlesestudie-2020-vorlesen-als-ueberforderung-152849, abgerufen am 26.8.2021

Csikszentmihalyi, M. (1992): *Flow. Das Geheimnis des Glücks.* Stuttgart: Klett-Cotta

Ennemoser, M., Kuhl, J., und Pepouna, S. (2013): Evaluation des dialogischen Lesens zur Sprachförderung bei Kindern mit Migrationshintergrund. *Zeitschrift für Pädagogische Psychologie,* 27 (4), 229–239

Mol, S. E., und Bus, A. G. (2011): To read or not to read: A meta-analysis of print exposure from infancy to early adulthood. *Psychological Bulletin, 137* (2), 267–296

Suggate, S. P., und Martzog, P. (2020): Screen-time influences children's mental imagery performance. *Developmental Science,* 23 (6), e12978

15. Warum es für ein Kind spricht, wenn es eine zerstörte Tasse schlimmer findet als fünfzehn

Originalstudie

Piaget, J. (1983): Das moralische Urteil beim Kinde, Stuttgart: Klett-Cotta

Weiterführende Studien und Bücher

Graf, D., und Seide, K. (2019): *Das gewünschteste Wunschkind aller Zeiten treibt mich in den Wahnsinn. Der entspannte Weg durch Trotzphasen.* Weinheim, Basel: Beltz

Hamlin, J. K., Wynn, K., und Bloom, P. (2007): Social evaluation by preverbal infants. *Nature*, 450, 557–559

Kohlberg, L. (1996): *Die Psychologie der Moralentwicklung.* Frankfurt a. M.: Suhrkamp

Lickona, Thomas (1989): *Wie man gute Kinder erzieht! Die moralische Entwicklung des Kindes von der Geburt bis zum Jugendalter und was Sie dazu beitragen können.* München: Kindt

Lohaus, A., und Vierhaus, M. (2010): *Entwicklungspsychologie.* Berlin, Heidelberg: Springer

Nummer-Winkler, G. (2009): Prozesse moralischen Lernens und Entlernens. *Zeitschrift für Pädagogik*, 55, 528–548

Siegler, R., DeLoache, J., und Eisenberg, N. (2011): *Entwicklungspsychologie im Kindes- und Jugendalter.* Heidelberg: Spektrum

16. Verringern Belohnungen die Eigenmotivation?

Originalstudie

Lepper, M. R., Greene, D., und Nisbett, R. E. (1973): Undermining children's intrinsic interest with extrinsic reward: A test of the »overjustification« hypothesis. *Journal of Personality and Social Psychology*, 28 (1), 129–137

Weiterführende Studien und Bücher

Csikszentmihalyi, M. (1992): *Flow. Das Geheimnis des Glücks.* Stuttgart: Klett-Cotta

Deci, E. L., Koestner, R., und Ryan, R. M. (1999): A Meta-Analytic Review of experiments examining the effects of extrinsic rewards on intrinsic motivation. *Psychological Bulletin*, 125 (6), 627–668

Juul, J. (2016): *Leitwölfe sein: Liebevolle Führung in der Familie.* Weinheim, Basel: Beltz

Lago, R. (2019): *Babyjahre. Entwicklung und Erziehung in den ersten vier Jahren.* München: Piper

Lepper, M. R., und Greene, D. (1978): *The hidden costs of rewards: New perspectives on the psychology of human motivation.* Hillsdale, N. J.: Lawrence Erlbaum

Retz, E., und Bongertz, C. S. (2021): *Wild Child. Entwicklung verstehen, Kleinkinder gelassen erziehen, Konflikte liebevoll lösen.* München: Piper

Woolfolk, A. (2008): *Pädagogische Psychologie.* München: Pearson, 452

17. Vom Optimisten zum Realisten

Originalstudie

Helmke, A. (1998): Vom Optimisten zum Realisten? Zur Entwicklung des Fähigkeitsselbstkonzeptes vom Kindergarten bis zur 6. Klasse. In: Weinert, F. E. (Hrsg.): *Entwicklung im Kindesalter.* Weinheim: Psychologie Verlag Union, 115–132

Weiterführende Studien und Bücher

Heider, F. (1977): *The Psychology of Interpersonal Relations.* New York: Wiley

Kruger, J., und Dunning, D. (1999): *Unskilled and unaware of it. How difficulties in recognizing one's own incompetence lead to inflated self-assessments. Journal of Personality and Social Psychology,* 77 (6), 1121–1134

Maier, S. F., und Seligman, M. E. P. (1976): Learned helpnessness: Theory and evidence. *Journal of Experimental Psychology,* 105 (1), 3–46

Marsh, H. W. (2005): Big-fish-little-pond effect on academic self-concept. *Zeitschrift für Pädagogische Psychologie,* 19, 119–127

Weiner, B. (1994): *Motivationspsychologie.* Weinheim: Beltz

18. Die Macht der Worte

Originalstudie

Tudor, M. (1939): An Experimental Study of the Effect of Evaluative Labeling of Speech Fluency. *University of Iowa,* https://ir.uiowa.edu/cgi/viewcontent.cgi?article=6264&context=etd, *abgerufen am 28.8.2021*

Weiterführende Studien und Bücher

Juul, J. (2019): *Grenzen, Nähe, Respekt. Auf dem Weg zur kompetenten Eltern-Kind-Beziehung.* Reinbek: Rowohlt

Juul, J. (2016): *Leitwölfe sein: Liebevolle Führung in der Familie.* Weinheim, Basel: Beltz

Katz-Bernstein, N. (2003): *Aufbau der Sprach- und Kommunikationsfähigkeit bei redeflussgestörten Kindern.* Luzern: Schweizerische Zentralstelle für Heilpädagogik

Leitner, B. (2020): *Gewaltfreie Kommunikation in der KiTa. Wertschätzende Beziehungen gestalten – zu Eltern, Kindern, im Team und zu sich selbst.* Paderborn: Junfermann

Rosenberg, M. B. (2016): *Gewaltfreie Kommunikation. Eine Sprache des Lebens.* Paderborn: Junfermann

Schmidt-Traub, S. (2015): *Kinder liebevoll und konsequent erziehen.* Göttingen: Hogrefe

Silverman, F. H. (1988): The »monster« study. *Journal of Fluency Disorders,* 13, 225–231

19. Was Kinder stark macht!

Originalstudie

Werner, E. E. (1993): Risk, resilience and recovery: perspectives from the Kauai longitudinal study. *Development and Psychopathology*, 5 (4), 503–515

Weiterführende Studien und Bücher

Berndt, C. (2020): *Resilienz. Das Geheimnis der psychischen Widerstandskraft.* München: dtv

Fröhlich-Gildhoff, K., und Rönnau-Böse, M. (2014): *Resilienz*. München: Reinhardt

Haug-Schnabel, G., und Bensel, J. (2017): *Grundlagen der Entwicklungspsychologie*. Freiburg i. Br.: Herder

Kleinhubbert, G. (2019): Wie Eltern ihren Kindern mit Spielzeug schaden. *Der Spiegel*, 17, 19.4.2019

Siegler, R., DeLoache, J., und Eisenberg, N. (2011): *Entwicklungspsychologie im Kindes- und Jugendalter.* Heidelberg: Spektrum, 2

Werner, E. E. (2008): Entwicklung zwischen Risiko und Resilienz. In: Opp, G., und Fingerle, M. (Hrsg.): *Was Kinder stärkt. Erziehung zwischen Risiko und Resilienz*. München: Reinhardt, 20–31

20. Anstelle eines Schlussworts: Kevin oder Friedrich?

Originalstudie

Studienidee in Anlehnung an Kube, J. I. (2009): Vornamensforschung. Fragebogenuntersuchung bei Lehrerinnen und Lehrern, ob Vorurteile bezüglich spezifischer Vornamen von Grundschülern und davon abgeleitete erwartete spezifische Persönlichkeitsmerkmale vorliegen. Masterarbeit, Universität Oldenburg

Weiterführende Studien und Bücher

Rosenthal, R., und Jacobson, L. (1966): Teachers' expectancies: Determinants of pupils' IQ gains. *Psychological Reports, 19*, 115–118

Rosenthal, R., und Jacobson, L. (1968): *Pygmalion in the Classroom: Teacher Expectation and Pupils' Intellectual Development*. New York: Holt, Rinehart & Winston

Trenkamp, O. (2009): Kevin ist kein Name, sondern eine Diagnose. *Der Spiegel*, 16.9.2009, https://www.spiegel.de/lebenundlernen/schule/ungerechte-grundschullehrer-kevin-ist-kein-name-sondern-eine-diagnose-a-649421.html, abgerufen am 6.8.2020

Foto © Andreas Schönberger

Dr. Elisabeth Rose studierte Psychologie in Regensburg und Melbourne. Nach dem Studium arbeitete sie als wissenschaftliche Mitarbeiterin am Lehrstuhl für Entwicklungspsychologie an der Universität Bamberg. Parallel dazu begann sie die Ausbildung zur Kinder- und Jugendpsychotherapeutin und sammelte praktische Berufserfahrung auf verschiedenen Stationen der Kinder- und Jugendpsychiatrie. Daneben hält sie Lehrveranstaltungen für Studierende der Sozialen Arbeit und der Kindheitspädagogik. Elisabeth Rose lebt mit ihrem Mann und den beiden gemeinsamen Söhnen in Nürnberg.

Kindererziehung neu gedacht

Bei indigenen Völkern sucht die Journalistin Michaeleen Doucleff Antworten auf Fragen, die uns moderne pädagogische Theorien oft nicht bieten.
Herausgekommen ist eine alltagstaugliche Lebenshilfe mit zahlreichen Tipps, wie auch wir unsere Kinder natürlich, gelassen und stressfrei begleiten können.

www.koesel.de

Endlich Entspannung am Familientisch

Von Geburt an haben Kinder ein natürliches Gespür für Hunger und Sättigung. Dass sie Lebensmittel ablehnen oder sich phasenweise einseitig ernähren, ist meist entwicklungsbedingt. Statt starrer Ernährungsregeln brauchen kleine Esser daher vertrauensvolle und achtsame Begleitung. So bleibt ihr innerer Ernährungskompass im Gleichgewicht und sie entwickeln langfristig ein entspanntes Verhältnis zum Essen.

www.koesel.de